既有隧道病害整治处理技术

李守刚 李琼林 张 威 编著

西南交通大学出版社
·成 都·

图书在版编目（CIP）数据

既有隧道病害整治处理技术 / 李守刚，李琼林，张威编著. -- 成都：西南交通大学出版社，2025.4.
ISBN 978-7-5774-0391-5

Ⅰ. U457

中国国家版本馆 CIP 数据核字第 2025GY0290 号

Jiyou Suidao Binghai Zhengzhi Chuli Jishu
既有隧道病害整治处理技术

李守刚　李琼林　张　威　编著

策 划 编 辑	罗俊亮
责 任 编 辑	王同晓
责 任 校 对	左凌涛
封 面 设 计	GT 工作室
出 版 发 行	西南交通大学出版社 （四川省成都市金牛区二环路北一段 111 号 西南交通大学创新大厦 21 楼）
营销部电话	028-87600564　028-87600533
邮 政 编 码	610031
网　　　址	https://www.xnjdcbs.com
印　　　刷	成都蜀通印务有限责任公司
成 品 尺 寸	210 mm × 285 mm
印　　　张	13.5
字　　　数	371 千
版　　　次	2025 年 4 月第 1 版
印　　　次	2025 年 4 月第 1 次
书　　　号	ISBN 978-7-5774-0391-5
定　　　价	88.00 元

图书如有印装质量问题　本社负责退换
版权所有　盗版必究　举报电话：028-87600562

前　言

随着我国交通基础设施建设的飞速发展，隧道工程已成为铁路、公路网络的重要组成部分。近年来，我国隧道建设规模持续扩大，运营里程位居世界前列，为经济社会发展提供了有力支撑。然而，伴随隧道服役年限的增长，复杂的地质条件、环境侵蚀、施工遗留缺陷及长期荷载作用等多重因素导致既有隧道病害问题日益突出。衬砌开裂、渗漏水、基底沉降等病害不仅威胁结构安全，缩短隧道使用寿命，更可能导致运营中断甚至引发安全事故。因此，系统研究隧道病害机理，建立科学评估体系，完善整治技术，已成为保障隧道长期安全运营的迫切需求。

全书以既有隧道病害的识别、评估与整治为核心，立足我国隧道工程实际，结合国内外最新研究成果与工程实践经验，旨在为隧道病害防治提供理论指导与技术参考。全书共分为五章和一个附图，内容涵盖病害现状分析、检测技术、成因解析、等级评定、整治方法及施工管理等多个维度，形成了一套从"问题诊断"到"精准施策"的完整技术体系。其中，第四章（运营隧道病害整治技术）作为全书核心，系统介绍了病害整治技术，涵盖材料选择、工艺优化、施工监测等关键环节，强调"因地制宜、标本兼治"的治理理念。第五章从施工组织与安全管理角度出发，结合铁路与公路隧道的运营特点，提出了高效、安全的整治方案，确保工程实施与运营安全的统筹兼顾。

本书的编写注重理论与实践相结合。一方面，融合了材料科学、岩土力学、结构工程等多学科理论，构建了病害演化模型与力学分析框架；另一方面，结合大量工程案例，提炼了适用于不同病害场景的实用技术，如渗漏水的注浆堵漏、衬砌裂损的碳纤维加固、基底翻浆的注浆改良等。书中还特别强调了数字化检测技术（如地质雷达、三维激光扫描）的应用，以及绿色环保材料在整治工程中的推广，体现了行业技术发展的前沿趋势。

本书的出版期间，出版社编辑部对书稿进行了严谨的审校与修订；感谢兰州铁道设计院提供的宝贵数据；同时，对参与本书资料整理、图表绘制的团队成员表示诚挚谢意。本书的编写还参考了国内外大量文献与标准规范，在此向所有相关作者致以敬意。

本书主要面向隧道工程领域的研究人员、设计工程师、施工技术人员及高校师生，既可作为病害整治的实践指南，也可作为专业教学的参考用书。希望通过本书的出版，能够推动我国隧道养护技术的进步，为构建安全、耐久、智能的隧道工程体系贡献力量。由于时间仓促，作者水平有限，书中难免存在疏漏之处，恳请读者不吝指正。

编　者

2025 年 1 月

目 录

第一章 运营隧道病害现状及病害成因 ········· 1
  一、我国隧道发展及病害现状 ········· 2
  二、运营隧道病害特点及存在的问题 ········· 2
  三、运营隧道病害类型 ········· 3
  四、运营隧道病害成因 ········· 4
  参考文献 ········· 21

第二章 运营隧道检查及检测 ········· 23
  一、运营隧道检查内容 ········· 24
  二、运营隧道检测方法 ········· 25
  三、运营隧道检测组织方案 ········· 46
  参考文献 ········· 48

第三章 运营隧道病害等级评定及加固计算 ········· 51
  一、铁路运营隧道病害分级及相关规定 ········· 52
  二、公路运营隧道病害分级及相关规定 ········· 68
  三、运营隧道加固计算 ········· 80
  参考文献 ········· 83

第四章 运营隧道病害整治技术 ········· 85
  一、整治原则 ········· 86
  二、病害整治技术 ········· 89
  三、加固材料 ········· 143
  四、施工监测 ········· 151
  五、四电相关要求 ········· 154
  六、施工质量控制 ········· 156
  七、施工注意事项及安全施工要求 ········· 157
  参考文献 ········· 160

第五章 运营隧道病害整治施工组织及安全管理 ········· 161
  一、运营铁路隧道整治施工组织及安全管理 ········· 162
  二、运营公路隧道整治施工管理 ········· 171
  参考文献 ········· 178

附 图 病害整治指导性设计图 ········· 179

第一章

运营隧道病害现状及病害成因

一、我国隧道发展及病害现状

随着交通基础设施的快速发展,我国隧道工程的规模不断发展,据统计,截至 2023 年底,投入运营的铁路隧道达 18 573 座,总长 23 508 公里。其中,高速铁路隧道 4 561 座,总长 7 735 公里。截至 2022 年底,投入运营的公路隧道有 24 850 座,总长 2 678.43 万延米。数据表明,中国已成为隧道建设最多、运营里程最长的国家。

我国运营隧道普遍采用新奥法技术设计和施工,结构的主流形式是以喷锚支护作为初期支护,以模筑混凝土作为二次支护的复合式结构。

然而,由于隧道是修建在地下岩土介质中的半隐蔽工程,运营环境(如围岩压力变异、列车振动、温度变化、地下水等)复杂,而且隧道修建时期不同、地质条件不同和技术水平不同,经过多年运营,许多隧道衬砌已出现多种病害,如拱墙开裂、渗漏水、衬砌背后脱空、衬砌厚度不足、基底沉降等。这些衬砌病害会导致结构耐久性和承载性能降低,服役时间缩短。

隧道的缺陷或病害问题是世界性问题,我国铁路隧道、公路隧道土建结构病害近年来呈现快速增长的趋势,隧道衬砌开裂变形、渗漏水等病害多发于其投入运营 5~10 年间,结构物劣化曲线如图 1.1 所示,目前我国大部分隧道已进入土建结构病害高发期。

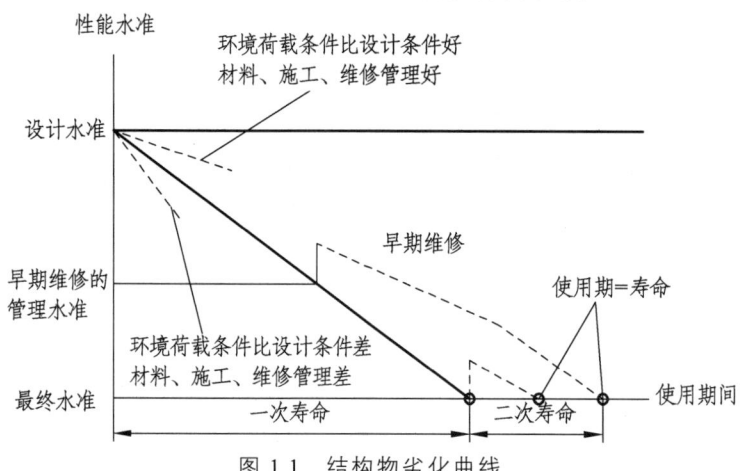

图 1.1 结构物劣化曲线

通过对隧道结构病害进行维修整治发现,隧道病害出现的一个重要原因是施工过程中遗留下来的。这些缺陷主要为衬砌脱空、厚度不足、防水系统破坏、排水系统淤塞,已成为隧道结构长期服役的薄弱点,在综合因素作用下,形成开裂掉块、渗流水、基底翻浆冒泥等病害。因此对隧道结构病害需引起高度重视,改变"重工程、轻维护""重治理、轻检查""重晚期、忽视早期"等传统观念,建立"预防为主、早期发现、及时维护、对症下药"的基本观念,采取有效措施及时整治,确保行车安全。

二、运营隧道病害特点及存在的问题

1. 隧道缺陷和病害特点

(1)隧道缺陷在衬砌内部,具有一定的隐蔽性;洞内光线差,病害不易发现。
(2)隧道缺陷在外力或水的作用下,极易形成病害,须及早发现并及时整治。
(3)隧道病害数量较大、病情多,具有突发性(如掉块),危及行车安全。

（4）病害整治较困难，行车干扰大、工序复杂，整治一处病害往往需要对铁路或公路封锁较长时间，对运营影响较大。

（5）隧道空间狭小，作业时间短，施工作业环境较为恶劣。

由于上述原因，隧道缺陷常常得不到及时有效整治，致使隧道病害治理严重不足，病害发展加剧，病害数量逐年增加，危及行车安全。

2. 隧道缺陷和病害存在的主要问题

（1）部分隧道修建年代久远，基础资料不完善，管理手段落后。

（2）隧道的检查和检测手段落后且不规范，早期病害难发现，使某些可以早期整治的病害，发展成严重病害，彻底整治更加困难。

（3）整治材料耐久性不好，一些隧道整治效果不佳，不易彻底整治，易出现反复，如渗漏水等。

（4）新建隧道的设计和施工遗留问题较多，某些隧道相当严重。

（5）整治缺陷和病害花费较大，隧道交付运营后整治费用由建设单位、运营单位或施工单位等各方筹措困难。

三、运营隧道病害类型

既有隧道发生的病害现象，根据病害发生的位置，一般图1.2所示分类。

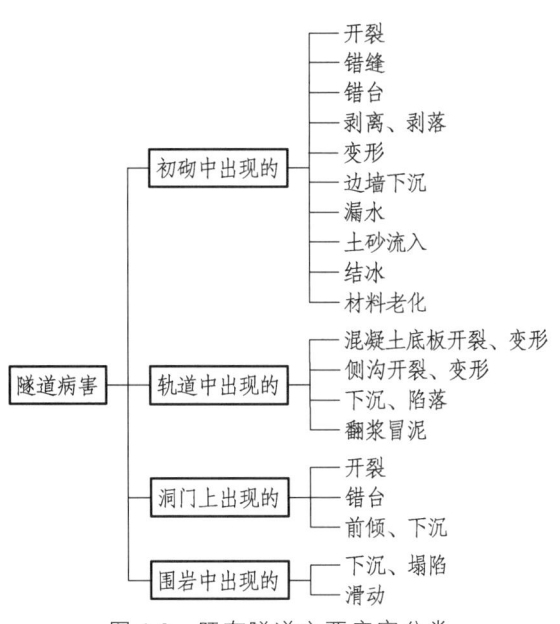

图1.2 既有隧道主要病害分类

根据保证隧道正常使用状态和行车安全的要求，隧道状态可分为完好、缺陷和病害三类：

（1）隧道状态完好是指隧道衬砌结构符合设计要求，无任何缺陷或病害。

（2）隧道缺陷是指隧道交付运营时已存在的、不可见的隐蔽的质量缺陷，主要指衬砌厚度不足、混凝土强度不足、钢筋间距过大、衬砌背后空洞或回填不密实、基底不密实、钢架、钢架缺陷等。

（3）隧道病害是指交付运营时已存在的或运营期间出现的影响衬砌使用寿命或行车安全的劣化状态，主要指衬砌渗漏水、衬砌裂纹、衬砌变形、净空不足、衬砌压溃或剥落、衬砌腐蚀、整体道床裂损、基床软化及翻浆等。

四、运营隧道病害成因

产生病害的原因是多方面的，大体上分为外因（外力和环境等外部因素）和内因（材料和设计、施工等结构上的因素）两大原因，具体见图1.3。

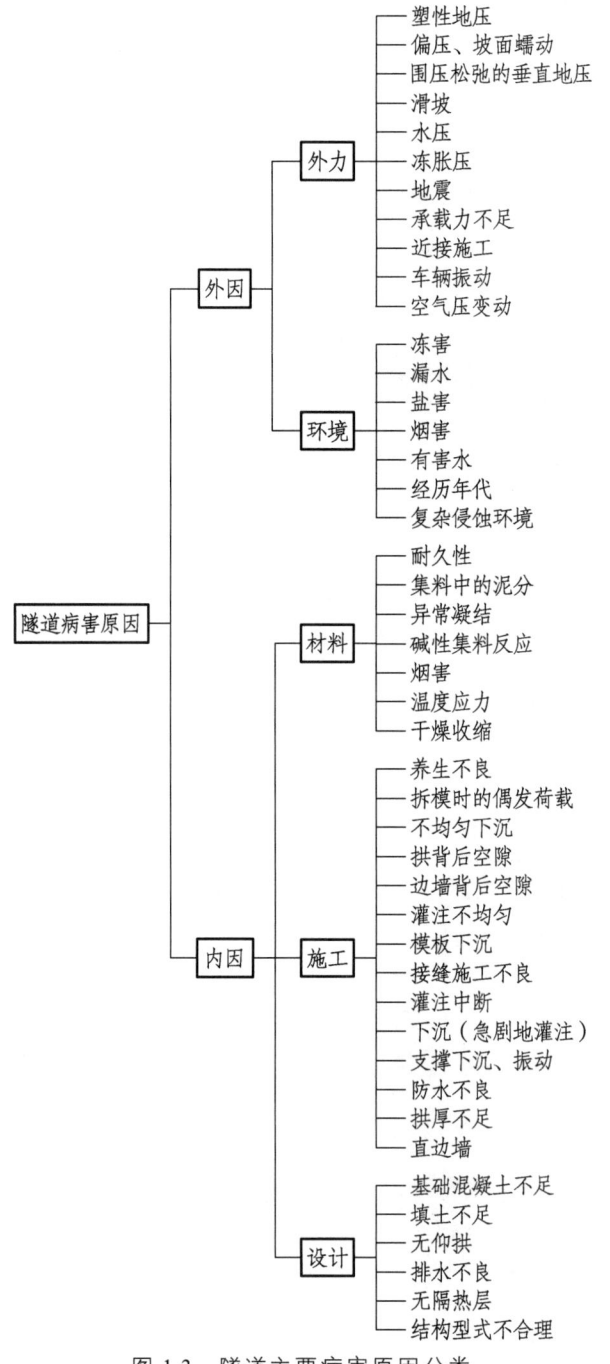

图1.3 隧道主要病害原因分类

不同类型的病害产生的原因差异较大,常见病害产生的原因如下。

1. 衬砌厚度不足

隧道衬砌厚度不足是一种常见的隧道缺陷,如图 1.4 所示。造成衬砌出现厚度不足的原因较多,主要是隧道在修建期间施工工艺不当,如:①围岩欠挖,造成初期支护侵入二次衬砌;②模板台车支撑不稳定,浇筑混凝土时因压力过大引起台车滑移,造成二次衬砌一边厚一边薄的情况;③施工过程中因塌方或围岩压力导致初期支护钢架变形侵入二次衬砌,施工单位未进行换拱,而是直接模筑衬砌强行通过造成二次衬砌厚度不足;④偷工减料;⑤防水板切割二衬。

隧道厚度会直接导致隧道衬砌结构承载能力降低,从而导致结构变形,甚至会发生断裂、塌落等灾难性后果,危及运营安全。

图 1.4 衬砌厚度不足

2. 混凝土质量缺陷

1)混凝土质量缺陷主要类别

(1)强度等级、弹性模量、抗渗等级等性能未达到设计要求。

(2)外观质量缺陷,有麻面、露筋、蜂窝、孔洞、夹渣、疏松、裂缝、连接部位缺陷、外形缺陷、混凝土强度不足等。

(3)结构尺寸偏差超出允许值。

2)混凝土质量缺陷成因

(1)麻面:结构构件表面呈现无数的小凹点,而尚无钢筋暴露的现象,如图 1.5 所示。主要成因包括:①模板内表面粗糙、未清理干净、润湿不足;②模板拼缝不严密而漏浆;③混凝土振捣不密实,气泡未排出以及养护不规范。

(2)露筋:钢筋没有被混凝土包裹而外露,如图 1.6 所示。主要是由于绑扎钢筋或安装钢筋骨架时为放垫块或垫块位移、钢筋位移、结构断面较小、钢筋过密等使钢筋紧贴模板,以致混凝土保护层不足。有时也因混凝土结构物缺边、掉角而露筋。

图 1.5 衬砌表面麻面

图 1.6 衬砌表面露筋

（3）蜂窝：混凝土表面无水泥砂浆，露出石子的深度大于 5 mm，但小于保护层厚度的蜂窝状缺陷，如图 1.7 所示。主要原因包括：①混凝土配合比不准（浆少石多），或搅拌不匀、浇筑方法不当、振捣不合理，造成砂浆与石子分离；②模板严重漏浆。

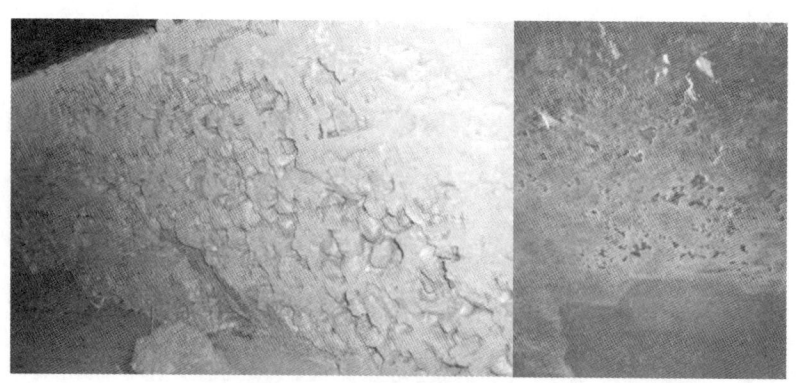

图 1.7 衬砌表面蜂窝

（4）孔洞：混凝土结构存在较大的孔隙，局部或全部无混凝土，如图 1.8 所示。主要原因包括：①骨料路径过大、钢筋配置过密导致混凝土下料中钢筋挡住；②混凝土流动性差，混凝土分层离析，混凝土振捣不密实；③混凝土受冻、混凝土中混入泥块杂物等。

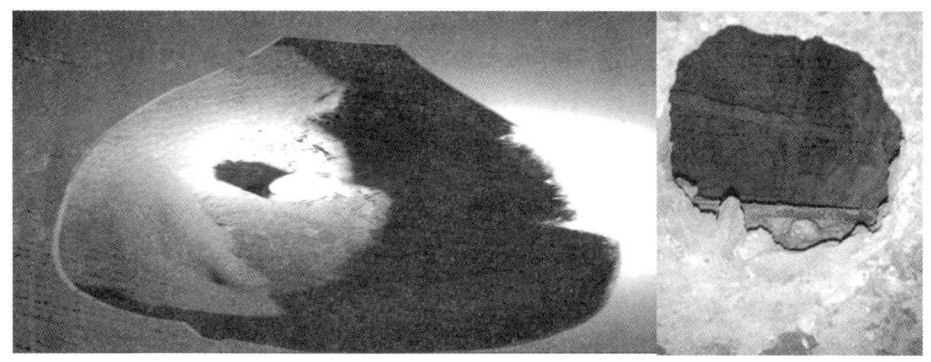

图 1.8　衬砌孔洞

（5）缝隙及夹层：施工缝处有缝隙或夹杂物，如图 1.9 所示。主要原因为施工缝处理不当以及混凝土中含有垃圾杂物等。

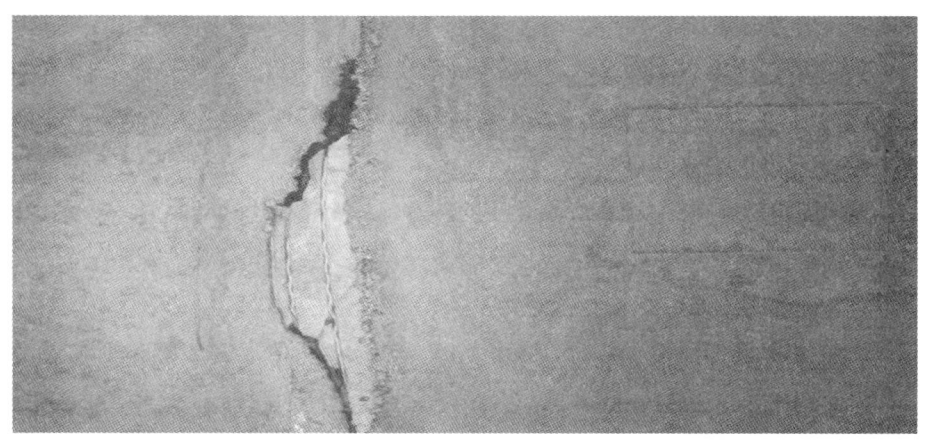

图 1.9　施工缝夹层

（6）缺棱、掉角：梁、柱、板、墙以及洞口的直角边上的混凝土局部残损掉落。主要原因包括：①混凝土浇筑前模板未充分润湿，使棱角处混凝土中水分被模板吸去而水化不充分，导致强度降低，拆模时则棱角损坏；②拆模过早或拆模后保护不善造成棱角损坏。

（7）裂缝：如图 1.10 所示，有温度裂缝、干缩裂缝和外力引起的裂缝三种。主要原因包括：①结构和构件下的地基产生不均匀沉降；②模板、支撑没有固定牢固；③拆模时混凝土受强烈振动；④环境或混凝土表面与内部温差过大；⑤混凝土养护不良及其中水分蒸发过快等。

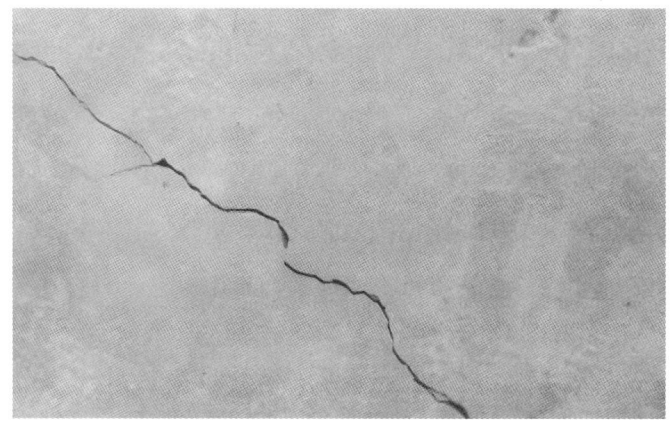

图 1.10　施工缝夹层

（8）强度不足：主要原因包括原材料不符合规定的技术要求，混凝土配合比不准、搅拌不匀、振捣不密实及养护不良等。

3. 衬砌背后空洞或回填不密实

1）形成原因

隧道二次衬砌拱顶混凝土是自下而上浇筑的，受自重作用，拱顶混凝土很难被浇筑密实；拱顶脱空与施工方法、机械设备和混凝土配合比都有密切关系，通过大量实践表明衬砌背后空洞成因如下：

（1）混凝土收缩造成脱空；
（2）泵送压力不足或混凝土流动性不足造成脱空；
（3）泵送口角度不合理或选择不当造成脱空；
（4）防水层松铺不足造成脱空；
（5）封口不当造成脱空。

隧道衬砌回填不密实一般由于混凝土配合比的水灰比偏大、混合料坍落度大、混凝土振捣不密实等一系列原因促使混凝土收缩徐变。

2）造成的影响

运营隧道衬砌背后空洞（图1.11）和回填不密实，会导致隧道结构受力不均，进而强度大幅降低，产生掉石、掉块，甚至有局部塌陷的可能。

图1.11 衬砌背后空洞

4. 隧底缺陷

1）形成原因

（1）底板未设钢筋或钢筋间距过大。
（2）仰拱矢跨比达不到设计要求，或仰拱做成底板。
（3）隧底超挖，未清理干净，留有虚渣；或施工期间用料配比不合理、混凝土占比较小以及排水未尽等原因，造成基底充泥充水、不密实。
（4）仰拱填充分层浇筑，人为形成层间施工缝。
（5）仰拱填充与仰拱一起浇筑。

2）造成的影响

隧底未设钢筋或钢筋间距过大，仰拱矢跨比达不到设计要求，或将仰拱做成底板，导致隧底结构达不到设计要求，会造成隧底开裂、隆起，严重时会导致结构失稳，影响运营安全。

隧底不密实会造成基底充泥充水，在车辆荷载的长期振动下，会造成隧底开裂、路面沉降不均、车辆晃动等。

仰拱填充分层浇筑，人为形成层间施工缝，在隧道排水系统不畅的情况下，会使得隧底填充层充水、开裂，还会导致无砟轨道道床板隆起，危害较大。

5. 钢筋、钢架缺陷

1）形成原因

（1）钢筋、钢架缺失，未按设计施作。

（2）钢筋、钢架间距过大，未按设计施作。

（3）钢筋保护层厚度不足，主要是由于绑扎钢筋或安装钢筋骨架时未放垫块或垫块位移、钢筋位移、结构断面较小、钢筋过密等使钢筋紧贴模板，以致混凝土保护层厚度不足。

2）对结构的影响

钢筋、钢架缺失或间距过大（图1.12），会导致承载力不足，诱发结构形变、开裂、垮塌，对运营安全危害较大。

图1.12 钢架间距过大

6. 水 害

隧道的水害主要指隧道围岩的下水或部分地表水，以渗漏或涌出方式进入隧道内造成的危害。它包括以下几个方面：

1）隧道渗漏水

隧道渗漏水主要有：施工缝、变形缝、结构裂缝渗漏水或淌水，如图1.13所示，单个漏水点喷水或股水，拱部或边墙面渍水或渗水。含有矿物质（导电）的渗漏水滴到接触网线，引起接触网放电，危及运营安全。渗漏水对隧道内的电力、通信、消防等设备会造成不同程度的损坏或锈蚀，影响设备运营，降低使用寿命，增加维修费用。渗漏水促使混凝土衬砌风化、剥落，造成衬砌结构破坏。

（a）施工缝、裂缝渗流水　　　　　（b）股状喷水

（c）大面积喷水　　　　　　　　（d）涌水

图 1.13　隧道渗漏水

2）隧道衬砌周围积水

运营隧道中地表水和地下水向隧道周围渗漏汇集，水压力较大时会导致衬砌破裂和拱脚下沉，使围岩的结构面软化或泥化，引起膨胀性围岩体积膨胀。在寒冷地区造成冰胀和围岩冻胀。在黄土隧道衬砌周围的水还会离析土中的胶体并带出黄土，在衬砌背后形成空洞。

3）潜流冲刷

潜流冲刷主要是指由于地下水渗流和流动而产生的冲刷和溶蚀作用，使得隧道衬砌基础下沉，破坏表现主要为：

（1）边墙、仰拱及道床下沉开裂；

（2）围岩滑移错动导致衬砌变形开裂；

（3）因超挖回填不密实或未全部回填，引起围岩坍塌，导致衬砌结构破坏。

4）隧道穿过含水地层

（1）节理和裂隙发育，并含裂隙水的岩层。

（2）漂卵石类土和砂类土的含水地层。

（3）浅埋隧道段，地表水可沿着覆盖层的孔洞、裂隙渗透到隧道内。

（4）白云岩、灰岩等可溶性岩层，当有充水的暗河、溶槽、溶洞等与隧道相连通。

5）隧道防排水系统不完善

（1）隧道防排水设施不齐全。

（2）在混凝土衬砌施工质量上存在缺陷，导致出现较多的裂缝、孔隙、蜂窝，因而防水能力差。

（3）混凝土的沉降缝、工作缝、伸缩缝的防水效果未做好。

（4）防水层施工质量存在缺陷以及材质的耐久性差。

（5）衬砌背后的盲沟和暗沟、辅助坑道（无衬砌）、暗槽、排水孔等排水系统因不能修理造成堵塞。

（6）衬砌变形后产生渗流水病害。

7. 冻 害

我国冻土地区分布广泛，其中多年冻土占整个陆地面积的1/5，在冻土地区修建的隧道易产生冻害现象，如隧道挂冰等现象，如图1.14所示。

图1.14 隧道挂冰

1）拱部挂冰、边墙结冰

渗漏的下水通过衬砌混凝土裂缝逐渐渗出，在渗水点出口处受低温影响在拱部形成挂冰，边墙积成冰柱，尤其在施工缝处渗水点多，结冰明显，挂冰厚度可达十几厘米。如不清理，挂冰越积越大，侵入限界危及行车安全。隧道排水沟相关设施，保温不良引起冰塞，使地下排水困难，水沟（管、槽）冻裂破损。

2）围岩冻胀破坏

修筑在冻胀性地层中的隧道，如围岩含水较多，冬季就容易发生冻胀破坏，致使隧道拱部和边墙衬砌发生变形、开裂。当边墙壁后排水不畅，积水成冰，产生冻胀压力，会造成拱脚移动，或墙顶内移；有的虽然墙顶不动，但墙中发生内鼓现象，也有墙顶内移致使断裂多段。此外，如果隧道衬砌混凝土设计标号低，抗渗性差，在地下水丰富地区，水渗入混凝土内部，造成内部结冰，产生冻胀压力，经多年冻融循环使衬砌结构酥化、强度降低，进而造成结构破坏。隧道衬砌除结构内因含水产生冻害外，还承受围岩冻胀压力，加剧结构纵、环向开裂。

8. 衬砌裂损

1）隧道衬砌裂损的种类

隧道衬砌裂损主要有衬砌开裂、掉块、掉拱、垮塌等。衬砌开裂是最常见的一种病害，但并非所有裂缝都影响结构安全，正确辨别裂缝的性质及原因可以因地制宜制定针对性整治措施。

根据裂缝走向，可以将裂缝分为纵向裂缝、环向裂缝和斜向裂缝。环向裂缝一般对衬砌结构正常承载影响不大，拱部、边墙的纵向及斜向裂缝对隧道结构的整体性危害较大。

根据裂缝的受力情况，可分为压裂性裂缝、拉裂性裂缝和剪裂性裂缝，详见表1.1。

表 1.1 按裂缝受力情况分类

类别	图例
1. 压裂性裂缝：边缘呈压碎状。严重者受压区表面产生鱼鳞状碎片剥落、带状压劈、掉块、酥化等现象。裂缝发展方向不规则，有封闭或不封闭的环形、斜向、横向及纵向等交错割裂	
2. 拉裂性裂缝：边缘较为整齐，大致沿隧道纵向发展，但也有斜向拉裂的。裂缝深度方向大致为径向，裂缝宽度随深度逐渐减小。严重受拉断裂者常伴有错动	
3. 剪裂性裂缝：多数裂缝宽度在表面与深处大致相同，边缘较为整齐，衬砌在裂缝两侧沿剪切方向有错动。剪裂与拉裂或压裂常有密切联系	

根据裂缝的产生原因又可分为：与围岩压力无关的开裂和与围岩压力有关的开裂。与围岩压力无关的开裂又分为：①与使用条件、环境条件有关的开裂，见表1.2；②与材料性质有关的开裂，见表1.3；③与施工有关的开裂，见表1.4；④与围岩压力有关的开裂，见表1.5。

表1.2 与使用条件、环境条件有关的开裂

类别	图例
1. 冻融环境：受潮混凝土在负温条件下，由于水分结冰、融化反复作用造成混凝土受冻破坏。在拱脚、墙脚及接缝处出现斜向开裂和纵向开裂、剥落等	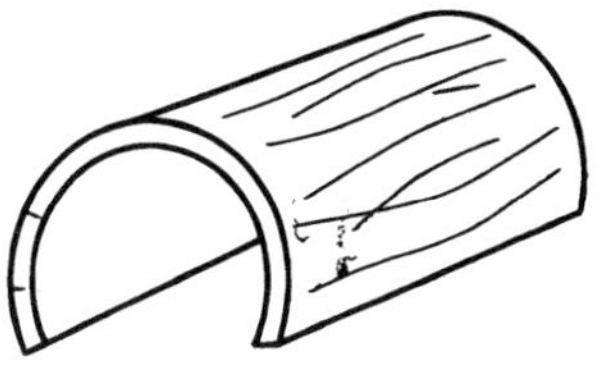
2. 氯盐环境：侵入混凝土表面，多数在钢筋处出现开裂，部分混凝土剥落。露出的钢筋锈蚀发展很快，严重削弱了钢筋的承载力和延性	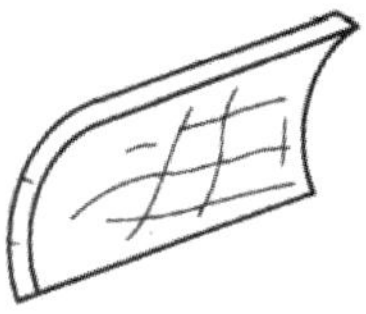
3. 化学腐蚀环境：硫酸盐和酸类物质等发生的腐蚀破坏，表现特征为表面发白，损害从棱角处开始，随后裂缝开展并造成混凝土表面剥落，最终使混凝土成为一种易碎甚至松散的状态	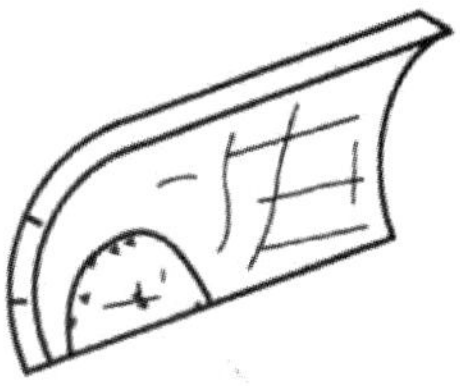
4. 温度差：外部高温或高湿，内部低温或干燥的场合，开裂发生在低温或干燥侧。在初期阶段，开裂没有贯通，但在反复作用下，随时间而逐渐贯通	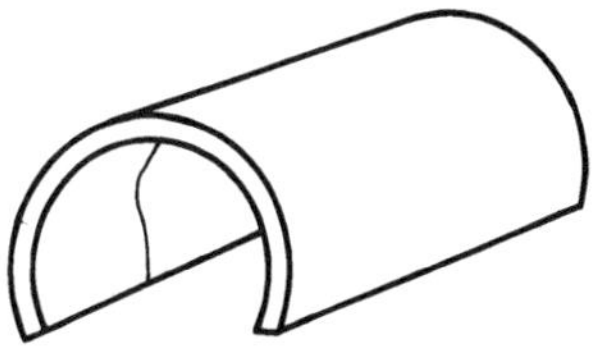

表1.3 与材料性质有关的开裂

类别	图例
1. 水泥的水化热：厚度大（≥80 cm）	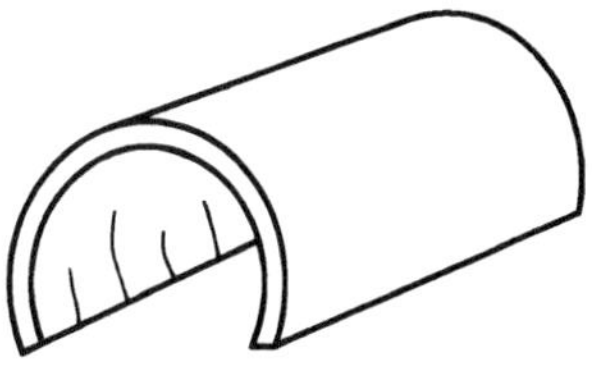
2. 碱性集料反应：混凝土原材料（主要是水泥、活性掺合料和外加剂）携带的可溶性碱在有水的作用下和骨料中含有的碱活性物质发生的反应，生成可吸水的凝胶或体积膨胀的晶体，使混凝土发生膨胀开裂	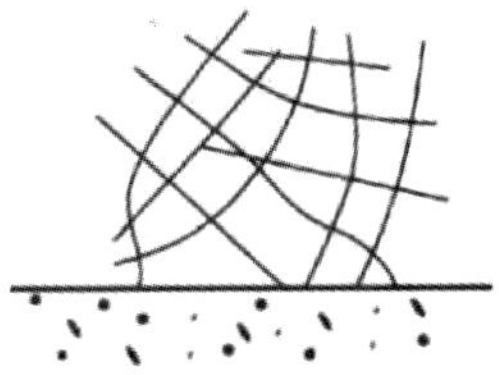
3. 水泥的异常凝结：早期出现短而不规则的开裂	

类别	图例
4. 集料中的泥分：随混凝土的干燥出现不规则的网状开裂	
5. 风化岩和低质量的集料：发生破裂状开裂	
6. 下沉开裂：发生在上部钢筋的上部，混凝土灌注后 1~2 h，沿钢筋出现	

表 1.4　与施工有关的开裂

类别	图例
1. 混合料分散不均匀：有膨胀性的和收缩性的材料，局部发生	
2. 拌和时间过长：运输时间过长时发生，呈网状	
3. 振捣不充分，导致二次衬砌内表面混凝土脱空或不密实，或拱顶存在浮浆，在列车振动荷载的长期作用下，二次衬砌过薄处发生开裂	
4. 灌注过快：因混凝土沉降而出现	

续表

类别	图例
5. 施工缝（接茬缝）：由于停电、机械故障等原因迫使混凝土浇筑中断时间超过混凝土的初凝时间，继续在原混凝土表面浇筑混凝土，导致新旧混凝土接茬间出现裂缝，俗称"冷缝"	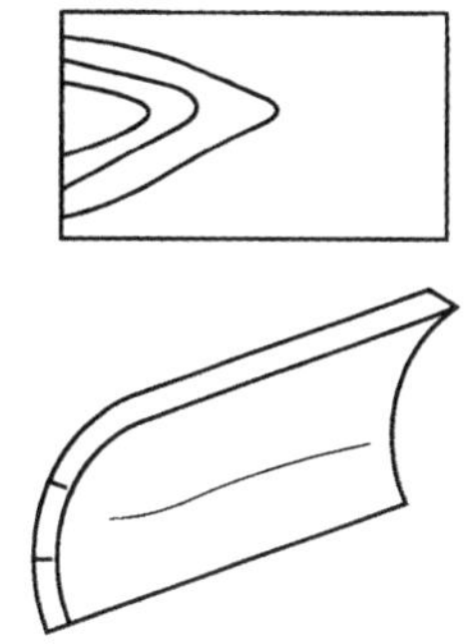
6. 支撑下沉：因隧底未清除干净或纵向不均匀沉降原因导致一侧脚底下沉	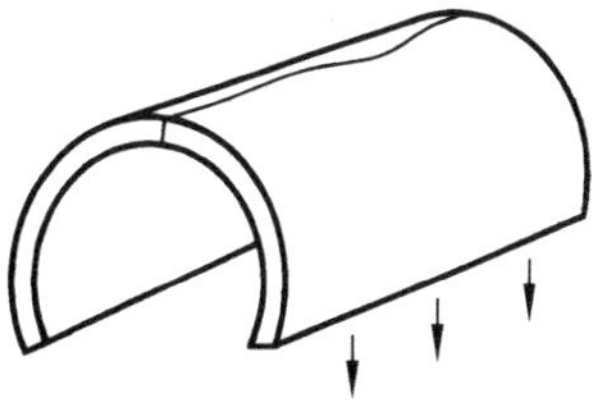
7. 拆模过早：过早拆模，混凝土强度未达到设计强度时过早承受混凝土自重或围岩压力	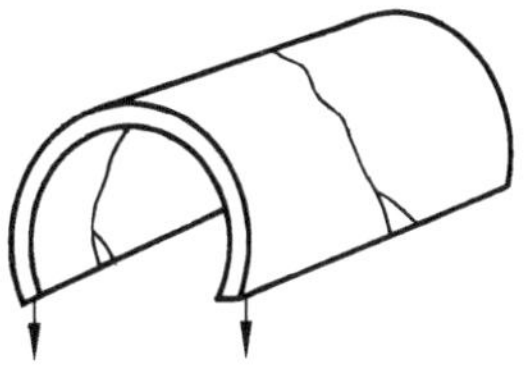

表1.5 与围岩压力有关的开裂

类别	图例
1. 垂直方向线状荷载：在拱顶附近作用线状荷载，拱顶发生拉裂，拱腰内表面发生压溃。随变形的发展，拱顶拉裂的围岩侧产生压溃	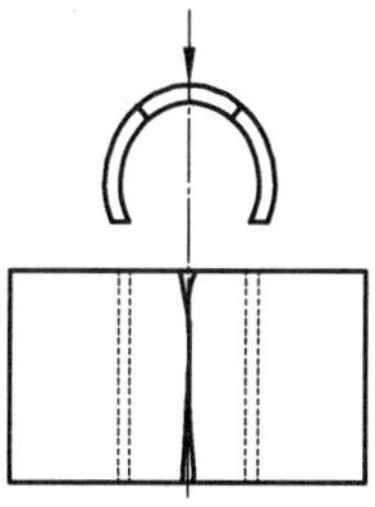
2. 斜向线状荷载：拱腰附近作用有线状荷载，在荷载位置的衬砌内表面产生拉裂，在拉裂的两侧发生压溃。变形继续发展时，在荷载位置拉裂的围岩侧出现压溃	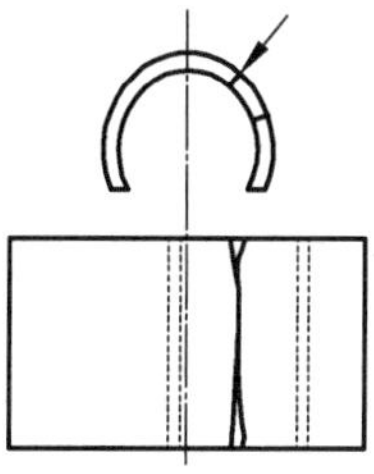
3. 水平方向线状荷载：在拱墙两侧（或一侧）有线状荷载作用时，在荷载位置的内侧产生拉裂。变形继续发展时，从拱脚到拱顶出现大范围的压溃。拱顶衬砌可能剥落	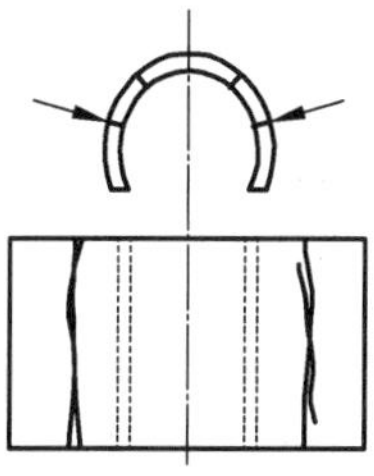

续表

类别	图例
4. 垂直方向分布荷载：在拱部作用分布荷载时，也就是隧道围岩压力很大时，拱腰发生拉裂	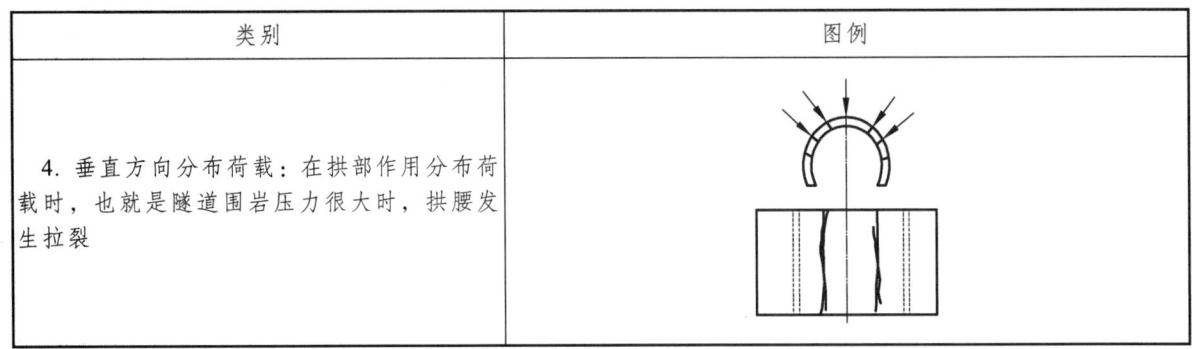

注：╱╲——拉裂；▒▒▒——压溃。

2）衬砌裂损的危害性

衬砌裂损（图 1.15）可导致隧道结构变形、掉块甚至塌落；降低衬砌结构对围岩的承载能力；使隧道的净空变小，侵入隧道建筑限界，影响车辆安全通过；衬砌裂缝还会成为渗漏水的通道。

 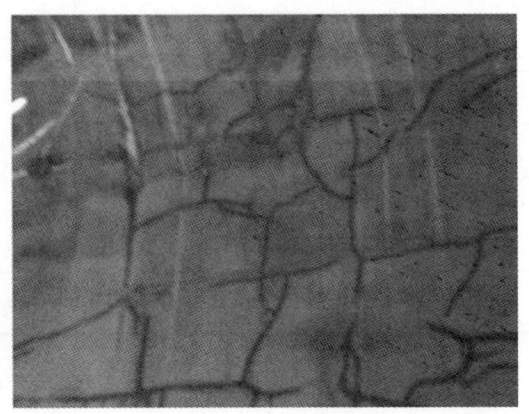

图 1.15　衬砌裂损

9. 衬砌侵蚀

建在富含腐蚀性介质的隧道，其衬砌背后的腐蚀性环境水，容易沿衬砌的施工缝、变形缝、毛细孔及其他孔洞渗流到衬砌内侧成为隧道渗流水，对衬砌混凝土和砌石、灰缝产生物理性或化学性的侵蚀作用，造成衬砌侵蚀。

1）衬砌侵蚀的种类

衬砌侵蚀的种类分为物理侵蚀和化学侵蚀两类。物理侵蚀主要有冻融交替部位的冻胀性裂损和干湿交替部位的盐类结晶性胀裂损坏两种。隧道衬砌混凝土的化学侵蚀是一个复杂的物理化学过程。综合国内外的研究成果，根据主要物质因素和腐蚀破坏机理，可分为硫酸盐侵蚀、溶出性侵蚀（软水侵蚀）、碳酸盐侵蚀和一般酸性侵蚀四种。

2）衬砌侵蚀的危害

隧道衬砌侵蚀，使衬砌出现起毛、酥松、蜂窝麻面、起鼓剥落、孔洞露石、骨料分离等材质破坏，导致衬砌变薄，如图 1.16 所示。隧道衬砌侵蚀还会导致衬砌内的钢筋腐蚀，使得衬砌结构强度降低，降低隧道衬砌的承载力，缩短使用寿命，危及行车安全。

图 1.16 衬砌表面侵蚀

10. 基床病害

1）基床侵蚀的危害

运营铁路隧道的基床病害主要指由于隧道基底病害和渗漏水等引起的道床下沉、开裂、翻浆冒泥（图 1.17）等现象。基床病害容易导致线路几何状态难以保持，制约列车提速，危及行车安全，严重时能造成列车在隧道内脱轨倾覆。

2）基床侵蚀的成因

基床病害的成因主要包括：当基底为软弱层，如风化的基岩、断层破碎带、超挖部分为浮渣填充层等，由于其强度低、结构松散，容易被水浸泡软化或被水冲刷流失，列车动载的反复作用使基底水泥多沿边墙缝、人行道与道床的接缝或其他薄弱环节（如中心及侧水沟）等处涌向道床，形成翻浆冒泥，进而使基底局部掏空，造成道床断裂。

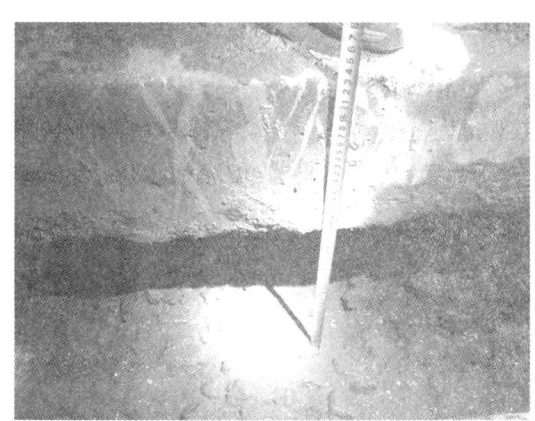

图 1.17 基床翻浆冒泥

11. 震 害

1）形成原因

（1）断层错动。

断层破碎带产生黏滑或其锁固点端点破裂而发生错动，积蓄的弹性应变能释放出来，从而发生地震。根据断层强震的集中性、地表破裂和永久位移以及破裂的方向性效应等特征，通过震害调查及机理分析发现，隧道大量的震害为剪断破坏，该破坏是由于近断层强地震产生的峰值加速度很大，地盘产生上下或水平的相对位移后造成拱效应的降低或瞬间失去岩压自持力，迫使隧道的线性构造发生剪切变形而破坏。断层错动使围岩直接产生剪切位移，它可以穿过覆盖层直达地表。这种剪切变形通常被限制在活动断层周围一个狭小的范围内，但这种突然的变位方式引起隧道的破坏是灾难性的。表 1.6 为成兰线（川青铁路）穿越活动断裂位错速率预估值。

表 1.6 成兰线穿越活动断裂位错速率表

断层名称	位错量
什邡—竹瓦铺断裂与绵竹断裂	预计平均垂直滑动速率为 0.13～0.24 mm/a
彭县—灌县断裂	预计平均水平滑动速率值应介于 0.78～1.25 mm/a，均值为 1 mm/a
茂汶—汶川断裂	预计平均水平滑动速率为 0.7～1.1 mm/a，均值为 0.9 mm/a
岷江断裂	该断裂晚更新世以来的平均垂直滑动速率介于 0.37～0.53 mm/a
东昆仑断裂和塔藏断裂	预计平均滑动速率为 2.7～2.8 mm/a
迭部—白龙江断裂和光盖山—迭山断裂	全新世以来的平均水平速率 1.3～2.6 mm/a
临潭—宕昌断裂	预计平均水平滑动速率为 2.0～2.5 mm/a，垂直滑动速率为 0.18 mm/a

（2）地震波振动效应。

地震波包括 P 波（地震纵波）、S 波（地震横波）、表面波（瑞利波和勒夫波），圆形隧道遭受地震波作用时，将可能发生轴向变形、横断面压缩变形、轴向弯曲变形及椭圆形的变形。轴向变形主要是由沿隧道纵向之 P 波所致。若 P 波入射方向与隧道轴线成正交，即 P 波沿隧道横断面方向行进时，将造成隧道横断面的压缩变形。轴向弯曲变形主要由沿隧道纵向的 S 波及表面波（如勒夫波）所造成。当 S 波沿隧道横向行进时，则可能产生椭圆形变形。由地震波引起隧道本身出现的剧烈振动，产生的是循环交替的压应变和张应变，这是由于隧道的轴向变形和弯曲变形引起的。对于无衬砌或柔性衬砌的岩石隧道，在出现正弯曲时，衬砌顶板承受张应变，底部承受压应变；如果隧道衬砌的刚度比围岩大，则正好相反。这些应变叠加在隧道衬砌和围岩原有的压应变之上。当叠加压应变时，导致原有压应变进一步增大，衬砌即可能局部弯曲，出现剥落；如果叠加张应变且大于原有压应变，则由此产生的张应变状态可能导致某个部位的衬砌开裂。

隧道的震动变形方式和震害受地震波入射方向的影响较大。一般而言，地震波平行于隧道轴线或是斜交于隧道轴线传播引起隧道轴向拉伸、压缩变形和弯曲变形；垂直或是近于垂直隧道洞轴线传播的地震波会引起隧道环形变形（呈椭圆形）。

（3）震级和震中距的影响。

地震震级为衡量一次地震释放能量大小的尺度，一次地震对隧道的影响程度除了震级以外，相关的统计报告中指出，里氏震级超过 6 级的地震将会造成隧道严重破坏，震级越大，地震一次性释放的能量就越大，隧道的受损程度越严重。地震对隧道的影响程度除了震级以外，和与破碎带距离亦有关系。同样震级大小的地震，距离震中越近的地方，影响及破坏程度越严重。

（4）地形地质条件。

隧道洞口边坡的地形条件以及地质状况对洞口的抗震能力影响比较大。隧道洞口地段埋深浅，覆盖层多为强风化的堆积体，当强烈地震发生时，容易造成滑坡、崩塌、洞门开裂、衬砌变形等震害。隧道洞内的震害一般多发生在围岩质量差和地层条件有较大变化的部位。松散堆积物和破碎软弱围岩由于其力学性质较差，阻尼比较大，它们对衬砌结构的约束差、动应力大，因此，隧道所受的破坏也就大。

地层位移和隧道表层土自身惯性力产生的振动是影响浅埋隧道地震响应的两个重要因素。埋深小于 50 m 的浅埋隧道，当其位于Ⅳ类围岩或更差的围岩条件内时容易发生地震破坏，随着隧道埋深的逐渐增加，位于Ⅴ类岩体内的隧道可能发生地震破坏。以此类推，当埋置深度大于 500 m 时，隧道很难发生震害。一般而言，深埋隧道的围岩地质条件较好，故隧道的震害案例很少。然而，汶川地震中龙溪隧道洞身段埋深为 500 m 处仍发生了衬砌混凝土大面积塌落、结构开裂等破坏。因此，覆土层的厚度、地层条件、基岩面的深度共同影响着隧道的受震行为。

（5）隧道结构条件的影响。

隧道断面的变化处、隧道分叉处或是汇合处、与不同结构物的结合处、急曲线处、急坡处等都是隧道构造抗震上的薄弱环节。

当衬砌背面存在空洞或拱顶衬砌厚度不足时，地震作用下围岩不能对衬砌结构形成有效支撑、不能抑制结构的变形，因此，可能导致衬砌的拱顶开裂、混凝土剥落，甚至坍塌。

对于采用无筋混凝土衬砌的隧道，衬砌厚度较大地段的震害程度高于衬砌厚度相对较小的地段。

2）震害特征

根据国内外震害调查统计发现，断层破碎带段隧道结构震害较为严重，洞口结构次之，普通段隧道结构震害较轻。震害表现典型特征如下：

（1）洞口区震害的主要表现形式是边仰坡垮塌、滚石、山体崩塌掩埋洞口，如图 1.18 所示。

图 1.18　隧道边仰坡震害

（2）洞门墙与明洞段震害主要表现为墙体开裂、断裂和被崩塌体破坏，但洞门墙滑动或倾覆的情况较少，如图 1.19 所示。

图 1.19 隧道洞门震害

（3）洞身震害根据发生部位不同主要分为衬砌震害与隧底震害，如图 1.20 所示。其中，衬砌震害按破坏程度又分为洞室塌方、二次衬砌大面积垮塌、二次衬砌局部垮塌与掉块、二次衬砌错台、二次衬砌剥落与开裂、施工缝开裂等；隧底震害主要表现为隧底（路面）隆起、塌陷、错台、开裂和涌水等。

图 1.20 隧道洞身震害

参考文献

[1] 刘德军，仲飞，黄宏伟，等. 运营隧道衬砌病害诊治的现状与发展[J]. 中国公路学报，2021，34（11）：178-199.

[2] 刘晓晨. 高速公路隧道衬砌掉块、脱空及欠厚的关系与处治措施[J]. 工程建设与设计，2023，（08）：58-60.

[3] 郭永华，龚设，康三月，等. 基于层次-可拓（AHP-Extenics）模型的既有隧道衬砌结构病害评价[J]. 隧道建设（中英文），2020，40（S1）：115-122.

[4] 中华人民共和国住房和城乡建设部. 回弹法检测混凝土抗压强度技术规程：JGJ/T 23—2011[S]. 北京：中国建筑工业出版社，2011.

[5] ZHANG D, CHEN S, HUANG Z, et al. Waterproofing performance of longitudinal segmental tunnel joints under external loads: a full-scale experimental investigation[J]. Journal of Zhejiang University-SCIENCE A，2024，25（12）：991-1005.

[6] 吴治家. 隧道衬砌混凝土裂缝的辨认及处治措施探讨[J]. 铁道工程学报，2014，31（2）：88-95.

[7] 中华人民共和国住房和城乡建设部. 地下工程防水技术规范：GB 50108—2008[S]. 北京：中国建筑工业出版社，2008.

[8] 中华人民共和国住房和城乡建设部. 地下工程渗漏治理技术规程：JGJ/T 212—2010[S]. 北京：中国建筑工业出版社，2010.

[9] 梅涛，滕伟福，曹玉，等. 铁路隧道衬砌混凝土病害与基底类病害分析与整治[J]. 岩土工程界，2003（7）：69-71

[10] 陶双江，蒋雅君. 汶川地震隧道震害影响因素的统计和分析[J]. 现代隧道技术，2014，51（3）：15-22

[11] HASHASH Y M A, HOOK J J, SCHMIDT B, et al. Seismic design and analysis of underground structures[J]. Tunnelling and underground space technology，2001，16（4）：247-293.

[12] 中铁二局集团有限公司. 铁路隧道工程施工质量验收标准：TB 10417—2018[S]. 北京：中国铁道出版社，2018.

第二章

运营隧道检查及检测

一、运营隧道检查内容

（一）外观检查

1. 外观检查目的

外观检查是对土建结构的基本技术状况进行的全面检查。通过检查，系统掌握结构基本技术状况，评定结构物功能状态。

2. 外观检查内容

（1）洞口。

①边仰坡有无危石、积水、积雪、洞口有无挂冰，边沟有无淤塞，构造物有无开裂、倾斜、沉陷等。

②山体滑坡、岩石崩塌的征兆及发展趋势，边坡、碎落台、护坡道缺口、冲沟、潜流涌水、沉陷、塌落等状况。

③护坡、挡土墙的裂缝、断缝、倾斜、鼓肚、滑动、下沉的位置、范围及严重程度，有无表面风化、泄水孔堵塞、墙后积水、地基错台、空隙等现象。

（2）洞门。

①结构开裂、倾斜、沉陷、错台、起层、剥落、渗漏水（挂冰）。

②洞身裂缝的位置、宽度、长度、范围或程度。

③结构倾斜、沉陷、断裂范围、变位量、发展趋势。

④洞门与洞身连接处环向裂缝开展情况、外倾趋势。

⑤混凝土起层、剥落的范围和深度，钢筋有无外露、锈蚀。

⑥墙背填料流失范围和程度。

（3）衬砌。

①结构裂缝、错台、起层，剥落，渗漏水，挂冰、冰柱。

②衬砌裂缝的位置、宽度、长度、范围或程度，墙身施工缝开裂宽度、错位量。

③衬砌表层起层、剥落的范围和深度。

④衬砌渗漏水的位置、水量、浑浊、冻结情况。

（4）路面。

①落物、油污、滞水或结冰，路面拱起、坑槽、开裂、错台等。

②路面积水、沉陷、错台、开裂、溜滑的范围和程度。

③路面积水、结冰等范围和程度。

（5）检修道。

①结构破损，盖板缺损，栏杆变形、损坏。

②检修道毁坏、盖板缺损的位置和状况。

③栏杆变形、锈蚀、破损的位置和状况。

（6）排水设施。

①缺损、堵塞、积水、结冰。

②结构缺损程度，中央窨井盖、边沟盖板等完好程度，管沟开裂漏水状况。
③排水沟（管）、积水井等有无淤积堵塞、沉沙、滞水、结冰等状况。
（7）吊顶及各种预埋件。
①变形、缺损、漏水（挂冰）。
②吊顶板变形、缺损的位置和程度。
③吊杆等预埋件是否完好等，有无锈蚀、脱落等危及安全的现象及其程度。
④漏水（挂冰）范围及程度。

3. 外观检查方法

检查采用步行和高空作业车辅助方式，配备必要的工具和设备，进行目测或量测检查。检查时，应尽量靠近结构，一次检查各个结构部位，注意发现异常情况和原有异常情况的发展变化。采用钢卷尺、裂缝测宽仪等设备检测，采用数码相机、粉笔或红油漆等进行标记及记录。

（二）裂缝检查

（1）检查内容：裂缝的位置、走向、长度、宽度、深度、开裂范围和程度。
（2）检查设备：钢尺、读数显微镜、裂缝宽度监测仪、裂缝深度测试仪、记号笔等。
（3）检查方法。
①裂缝宽度：采用裂缝宽度检测仪、读数显微镜在裂缝表面对裂缝进行检测。
②裂缝深度：采用裂缝深度测试仪对裂缝深度进行检测。

（三）渗漏检查

（1）检查内容：渗漏水位置、水量、浑浊度、冻结度及原有防排水系统的状态；渗漏水的水温、pH值、水质的侵蚀性。
（2）检查设备：秒表、计量容器、pH试纸。
（3）检查范围：主要针对渗漏水较严重的区段进行检查。

二、运营隧道检测方法

（一）地质雷达法

地质雷达法近年来新兴的一种地下探测与混凝土构筑物无损检测新技术。地质雷达是探测隐蔽介质结构位置和分布的非破坏性探测仪器，是目前国内外用于检测混凝土内部缺陷最先进、最便捷的仪器之一，屏蔽天线抗干扰性强、探测范围广、分辨率高，可实时进行数据处理和信号增强，可连续透视扫描，现场实时显示二维黑白或彩色图像。典型地质雷达主机如图2.1所示。

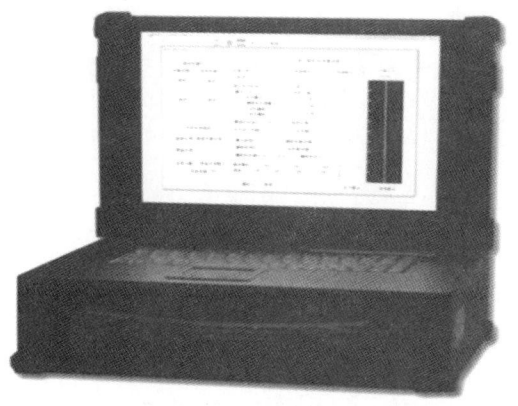

（a）MTGPR 型四通道雷达

（b）GR-Ⅳ型便携式地质雷达

图 2.1　地质雷达

1. 检测原理

地质雷达的发射天线向混凝土内发射高频宽带短脉冲电磁波，电磁波遇到不同介电特性的混凝土于围岩界面时由部分返回，接收天线反射波并记录反射波的履行时间。当发射和接收天线沿衬砌表面逐点同步移动时，就能得到其内部介的剖面图像。根据接收到波的履行时间（双程走时）、幅度频率与波形变化资料，可以推断介质的内部结构及目标体的深度、形状等特征参数。

地质雷达探测原理、检测结果与实际结构对照如图 2.2 所示。

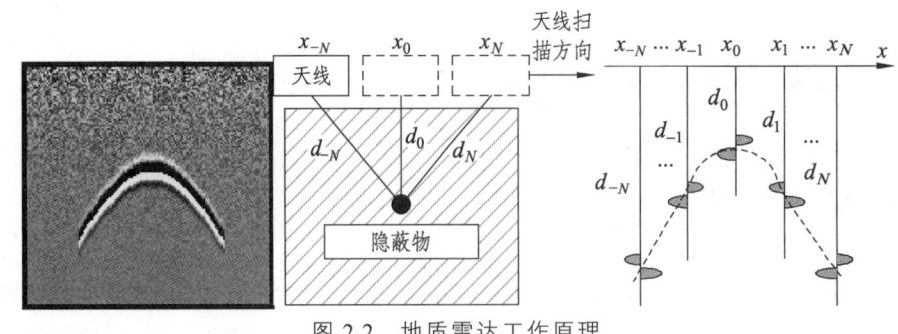

图 2.2　地质雷达工作原理

2. 雷达测线布置

根据《铁路隧道衬砌质量无损检测规程》（TB 10223—2004）要求，对隧道衬砌质量检测时常布置纵向测线,测线在拱顶、左右拱腰、左右边墙(水沟盖板以上 1 m)、仰拱(线路中心——双线隧道 2 条测线,单线隧道 1 条测线,如有中心水沟应避开不小于 50 cm)等位置布置,全隧通常布置 6~7 条测线,如图 2.3 和图 2.4 所示。

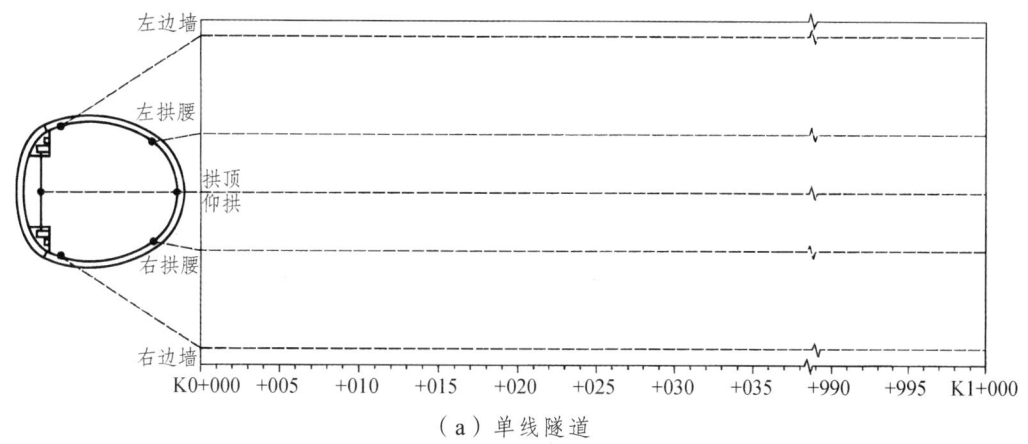

(a)单线隧道

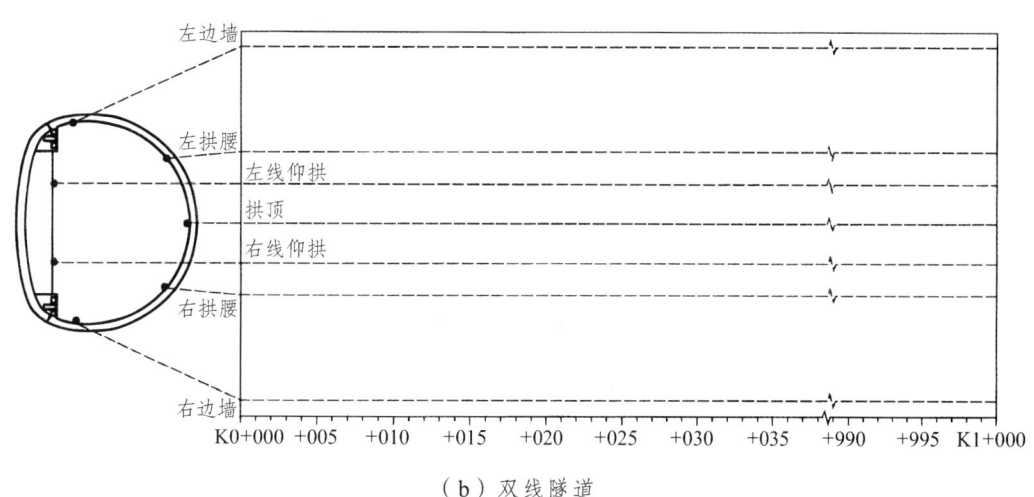

(b)双线隧道

图 2.3 隧道衬砌雷达测线纵向布置示意

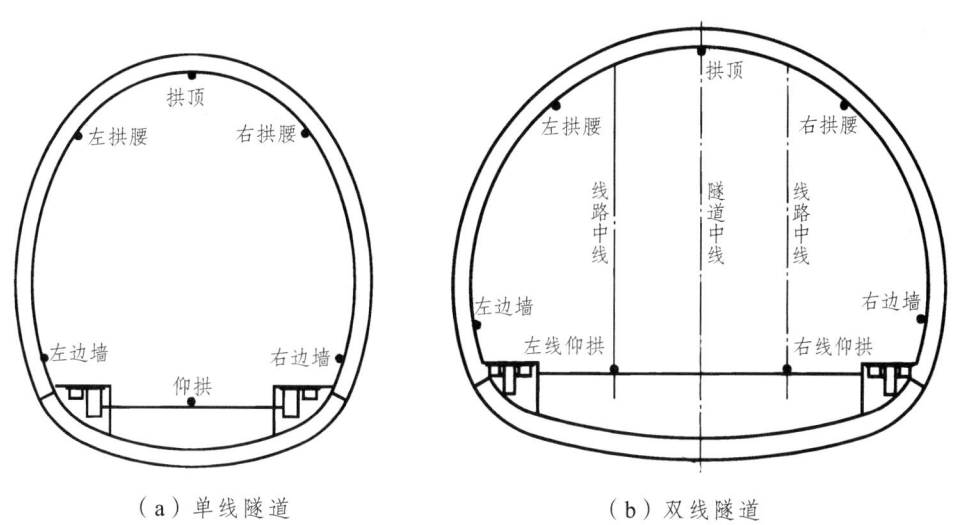

(a)单线隧道　　　　　　　(b)双线隧道

图 2.4 隧道衬砌雷达测线横断面布置示意

3. 检测准备

（1）收集隧道工程地质资料、施工图、设计变更资料和施工记录。

（2）根据检测对象选定雷达天线频率（二衬衬砌检测选用 400 MHz 或 500 MHz，仰拱检测选用 100 MHz 或 200 MHz），并确定相应的技术参数和采集模式（一般采用时间采集模式）。

（3）在任一侧边墙上每隔 5 m 做一个里程标记，并在整 10 m 处写具体里程，用以确保地质雷达图像的定位。

（4）作业人员和设备必须按有关安全规定进行可靠的安全防护，以确保作业安全，尤其是进行隧道拱部测线作业时。

（5）提前对检测仪器、照明机具等设备的电池充电，确保电量充足，以便连续作业。

（6）搭建隧道衬砌检测台车，以便进行拱部测线检测。

（7）将雷达主机、天线用电缆按要求连接，如图 2.5 所示，调试以确保设备工作正常，对衬砌混凝土的介电常数或电磁波速现场标定。

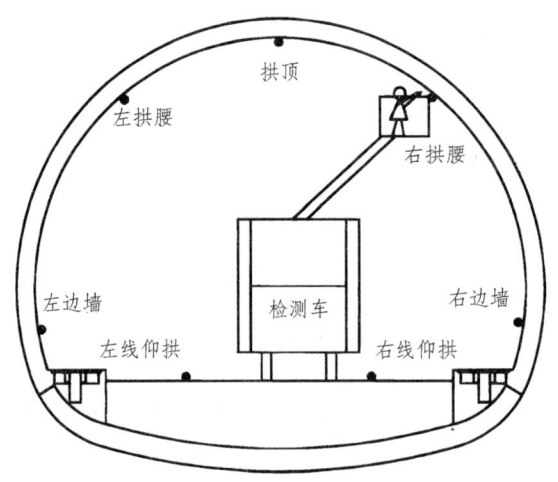

图 2.5　检测车及拱部测线检测方式示意

4. 现场检测工作

（1）根据现场情况及要求在隧道衬砌各部位（拱顶、左拱腰、右拱腰、左边墙、右边墙和仰拱）确定测线位置。

（2）按仪器要求将地质雷达主机、天线用电缆连接，并进行调试以确保仪器能正常工作。

（3）由有经验的工作人员扶持地质雷达天线，将天线放于检测测线所在部位。

（4）由经培训并有资质的人员操作地质雷达主机，根据测线部位的衬砌厚度设置技术参数，以确保采集到合格、满足要求的地质雷达信号。

（5）调试完成后，即沿隧道纵向连接采集信号，检测中在天线经过标记点时（5 m 间隔）由专人报点，主机操作人员在地质雷达图像（图 2.6）上标记，并可每隔 50 m 做一标记，以进行里程核对。

（6）检测时，每条测线测试完成后再测另一条测线。

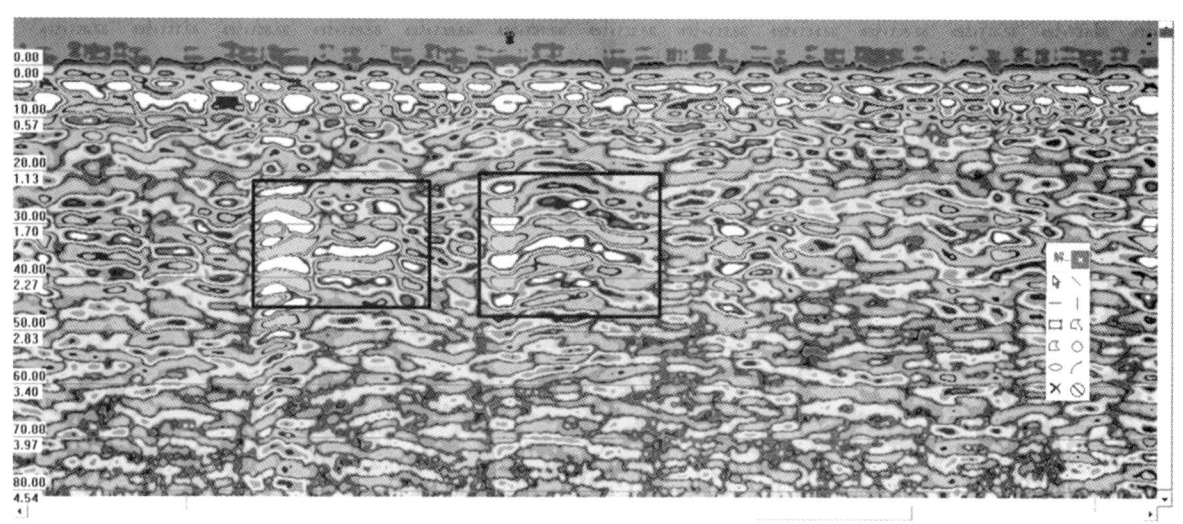

图 2.6 地质雷达检测反射图

5. 注意事项

（1）天线频率的选择。

隧道衬砌检测采用屏蔽天线。频率高的天线发射雷达波主频高、分频率高、能量衰减较快、探测深度较浅；频率低的天线发射雷达波主频低、能量衰减较慢、探测的深度较深。

根据隧道衬砌厚度及监测要求合理地选择天线频率，选择时可参照表 2.1，常用频率天线如图 2.7 所示。

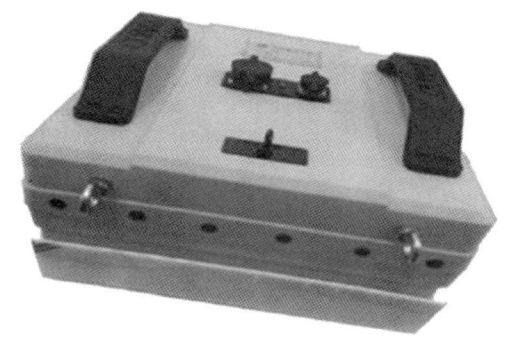
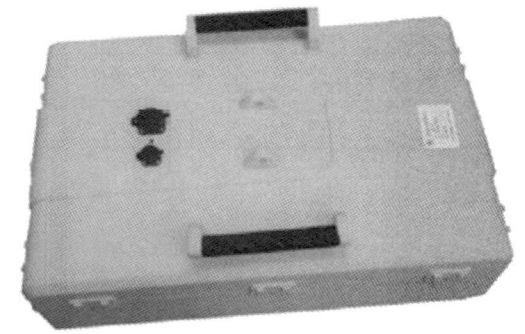

（a）400 MHz 屏蔽天线　　　　　　　　（b）200 MHz 屏蔽天线

图 2.7 地质雷达几种常用主频的天线

表 2.1 检测深度与天线频率选择对照

中心频率/MHz	混凝土波速/（cm/ns）	波长/cm	分辨率（λ/B）/cm	穿透深度/cm	精度误差/%	探测目标
200	12	60	7.5	250	3	衬砌背后或基底围岩
250	12	48	6	150	4	衬砌背后围岩
400	12	30	3.8	100	3.8	二次衬砌
500	12	24	3	100	3	二次衬砌
900	12	13	1.7	40	4.3	初期支护

（2）雷达参数的含义及设置。

①天线发射率：单位为"kHz"，最大为100 kHz，发射率越高，数据采集的速度越快。

②测量方式：有时间（连续测量、自由测量）、距离（测量轮控制测量、距离测量）和点（点测）三种测量方式。在地表复杂地区探测或者进行深部探测时选择点测；连续测量是指地质雷达系统每秒钟自动记录一定数目的扫描信息，在地面测点的多少取决于天线在地面的移动速度；距离测量是最准确的数据采集方法。

③采样点数：每根扫描曲线是由一组数据点组成，数据点的多少称为采样点数，采样点数越多，扫描曲线越光滑，垂直分辨率越好。采样点数增加使得扫描速率下降，同时使得文件所占空间增大。在大多数情况下，采样点数推荐选择512或1 024。

④时间窗口：地质雷达系统记录电磁波发射信号的长度。时间窗口与地质雷达信号的探测深度有直接关系，时间窗口越大则记录的电磁波时间序列越长，表示记录的反射信号对应的地层界面越深。

⑤介电常数：地下介质（材料）的介电常数，基本反应了雷达电磁波在地下介质中的传播速度。如果所测介质常数已知，直接在这里输入该参数；在测量现场可以直接将电磁波速度的时间转换成深度信息。介电常数的范围为1~81，常见介质的介电常数表2.2。

表2.2 常见介质介电常数

介质	介电常数	电导率/（s/m）	传播速度/（cm/ns）	衰减系数
空气	1	0	0.3	0
水	80	0.5	0.033	0.1
砂岩	6	0.04	—	—
灰岩	4~8	0.5~2	0.12	0.4~1
花岗岩	4~6	0.01~1	0.13	0.01~1
混凝土	6~8	1~100	0.11	—
黏土	5~40	2~1 000	0.06	1~300

⑥扫描率：扫描率是指地质雷达系统每秒钟记录在系统内存中的扫描数。连续测量方式中，扫描率是每秒保存的扫描数；采用测量轮测量方式时，应该把扫描率的数值设置得更高。

⑦扫描数/单位距离：每秒单位水平距离内的扫描数、测点数。使用测量轮测量时，该参数间接表示扫描间距。扫描间距（测点点距）越小，水平分辨率越高，但是文件所占计算机空间就越大。

⑧增益：地质雷达发射的电磁波在介质的传播过程中，会在电性（介电常数）分界面上发生反射，有一部分电磁波继续向下传播，传播过程中电磁波能量会被介质吸收。随着深度的增加，电磁波能量衰减，信号幅度相应地减小，不利于信号识别和辨认。为了能更好地识别信号特征，采用增益函数来提高信号的幅度，使得信号的细微变化更容易显示和被识别。

6. 数据处理与解释

（1）数据预处理。

天线接收到的雷达波信号在记录各种有效波的同时，也不可避免地记录各种干扰波，使得记录图形不能清晰反映目标体。由于地下介质相当于一个复杂的滤波器，在接收天线接收到的电磁脉冲，波幅衰减，波形与原始反射波有差异。因此，现场采集的数据须进行适当的数字信号处理，为进一步解释分析提供清晰的雷达图像。编码器和地质雷达解译分析系统如图2.8所示。雷达波信号处理需采取以下步骤：

①数据预处理，主要包括废道切除、数据归一化、零线设定和去直流漂移。

②数据预处理采用时间增益控制调节来补偿由于扩散和衰减的振幅损失，目的是对深部信号放大，清晰探测深部缺陷。

③滤波处理，包括背景去噪、平滑滤波、一维和二维滤波以及小波变换等滤波方法的应用。滤波器可以为采集资料设置滤波器，去除干扰、平滑噪声。

（a）编码器　　　　　　　　　　（b）地质雷达处理分析系统

图 2.8　地质雷达解译分析系统

（2）反射波的振幅与方向。

从反射系数的菲涅耳公式中可以看出两点：

①界面两侧介质的介电常数差异越大，反射波越强。从发射振幅上可以判定两侧介质的性质、属性。

②波从介电常数小进入介电常数大的介质时（从高速介质进入低速介质），反射系数为负，即反射波振幅反向；反之，从低速介质进入高速介质，反射波振幅与入射波同向。这是判定界面两侧介质性质与属性的又一依据。

如从空气中进入土层、混凝土，反射振幅反向，折射波不反向；从混凝土后边的脱空区再发射回来时，反射波不反向，而脱空区的发射与混凝土表面的反射反向正好相反。如果混凝土后边充满水，波从该界面反射也发生反向，与表面反射波同向，而且发射振幅较大。混凝土中的钢筋，波速近乎为零，反射自然反向，而且反射振幅特别强，如图 2.9 所示。因而，反射波的振幅和方向特征是雷达波判别重要依据。

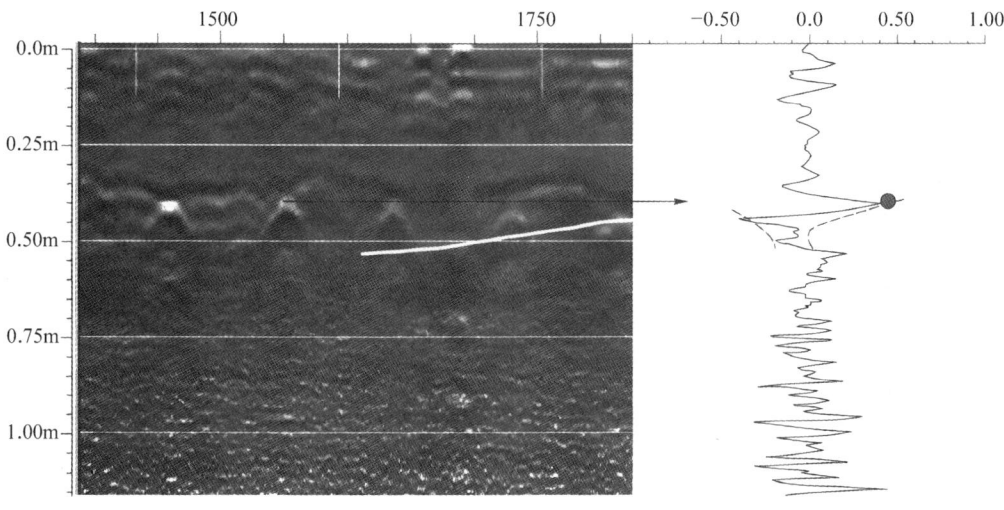

图 2.9　振幅及方向反射特征

(3)反射波的频谱特性。

不同介质有不同的结构特征,内部反射波的高、低频率特征明显不同,这可以作为区分不同物质界面的依据。如混凝土与岩层相比,比较均质,没有岩石内部结构复杂,因而围岩中反射波明显,特别是高频波丰富。而混凝土内部反射波较少,只是有缺陷的地方有反射。

如果岩中的含水带也表现出低频、大振幅的发射特征,易于识别。节理带、断裂带结构破碎,内部发射和散射多,在相应走时位置表现为高频、密纹反射。但由于破碎带的散射和吸收作用,从更远的部位发射回来的后续波能量变弱,信号表现为平静区。

(4)反射波同向轴形态特征。

雷达记录资料中,同一连续界面的反射信号形成同向轴,依据同向轴的时间、形态、强弱、方向等进行解释判断是地质解释最重要的基础。同向轴的形态和埋藏物界面的形态并非完全一致,特别是边缘的反射效应,边缘形态有较大的差异。对于孤立的埋设物,其发射的同向轴为向下开口的抛物线,有限平板界面反射的同向轴中部为平板,两端为半支下开口抛物线,如图2.10所示。

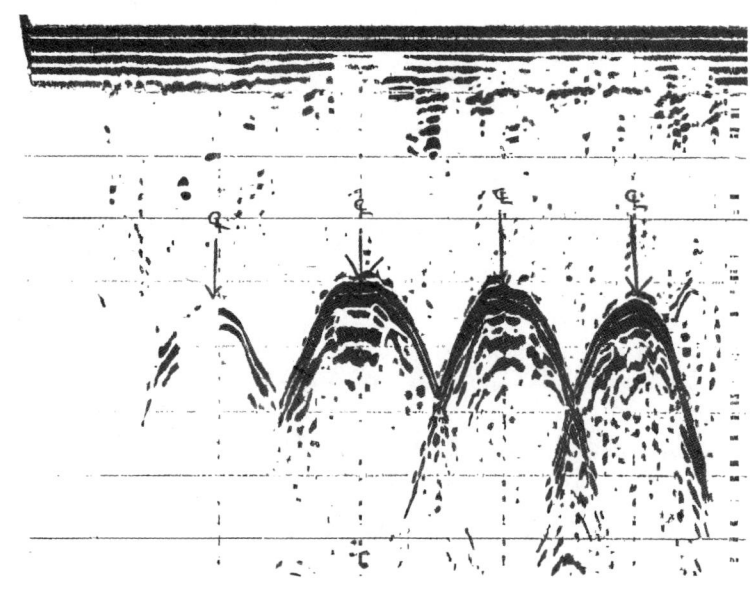

图 2.10 发射波同向轴形态特征示意图

(5)衬砌厚度、围岩、脱空等波形特征。

如图2.11所示,衬砌与围岩之间的脱空区为空气,与混凝土和围岩的波阻抗差异很大,反射波正反相间,波相先负后正,反射很强,脱空区断续蜿蜒,位置清晰明显,极易辨别。

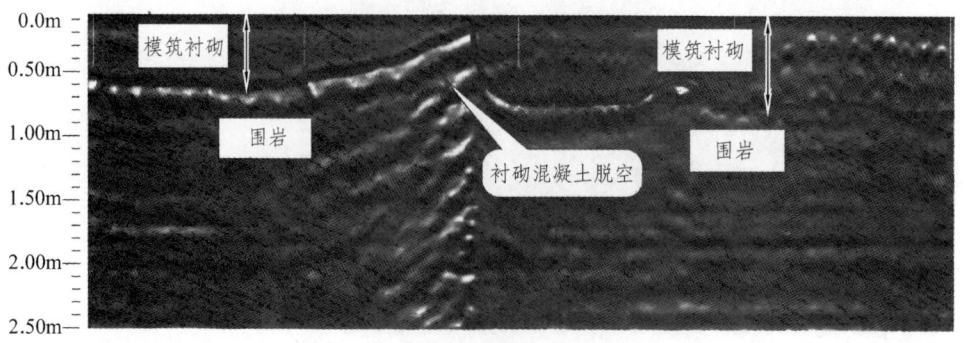

图 2.11 衬砌与围岩间界面形态

(6)隧道检测中干扰波的识别。

隧道的检测条件十分复杂,除电气设备的干扰,隧道墙壁、路基钢轨、检测台车等都会产生反射干扰信号。只有可靠地辨认出衬砌与围岩间的反射信号与各类干扰信号,才能准确无误地确定衬砌厚度。当天线在移动中与衬砌表面距离变化时,形成明显的反差,依此可判定反射波是来自衬砌内还是隧道内。

(二)超声-回弹综合法

超声-回弹综合法是应用弹回法和超声法综合检测混凝土强度的方法。回弹值只反映混凝土表层情况,而超声波声速只反映材料的弹性性质,两者均不能全面反映混凝土强度等材料的多种指标。但是将两种方法综合使用,优势互补,可得到较好的检测效果。

采用超声-回弹综合法对结构或构件足龄期的混凝土强度进行检测推定时,需用钻芯法作修正。不能用于表面有明显缺陷、遭受冻害、化学侵蚀、火灾和高温损伤结构的检测,也不适用被检测构件厚度小于 100 mm、结构表面温度低于 – 4 °C 或高于 60 °C 等情况下混凝土强度的检测。

1. 检测原理

(1)回弹测强度。

混凝土是一种刚性材料,在瞬时外力冲击下,会对施力物体产生反力,当施力物体质量与冲击的动能一定时,混凝土对其反力的大小反映了其本身强度。回弹法即利用此原理,使用弹击锤以一定动能弹击被测混凝土表面之后测得其回弹值 N,以材料的应力-应变行为与强度的关系为依据,既反映了混凝土的弹性性质,同时又在一定程度上反映了混凝土的塑性性质,但它只能确切反映混凝土表层(约 3 cm)的状态。

回弹仪(图 2.12)检测混凝土强度实际是检测混凝土的表层硬度,应用特殊定义的回弹值来描述和表征混凝土硬度,通过试验方法得到回弹值与混凝土强度间的相关曲线或数学模型。

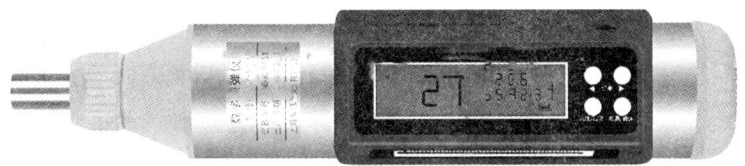

图 2.12 混凝土回弹仪

正确操作回弹仪,可提高测试准确度。在操作回弹仪全过程中,都应注意保持仪器姿势的正确,即一手握住回弹仪中前部位,另一手握仪器尾部的尾盖,如图 2.13 所示。操作基本要领是:用力推压均匀缓慢,扶正垂直对准侧面,不晃动。

(a)机械回弹仪操作　　　　　　　　(b)数显回弹仪操作

图 2.13 混凝土回弹仪操作示意

(2)超声波测强度。

混凝土中超声波的传播速度 v 与混凝土的抗压强度 f_{cu} 有着良好的相关性,即混凝土的强度越高,相应的超声波声速值越高。根据这一原理,建立强度和波速的曲线关系,进而测定混凝土的强度值。

图 2.14 为常用的混凝土超声波检测仪,超声换能器置于混凝土表面发射时,振动状态复杂,既有纵向振动又有横向振动,其发射出的超声波既有纵波也有横波和表面波。因为纵波比横波速度快很多,虽然换能转换器发射出各种类型的波,接手换能转换器也可接收到各种类型的波,但最先接收到的波仍然是纵波,目前在混凝土超声检测中主要采用的是首波(纵波)。

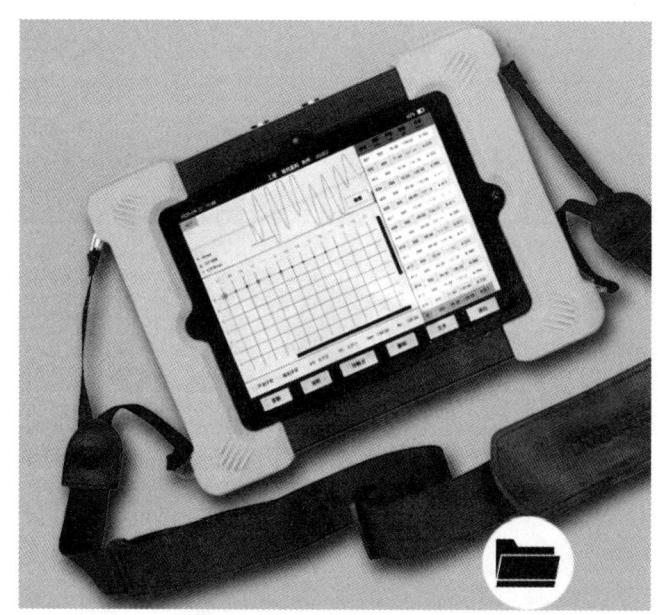

图 2.14 混凝土超声波检测仪

2. 测区布置

(1)检测数量。

根据隧道衬砌强度检测要求,可按单个、批量结构或构件进行检测。

①单个检测:适用于单个结构或构件的检测。

②批量检测:适用于混凝土强度等级相同,原材料、配合比、成型工艺、养护条件基本一致,且龄期相近的同类结构或构件。按批次进行检测的构件,抽检数量不得少于同批次构件总数的 50% 且构件数量不得少于 2 件。

(2)测区布置要求。

①在结构或构件上均匀布置测区,每个结构或构件上测区数量不应少于 10 个。

②相邻两测区的间距应控制在 2 m 以内,测区离构件端部或施工缝边缘的距离不宜大于 0.5 m,且不宜小于 0.2 m。

③测区宜选在使回弹仪处于水平状态检测混凝土浇筑侧面。当不满足这一要求时,可使回弹仪处于非水平状态检测混凝土浇筑侧面、顶面或底面,需对测试结构进行角度和浇筑面修正。

④测区宜选在构件的对称可测面上(发射和接收换能器的轴线在同一轴线上),也可选在一个可测面上(如隧道衬砌),且应均匀分布。在构件的重要部位及薄弱部位必须布置测区,并应避开钢筋密集区和预埋件部位。

⑤测区尺寸宜为 200 mm × 200 mm，测区的面积不宜大于 0.04 m²；采用平测时宜为 400 mm × 400 mm（以满足超声波波速的回归、修正要求），隧道衬砌平测测区回弹测点及超声波测点示意如图 2.15 所示。

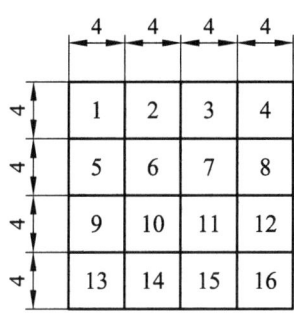
（a）超声回弹测区示意

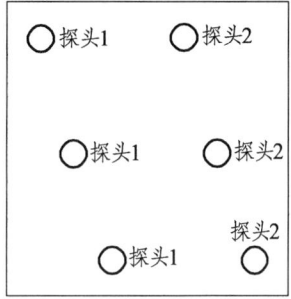
（b）平测超声测点示意

图 2.15　混凝土超声波检测测点布置示意（单位：mm）

⑥测试面应清洁、平整、干燥，不应有接缝、施工缝、饰面层、浮浆和油垢，并应避开蜂窝麻面。必须时可用砂轮片清除表面杂物和磨平不平整处，并擦净残留粉尘。

3. 检测准备

（1）技术准备。
①工程名称及建设、设计、施工和委托单位名称。
②结构或构件名称和混凝土设计强度等级。
③混凝土浇筑、养护情况及成型日期。
④相关施工记录。
⑤确定测区里程及部位。
（2）回弹监测准备。
①在洛氏硬度 HRC 为 60 ± 2 的钢砧对回弹仪进行率定，率定值应为 80 ± 2。
②用砂轮清除测区范围内的虚渣、泥土或灰尘等疏松层和杂物。
（3）超声波检测准备
①系统的校零：在收、发换能器的辐射面间加入黄油或凡士林作为耦合剂，并相互紧贴，将发射能量调到最小时读取的发声，即为 T_0。
②测取超声仪两换能器间的距离。
③测取超声仪换能器间的距离。

4. 现场检测作业

（1）回弹检测。
①将弹击杆顶住混凝土表面，轻压仪器，使按钮松开，放松压力时弹击杆伸出，挂钩挂上弹击锤。
②使仪器的轴线始终垂直于混凝土的表面并缓慢均匀施压，待弹击锤脱钩冲击弹击杆后，弹击锤回弹带动指针向后移动至某一位置时，指针块上的示值刻线在刻度尺上示出的数值即为回弹值。

③使仪器机芯继续顶住混凝土表面进行读数并记录回弹值。如条件不利于读数时，可按下按钮，锁住机芯，将仪器移开测点读数。

④逐渐对仪器减压，使弹击杆自仪器内伸出，测试下一测点。

⑤每个测区测试16个回弹值。

（2）超声检测。

①按要求用数据线将换能器与仪器相连，并接上电源，开机后检查仪器的连接状态，并使仪器处于采集状态。

②在换能器上涂抹黄油或凡士林等耦合剂，调节首波幅度至屏幕的1/3后测度声时值，有调零装置的仪器应调节调零电位器以扣除初读数。

③将两换能器分别置于测区中确定的1对测点上进行超声波测试，接收信号的首波幅度均应调至屏幕的1/3后，才能测读每对测点的声时值。

④在每个测区内布置3对测点，测试3个声时值。

5. 注意事项

（1）应定期或不定期对回弹仪、超声仪状况进行校验。

（2）对钢筋混凝土，需要采取措施以减小钢筋对超声波速的影响。

（3）超声测点应布置在回弹测试的同一测区内。

（4）测量超声声时值时，保证换能器与混凝土耦合良好，测试的声时值应精确至 0.1 μs。

（5）超声测距的测量误差应不大于±1%。

6. 数据处理与解释

（1）回弹检测数据处理。

①计算测区平均回弹值：一个测区的16个测点回弹值，去掉3个较大值及3个较小值后，将剩余10个回弹值平均求得该测区的平均回弹值。

②非水平方向检测混凝土浇筑侧面时，测区的平均回弹值应进行角度修正。

③水平方向检测混凝土浇筑表面或浇筑底面时，测区的平均回弹值进行非浇筑侧面修正。

④当回弹仪为非水平方向且测试面非浇筑面时，应先对回弹值进行角度修正，再对修正后的回弹值进行浇筑面修正。

（2）超声检测数据处理。

当在混凝土浇筑方向的侧面对测时，根据测区中3对测点的声时读数、超声测距计算出3个声速值（声速值一个精确至 0.01 km/s），将其进行平均得出测区混凝土中声速代表值。

当在混凝土浇筑的顶面与底面测试时，应对测区声速值代表值进行测试面修正；当混凝土结构只有一个表面具备监测条件而采用平测法时，则需对超声进行回归修正。

（3）混凝土强度推定。

综合法测定混凝土强度就是在测区上既进行回弹法测试又进行超声法测试，以回弹值和波速值两项参数与混凝土强度建立关系，推算混凝土强度。

根据测区回弹、超声测值（R、v），按混凝土强度（f）与 R、v 相关关系计算各个测区混凝土强度换算值 f_i。构件第 i 个测区的混凝土强度换算值，应根据规定修正后的测区回弹值及修正后的测区声速值，优先采用专用或地区测强曲线推定。

当结构所用材料与制定的测强曲线所用材料有较大差异时,须用同条件试块或从结构构件测区钻取的混凝土芯样进行修正,试件数量不应少于3个。此时,得到的测区混凝土强度换算值应乘以修正系数。

(三)激光扫描仪法

1. 检测原理

(1)激光断面仪。

激光断面仪(图2.16)采用极坐标法,以某物理方向(如水平方向)为起算方向,按一定间距(角度或距离)依次测定仪器旋转中心与实际开挖轮廓线交点之间的矢径(距离)及该矢径与水平方向的夹角,将这些矢径端点依次连接即可获得实际开挖的轮廓线。

图 2.16 激光断面仪

隧道断面测量仪采用无合作目标激光测距仪技术和精密测角技术,将极坐标测量方法和计算机技术紧密结合,配合专业图形处理软件,可快速获得隧道封闭空间内部轮廓曲线(图2.17),实时显示超欠挖值,同时可对净空收敛、开挖土石方量进行测量,具有指示炮眼功能,无须后处理可快速出具检测结果及报告。

(2)三维激光扫描仪。

三维激光扫描仪是对确定目标的整体或局部进行完整的三维坐标数据探测,在三维空间进行从左到右、从上到下的全自动高精度同步扫描,进而得到完整的、全面的、连续的、关联的全景点坐标"点云"数据,可在隧道无光照条件下,以 3 min 20 m 的作业速度、976 000 点/s 的精度、每测站仅需 2~5 min 的高效率、毫米级点间距的网格"实景复制"隧道内表面,从而真实地描述出目标的整体结构及形态特性。通过扫描探测点云编织出的"外皮"来逼近目标的完整原形及矢量化数据结构,可进行目标的三维重建。然后由全面的后处理可获取复杂的几何参数,如长度、距离、面积、体积、目标结构变形、结构位移及变化关系等。

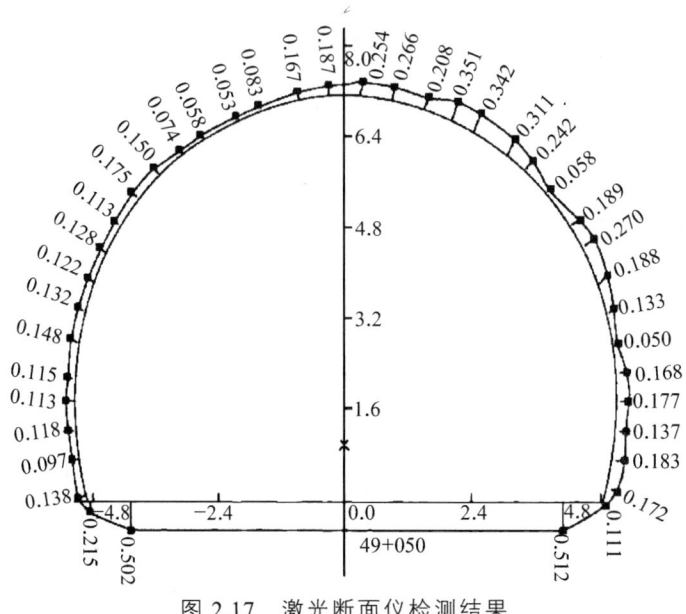

图 2.17 激光断面仪检测结果

3D 激光扫描技术的主要特点是大范围的扫描幅度和高精度的小角度扫描间隔。系统通过内置伺服驱动电动机系统精密控制激光扫描头的转动，使脉冲激光束沿横轴方向和纵轴方向快速扫描。

2．测站布置

（1）激光断面仪布置。

根据验收规范及工程要求的断面间距，确定激光断面仪的检测断面，将仪器设置在检测隧道中点。

（2）三维激光扫描仪布置。

由洞口开始每隔 20 m 设置一个测站，尽量将仪器设置在隧道中线。

3．检测准备

（1）激光断面仪准备：

①确定检测断面里程；

②用测量仪器测出激光断面仪架设处的高程、与中线的偏距；

③确定测试断面在边墙部位的后视点；

④按要求连接好仪器，并调试以确保激光仪能正常工作。

（2）三维激光扫描仪准备：

①将三维激光扫描仪的电池充满电；

②按要求安装好仪器，并调试以确保三维激光扫描仪能正常工作。

4．现场检测作业

（1）激光断面仪检测：

①在检测断面的测点上架立、整平仪器；

②后视边墙的后视点；

③调整参数（起始角度、终止角度、测点数等）；
④选取测量模式（多为自动化采集）；
⑤保存数据。

规定沿隧道的开挖方向为正向，测头垂直转动正角度时，激光出光的方向为仪器正向，即有圆水泡的方向为正向，也是 x 轴正向，标准断面也应据此制作。

（2）三维激光扫描仪检测：

①在离待测隧道中线起点 10 m 处架设三维激光扫描仪，如图 2.18 所示，并将该点作为测站 1。将两个参考球 A、B 沿隧道纵向放在离仪器 10 m 处，参考球 A、B 的摆放要能良好识别并使两球有一定高差，如图 2.19 所示。

②开机扫描测量，当三维扫描仪自动扫描 360°后，会保存三维点云数据，并在显示屏上显示出隧道云图。

③测站 1 扫描完成后将三维激光扫描仪沿隧道轴线向前搬动 20 m，在隧道中线上架设测站 2，参考球 A、B 保持原位不动，将参考球 C、D 沿隧道纵向放在仪器前方 10 m 处，参考球 C、D 的摆放要能良好识别并使两球有一定高差，如图 2.20 所示。

图 2.18　激光扫描仪架设

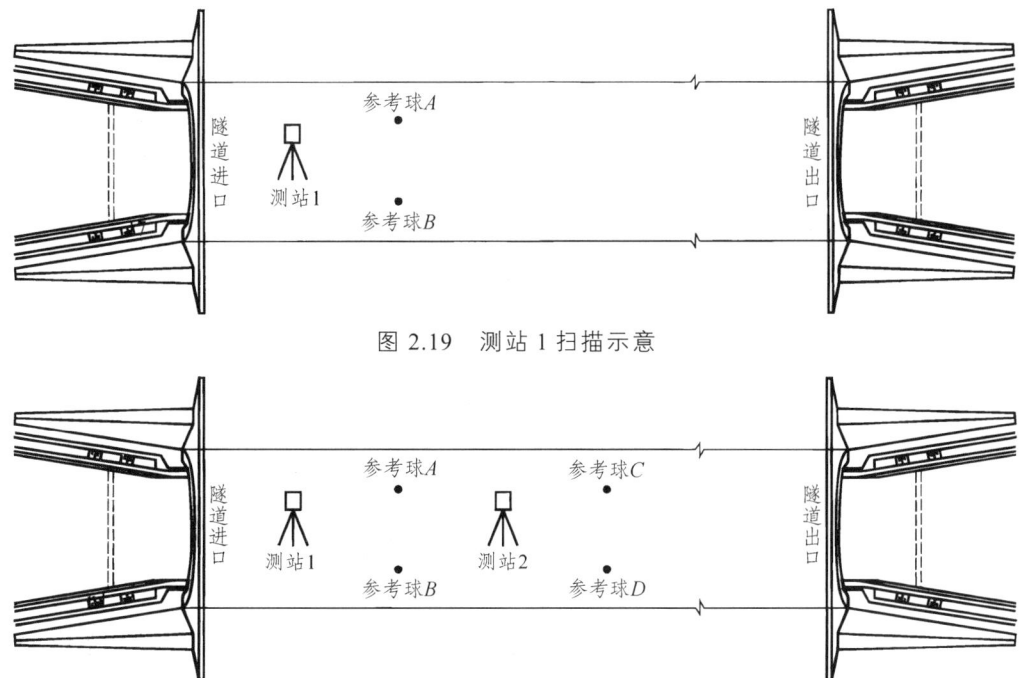

图 2.19　测站 1 扫描示意

图 2.20　测站 2 扫描示意

④开机扫描测量，当三维扫描仪自动扫描 360°后，会保存三维点云数据，并在显示屏上显示出该隧道云图。

⑤重复以上步骤直至整个隧道扫描结束。

5. 注意事项

（1）确保仪器处于良好状态；

（2）检测前收集隧道工程信息、点位信息；

（3）检测中尽量减少对激光检测路径的干扰，并对异常点做好记录。

6. 数据处理

（1）激光断面仪数据处理。

采用激光断面监测仪配套的专用软件，对隧道断面数据进行处理，处理步骤如下：

①编辑标准断面曲线；

②从测量数据中导入测量曲线；

③对测量曲线进行编辑，输入断面的名称、仪器高度和仪器水平偏位（置镜点与隧道中线的偏距）；

④输入测量人员、测试单位等信息；

⑤输出超欠挖、开挖断面面积等检测结果。

（2）三维激光扫描仪数据处理：

①设置工程坐标：平曲线、竖曲线、横坡等；

②导入隧道标准断面；

③通过定位靶球的中心对各测站的扫描数据进行绝对定位；

④设置分辨率、x 轴投影范围、过滤器、投影模型、切片长度等参数后，进行数据处理；

⑤通过创建切片、平整度等后处理，可得到三维视图、横断面、超欠挖面积和体积、衬砌表面平整度、裂缝计渗漏水展示图等成果，如图 2.21 所示。

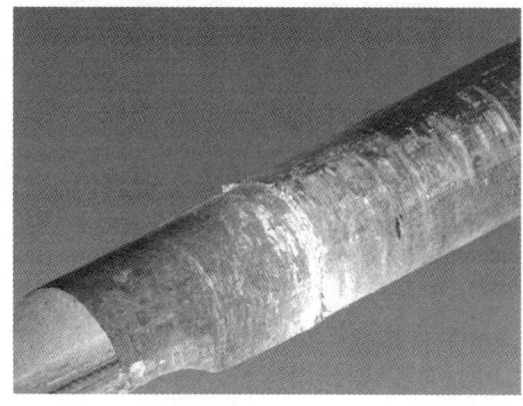

（a）隧道三维点云（实景复制）原始数据展示　　（b）隧道内实景影像

图 2.21　激光扫描

（四）取芯法检测

1. 检测原理

取芯法是从结构上钻芯取样，通过室内试验来评定结构质量的一种检测方法，和无损检测方法并列互补。钻芯法由于具有不受混凝土龄期限制、测试结果误差范围小、直观、能真实地反映混凝土强度等诸多优点，可以用于从衬砌结构中钻取芯样测定衬砌的强度，在无损检测中用作修正、验证，甚至裂缝深度检测等。

2. 钻芯数量及定位位置确定

取芯法检测多用于无损检测中强度的修正或无损检测结果的验证等，根据需要进行如下设置：
（1）无损检测强度修正。
①标准芯样的数量不应少于6个，小直径芯样的试件数量宜适当增加；
②芯样应从无损检测方法的结构构件随机抽取，钻芯位置应与无损检测方法相应的测区重合；
③当采用的无损检测方法对结构构件有损伤时，钻芯位置应布置在相应的测区附近。
（2）无损检测结果的验证。
在对衬砌厚度、衬砌强度等无损检测结果有疑问时，可根据需要对疑问处采用取芯法进行检测，以对无损检测结果验证。

3. 检测准备

根据不同的检测目的，做如下检测准备工作：
（1）收集隧道工程地质资料、施工图、设计变更资料和施工记录；
（2）确定取芯的位置、数量、深度；
（3）准备符合要求的取芯机及配套工具，并准备电源、足够的水；
（4）对芯样做标记的记号笔。

4. 现场检测

（1）在取芯处安装芯样机，并固定牢固；
（2）连接好电源和水管；
（3）钻进时开始缓慢，随时紧固螺栓，钻进至确定深度；
（4）采用工具取出芯样；
（5）用记号笔对芯样进行编号。

5. 注意事项

（1）保证钻机钻进过程中的充分水冷却；
（2）达到要求深度后，要将钻头提升到一定高度可停机，钻头离开芯样后才能停水；
（3）保证相应的安全措施；
（4）取芯位置避开受力较大的部位，安全度不足的构件截面，避开钢筋、预埋件或管线。

6. 数据处理

（1）按照立方体试块抗压试验规定进行；

（2）换算值计算；

（3）换算值修正。

（五）裂缝检测

1. 裂缝宽度检测

1）检测原理

采用最新电子成像技术，将裂缝原貌成像于仪器主机屏幕上，通过屏幕上的激光刻度尺，读出真实可靠数据。

2）检测数量及定位位置确定

对隧道衬砌裂缝进行调查后，沿典型的、需要关注的裂缝走向选取不少于3点进行裂缝宽度测试。

3）检测准备

（1）将仪器和摄像头连接好，启动仪器，进入测试界面（图2.22）。

（2）将摄像头放在被测裂缝上，使裂缝的上、下端部穿过屏幕的上下边界线。

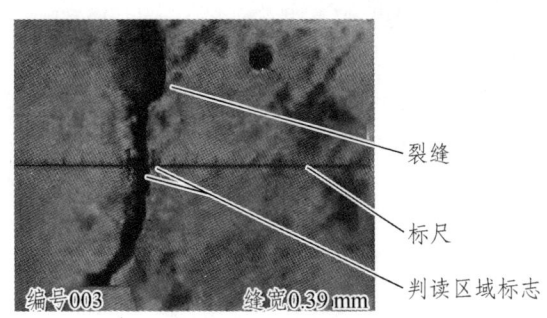

图 2.22 测试界面

（3）裂缝测试部位为裂缝与标尺相交的部位，测试时要尽量保证裂缝与标尺正交，以提高测试的精度。

（4）现场检测：

①裂缝判读区域有裂缝分支或背景中有深色的大斑点，可能会影响测试结果，裂缝判读区域标志不能正确地出现在被测裂缝上，此时微调摄像头，使裂缝判断区域标志出现在被测裂缝上即可。

②测试的过程中，缝宽根据裂缝的情况实时变化，按确认键可进行存储数据，测试序号自动增加。

2. 裂缝深度检测

1）检测原理

在相等间距条件下，测量跨缝和不等跨缝的声传播时间不同，跨缝时声传播因绕过裂缝末端使声时加长，由传播声时和探头间距计算缝深，如图 2.23 所示。测出超声波在衬砌混凝土中的传播速度，然后，超声波发射器位置固定，使接收器沿衬砌某一方向移动，根据裂缝位置处超声波传播时间的变化（如延迟时间等），即可计算出裂缝深度。

（a）衬砌裂缝测试

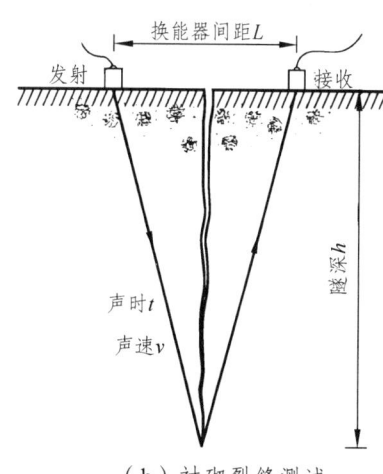
（b）衬砌裂缝测试

图 2.23 裂缝测试原理

2）检测数量及定位位置确定

对隧道衬砌裂缝进行调查，沿典型的、需要关注的裂缝走向，选取不少于 3 点裂缝深度测试。

3）检测准备

裂缝深度测试仪所需的设备和材料如图 2.24 所示。

（1）根据调查的裂缝资料，制订检测方案，确定裂缝深度测点；
（2）按要求连接超声波检测仪并调试，确保仪器能正常工作；
（3）准备换能器的耦合剂（凡士林、黄油等）。

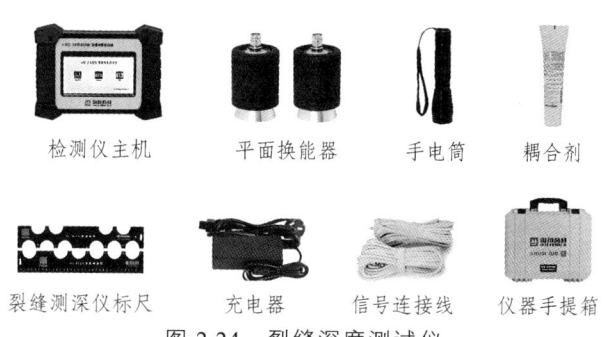

图 2.24 裂缝深度测试仪

4）现场检测

隧道衬砌裂缝常采用平面检测法进行检测，平测时应在裂缝的被测部位，以不同的测距，按跨缝和不跨缝布置测点（布置测点时应避开钢筋的影响）进行检测，其检测步骤如下：

(1) 不同跨缝的声时测量。将 T 和 R 换能器置于裂缝附近同一侧，测试不同跨缝平测时 200 mm 的声时值，进而计算无裂缝路径的混凝土声速值。

(2) 跨缝的声时测量。将 T、R 换能器分别置于以裂缝为对称的两侧，测试间距分别为 100 mm、150 mm、200 mm 的声时值。

5) 注意事项

(1) 平测中测距以换能转换器内边缘为准

(2) 跨缝进行声时测量时，在读取首波时的同时，应注意观察首波相位的变化，因为首波出现反相位的测距与被测裂缝深度存在一定关系，记录了反相位时的测距，有助于裂缝深度的分析判断。

(3) T、R 换能转换器测距过小或远大于裂缝深度，声时测试误差较大，对计算裂缝深度影响较大，所以对两个换能转换器的测距作了限制。

6) 数据处理

由不跨缝混凝土声速及跨缝时不同间距的声时值，计算裂缝深度。

（六）钢筋锈蚀检测

1. 检测原理

混凝土中钢筋的锈蚀以金属氧化产生的电化学腐蚀为主，钢筋锈蚀仪（图 2.25）采用的半电池电位法是将硫酸铜饱和溶液形成的半电池与钢筋混凝土形成的半电池构成一个全电池系统，由于硫酸铜饱和溶液的电位值相对恒定，而混凝土中的钢筋因锈蚀产生的电化学反应会引起全电池电位的变化，所以通过测量电位或电位梯度，可以判断钢筋是否锈蚀及锈蚀程度。

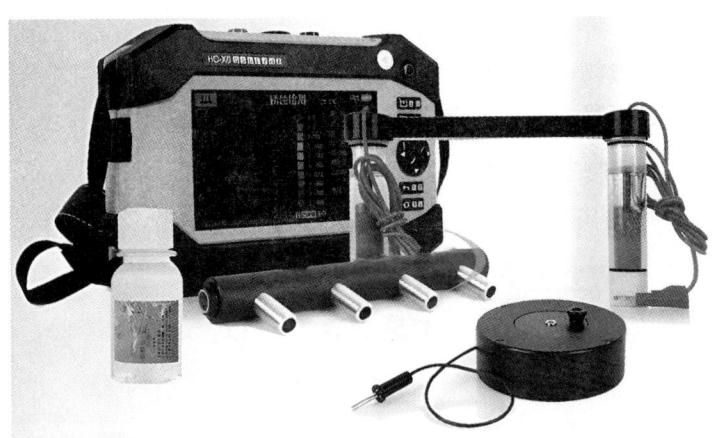

图 2.25 钢筋锈蚀仪

2. 检测准备

在钢筋混凝土结构及构件上布置测区，每个测区按 100 mm×100 mm～500 mm×500 mm 划分为网格状，网格的节点为电位测点。清除测点处混凝土表面的粉尘，保持清洁、平整。为了加强润湿剂的渗透效果，缩短润湿结构所需的时间，采用少量家用液体清洁剂加纯净水的导电溶液润湿被测结构。

3. 现场检测

钢筋锈蚀的半电池点位测试方法分为电位测试和梯度测试两种。

（1）电位测试。

根据钢筋的分布，选择适当位置剔凿出钢筋，除去钢筋表面的污物或锈蚀层，把连接黑色信号线的金属电极夹到钢筋上，确保有效连接，黑色信号线的另一端接锈蚀仪"黑色"插座；红色信号线一端连电位电极，另一端接锈蚀仪"红色"插座，如图2.26所示。

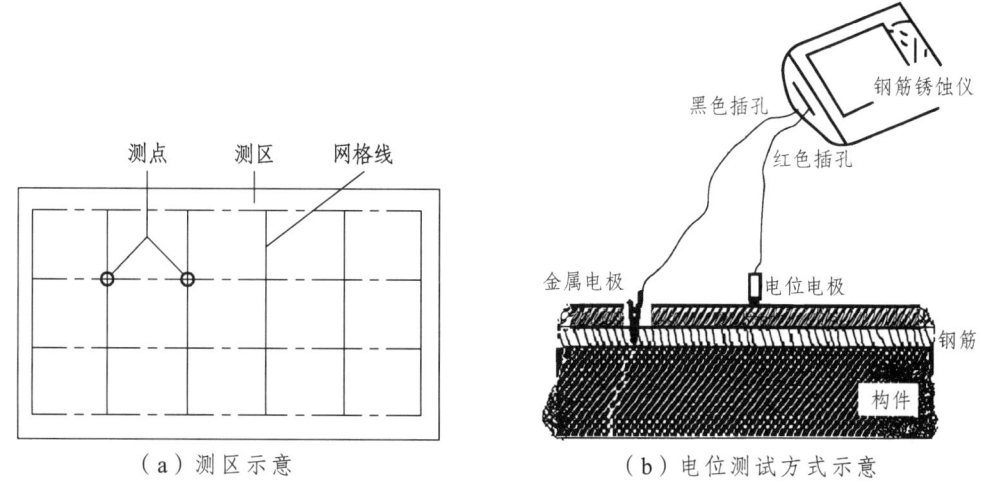

（a）测区示意　　　　　　（b）电位测试方式示意

图 2.26　电位测试示意

（2）梯度测试。

如图2.27所示，梯度测试与电位测试的区别在于电位测试的是某一测点的电位值，而梯度测试则是两点之间的电位差。因此梯度测试无须将混凝土凿开，用连接杆连接两个电位电极，间距为20 cm，在混凝土表面进行测试。

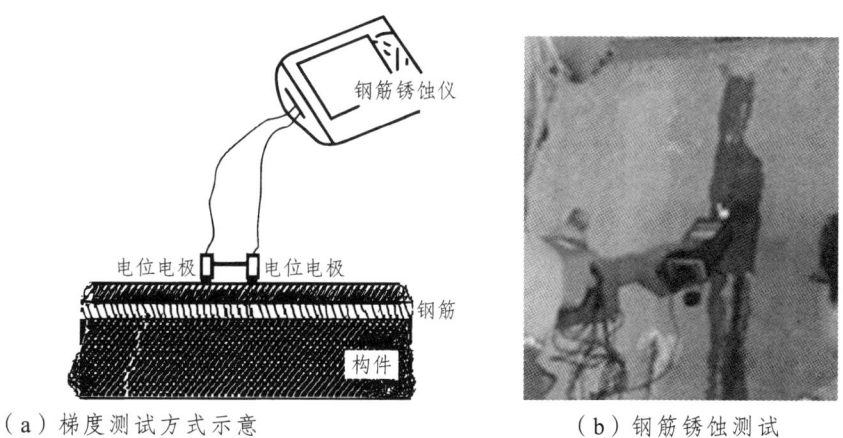

（a）梯度测试方式示意　　　　　　（b）钢筋锈蚀测试

图 2.27　梯度测试示意

4. 注意事项

（1）避免进水，避免高温（>50 ℃）；

（2）使用完毕，无须倒掉电极内液体，可永久使用；

（3）避免靠近非常强的电磁场，如大型电磁铁、大型变压器等；
（4）仪器长时间不使用时，请取出电池，避免电池泄漏对电路造成损坏。

5. 数据处理

根据测试区各点的电位值，可由数据图标依照钢筋锈蚀仪机内软件的测点以电位图标的方式显示测点位置和电位信息，依据《建筑结构检测技术标准》(GB/T 50344)对钢筋电位与钢筋锈蚀状态进行判别。

三、运营隧道检测组织方案

如图 2.28，以下以铁路为例说明。

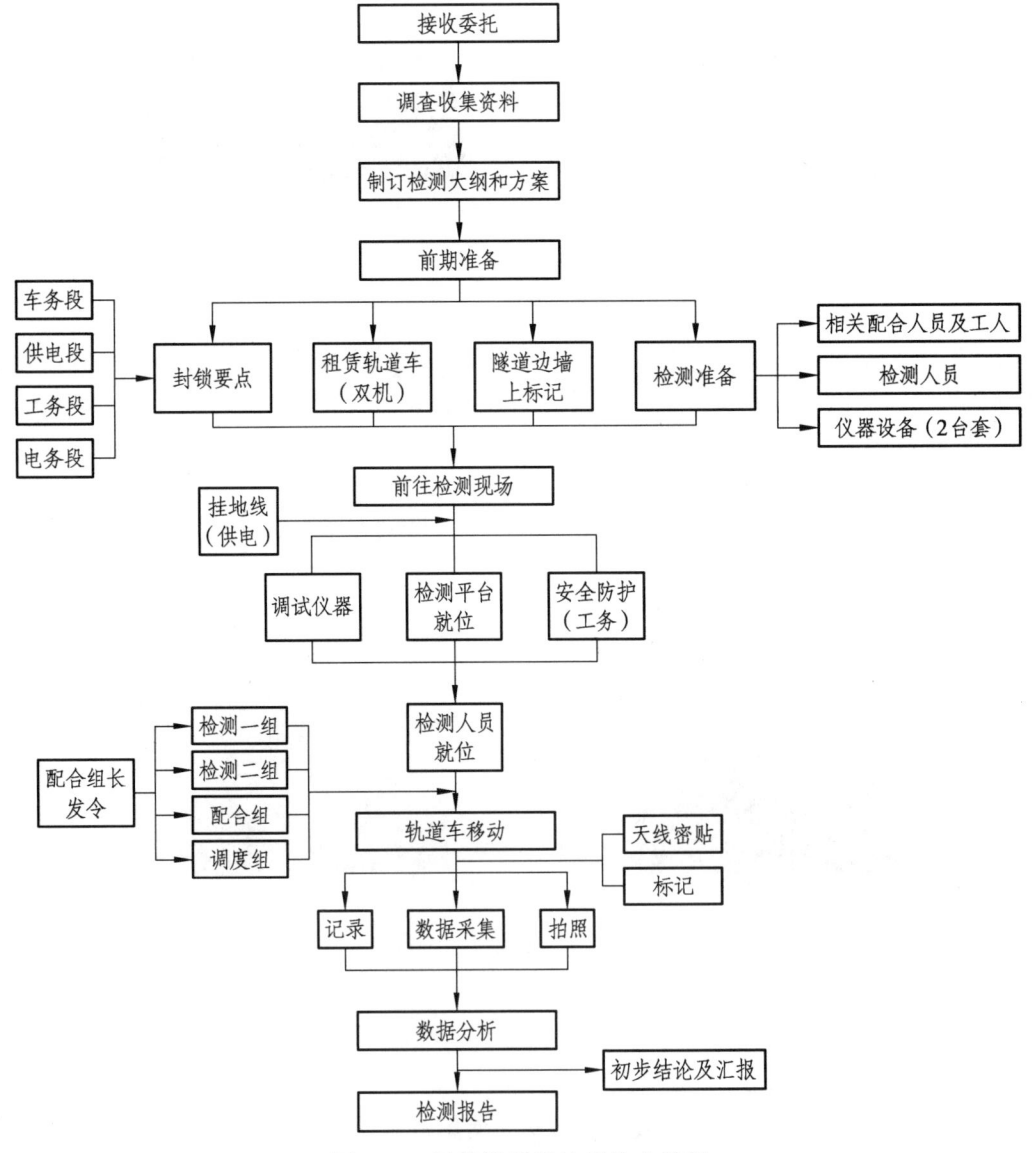

图 2.28 运营线隧道检测作业流程

（一）区间封锁检测方案

（1）施工准备，与工务段、供电段、车务段、电务段签订安全配合协议，与工务段签订作业车配合协议。

（2）申报计划，编写封锁点日临时计划。

（3）发送配合通知单，提前1天给工务段、供电段、车务段、电务段发送施工配合通知单，项目负责人确认工务段线路车间、供电段车间、车务段相关车站、电务段车间等接到配合通知。

（4）点前准备，配合车务段相关车站召集工务段、供电段开点前会，确认作业范围及配合单位人员按作业要求配置到位。

（5）封锁检测，作业车按调度命令进入封锁区间，工务段负责作业车现场作业防护措施设置到位，供电段在检测范围内接挂地线。现场检测按三班制轮班作业，作业车编组到达指定解列点解列，在各自作业范围内进行检测作业。

（6）工务段、供电段、检测公司、施工单位进行现场验证。

（7）验证完毕后，各作业车在各自作业范围内跑车一遍后到解列地点进行编组，通知电务段对轨道电路状况进行确认，确认轨道电路无故障后告知车站作业车准备返回车站。

（8）返回车站，拆除车挡等作业防护设施，到车站登记销点。作业车到规定区域停车，作业人员返回驻地。

（二）施工天窗检测施工方案

（1）施工准备，与工务段、供电段、车务段、电务段签订安全配合协议，与工务段签订作业车配合协议。

（2）申报计划，编写天窗月度施工计划及施工天窗临时计划。

（3）发送配合通知单，提前1天给工务段、供电段、车务段发送配合通知单，项目负责人确认工务段线路车间、供电段车间、车务段各车站、电务段车间接到配合通知。

（4）点前准备，配合车务段各车站召集工务段、供电段、车务段、电务段开点前会，确认作业范围及配合单位人员按作业要求配置到位。

（5）天窗检测，工务及供电配合人员协助项目负责人到车站登记，车站根据调度命令放行作业车，作业车按调度命令进入区间，工务段负责作业车现场作业防护措施设置到位，供电段在检测范围内接挂地线。作业车编组到达指定解列地点解列，在各自作业范围内进行检测作业。

（6）工务段、供电段、检测公司、施工单位进行现场验证。

（7）告知车站作业车准备返回车站。

（8）返回车站，到车站登记销点。作业车到规定区域停车，作业人员返回驻地。

（三）区间封锁或施工天窗检测进度计划安排

（1）考虑作业车到达检测点平均时间为 2 min，供电配合挂接触网地线 10 min，检测完毕后收接触网地线 10 min，返回车站 20 min，即点内车站到检测点往返合计占用时间为 60 min 左右（包括施工天窗与垂直天窗），施工天窗可用于检测的时长平均 120 min，垂直天窗放置于施工天窗内可用于检测的时长按平均 70 min 计算。作业车在区间内检测平均速度为 3 km/h，以此速度计算每座隧道检测一条测线的运行时间。

（2）每个线路区间长度约 60 km，距离车站 30 km 以内的隧道考虑从就近车站进出。

（3）垂直天窗原则上只对双线隧道进行检测。

（4）当区间内隧道检测总量小，3 个施工天窗时间内能完成检测工作的，不对该区间隧道进行封锁，尽量减少封锁线路造成的运营压力。

（四）既有线隧道检测作业流程

（1）隧道任一侧边墙上以 10 m 间隔打上标记。

（2）工务现场防护人员确认到位，将作业车平台升至预定高度，检测人员配合工人上作业平台，将天线密贴于衬砌表面。

（3）现场标定衬砌混凝土的介电常数或电磁波速，且每座隧道不少于 1 处，每处实测不少于 3 次，取平均值。当隧道长度大于 3 km、衬砌材料或含水量变化较大时，应增加标定点数。标定方法一般采用在已知厚度部位或材料与隧道相同的其他预制件上测量、钻孔实测或在洞口、洞内避车洞使用双天线直达波法测量。

（4）设置仪器参数，窗口大小一般要比实际测量范围大 1/4，便于后期解释。

（5）主机、天线紧贴于隧道衬砌表面，并沿所测的测线连续滑动，移动应平稳。速度均匀，移动速度宜为 3 km/h。

（6）检测时，天线和人员于作业车上各就各位，口令到位后开始检测。

（7）在有障碍物、积水及其他的可见异常处，用数码相机摄像，以备后期处理和解释。

（8）数据采集完毕，检测组及配合工人回到作业车，通知工点配合人员拆除地线，告知工务防护及车站现场检测完毕准备返回车站。

参考文献

[1] 中国人民共和国铁道部. 铁路隧道衬砌质量无损检测规程：TB 10223—2004[S]. 北京：中国铁道出版社，2004.

[2] 王法刚，肖国强，尹健民. 探地雷达在隧道衬砌混凝土质量检测中的应用[J]. 岩土力学，2003，24（S1）：183-185

[3] 白冰，周健. 探地雷达测试技术发展概况及其应用现状[J]. 岩石力学与工程学报，2001，（4）：527-531.

[4] 中华人民共和国铁道部. 铁路工程物理勘探规范：TB 10013—2010[S]. 北京：中国铁道出版社，2010.

[5] 李霄凯，童正洪. 高速铁路隧道地质雷达法检测技术[J]. 铁道标准设计，2012，32（2）：88-91

[6] 杨永敢，张云升，杨林，等. 高性能混凝土表层硬度与强度的相关性[J]. 东南大学学报（自然科学版），2016，46（3）：599-605

[7] O'BRIEN D, OSBORNE J A, PEREZ-DUENAS E, et al. Automated crack classification for the CERN underground tunnel infrastructure using deep learning[J]. Tunnelling and Underground Space Technology, 2023, 131: 104668.

[8] 林欢. 制约隧道模筑衬砌混凝土强度的原因分析及对策[J]. 现代隧道技术, 2006, 43（6）: 66-69

[9] 刘海京, 夏才初, 朱合华, 等. 隧道病害研究现状与进展[J]. 地下空间与工程学报, 2007, （5）: 947-953.

[10] WANG B, ZHOU X, LIU L, et al. Detection of grouting defects behind shield segments via shear wave ultrasound arrays: Numerical and full-scale model experiments[J]. Tunnelling and Underground Space Technology, 2025, 157: 106287.

[11] 李二兵, 谭跃虎, 段建立. 地质雷达在隧道工程检测中的应用[J]. 地下空间与工程学报, 2006, （02）: 267-270.

第三章

运营隧道病害等级评定及加固计算

在运营隧道的病害研究中,只有明确隧道病害等级及分级标准,才能有效地制定病害综合处理方法与对策。但同样的劣化原因也有轻重之分,要"对症下药"就必须正确地划分病害等级并建立相应判别标准。对于该方面的研究国内外尚无统一的规则可寻,只是在不同领域有各自的规定,但各有优点与弊端。因此,有必要参考各规范和依据现场的实际情况,确定运营隧道缺陷及病害等级,为进一步采取相应的综合治理措施提供依据。

一、铁路运营隧道病害分级及相关规定

(一)普速铁路隧道衬砌缺陷及病害分级标准

1.《铁路运营隧道衬砌安全等级评定暂行规定》(铁运函〔2004〕174号)

隧道衬砌存在缺陷及病害时,为了病害与工程质量评定需要,《铁路运营隧道衬砌安全等级评定暂行规定》(铁运函〔2004〕174号)按照隧道缺陷与病害项的严重程度划分为轻微、较严重、严重、极严重4个等级。

(1)隧道衬砌厚度及混凝土强度缺陷的量化指标,应符合表3.1。

表3.1 衬砌厚度及混凝土强度缺陷的评定标准

缺陷项目	缺陷等级	1	2	3	4
	严重程度	轻微	较严重	严重	极严重
衬砌厚度不足	$0.9 \leq h_i/h < 1$	L_c 不限			
	$0.75 \leq h_i/h < 0.9$	$L_c < 5$	$L_c \geq 5$		
	$0.6 \leq h_i/h < 0.75$		$L_c < 5$	$L_c \geq 5$	
	$h_i/h < 0.6$			$L_c < 5$	$L_c \geq 5$
衬砌混凝土强度不足	$0.85 \leq h_i/h < 1$	L_q 不限			
	$0.75 \leq h_i/h < 0.85$	$L_q < 5$	$L_q \geq 5$		
	$0.65 \leq h_i/h < 0.75$		$L_q < 5$	$L_q \geq 5$	
	$h_i/h < 0.65$			$L_q < 5$	$L_q \geq 5$

表中 L_c——衬砌厚度不足地段的测线连续长度;
L_q——检测衬砌混凝土强度不足地段的连续长度;
h——设计衬砌厚度;
h_i——检测衬砌厚度,当衬砌混凝土存在内部缺陷时,检测衬砌厚度应换算为有效衬砌厚度;

注:1. 检测衬砌厚度:当相邻测线3条及以上均连续不足时,其缺陷等级应提高一级。
2. 检测断面衬砌混凝土的最低强度:当低于平均值的0.85时,其缺陷等级应提高一级。

（2）隧道衬砌背后有空洞或回填不密实、基底不密实的量化指标，应符合表3.2。

表3.2 衬砌背后有空洞或回填不密实、基底不密实的评定标准

缺陷项目	缺陷等级	1	2	3	4
	测线连续长度/m	轻微	较严重	严重	极严重
衬砌背后有空洞	有空洞	$L_{ck} \leqslant 1$	$1<L_{ck} \leqslant 3$	$3<L_{ck} \leqslant 5$	$L_{ck}>5$
回填不密实	不密实	$L_{cs} \leqslant 3$	$3<L_{cs} \leqslant 9$	$9<L_{cs} \leqslant 15$	$L_{cs}>15$
基底不密实	不密实	$L_{cd} \leqslant 3$	$3<L_{cd} \leqslant 9$	$9<L_{cd} \leqslant 15$	$L_{cd}>15$

表中 L_{ck}——衬砌背后回填有空洞地段测线连续长度；
L_{cs}——衬砌背后回填不密实地段的测线连续长度；
L_{cd}——基底不密实的测线连续长度。

注：1. 衬砌背后未回填深度及直径大于10 cm，即属于有空洞。
2. 衬砌背后有空洞或回填不密实，当位于拱脚以上1 m范围内时，其缺陷等级应提高一级。

（3）隧道衬砌病害的量化指标，应符合表3.3。

表3.3 衬砌病害的评定标准

序号	病害等级	1	2	3	4
	病害项目	轻微	较严重	严重	极严重
1	衬砌漏水	拱部有季节性滴水、边墙有渗水	拱部有滴水、边墙有淌水	拱部滴水呈线、边墙淌水流泥、隧底涌水、结冰侵限	拱部漏水直击接触网，影响正常运营
2	衬砌裂纹	衬砌有收缩裂纹或环向裂纹	裂纹多于3条、有交叉；裂纹长度<5 m、宽度<3 mm	裂纹为网状、有剥落掉块的可能；裂纹长度5~10 m、宽度3~5 mm；裂纹错位长度<5 m、宽度<3 mm	裂纹为网状、有剥落掉块可能；裂纹长度>10 m、宽度>5 mm；裂纹错位长度>5 m、宽度大于>3 mm
3	衬砌位移或变形（以速度v计）	—	v<3 mm/a	3 mm/a≤v≤10 mm/a	v>10 mm/a
4	净空不足	—	侵入隧道建筑限界	侵入直线建筑接近限界	侵入超级超限货物装载限界
5	衬砌压溃或剥落	衬砌有局部风化剥落	拱部压溃范围<1 m²，剥落掉块厚度<30 mm	拱部压溃范围1 m²≤s≤3 m²，剥落掉块厚度30~50 mm	拱部压溃范围>3 m²，剥落掉块厚度大于衬砌厚度的1/4
6	衬砌腐蚀	—	衬砌腐蚀厚度<h_0/5	衬砌腐蚀厚度>h_0/5，≤2h_0/5	衬砌腐蚀厚度>2h_0/5
7	整体道床破损	整体道床有局部轻微劣损	整体道床变形、错牙、下沉<3 mm	整体道床变形、错牙、下沉3~5 mm，可能影响轨道稳定	整体道床变形、错牙、下沉>5 mm，已影响轨道稳定

续表

序号	病害等级 病害项目	1 轻微	2 较严重	3 严重	4 极严重
8	仰拱或底板劣损	连续长度≤1 m	连续长度 $1<L≤3$ m	连续长度 $3<L≤5$ m	连续长度>5 m
9	基床软化、翻浆	基床局部软化、翻浆	基床软化、翻浆，轨道几何尺寸变化较小	基床软化、翻浆较严重、轨道几何尺寸变化较大	基床软化、翻浆严重，轨道几何尺寸变化异常

注 1. 衬砌裂纹均指尚在发展中的裂纹。当裂纹已稳定，其病害程度应降低一级；当裂纹发展较快，其病害程度应提高一级。
2. 衬砌裂纹呈密集状态、平行裂纹对于3条或出现大量环向非施工裂纹时，其病害程度应提高一级。衬砌裂纹如以斜向受力裂纹为主，其病害等级应提高一级。
3. 发现衬砌有位移或变形时，用净空位移计量测其发展速度；当衬砌位移或变形发展趋势呈加速趋势时，其病害等级应提高一级。衬砌位移或变形速度v的变形值，是基于直边墙无仰拱的衬砌结构，当为曲边墙有仰拱衬砌结构时，其病害等级应提高一级。
4. 在仰拱或底板劣损病害项目中，其劣损连续长度值是基于底板结构，当为仰拱结构时，其病害等级应提高一级。
5. 因滑坡或其他原因增加外力引起的衬砌裂纹、变形或轨道中线位移，其病害量化指标应另行确定。

（4）隧道衬砌安全等级评定标准见表3.4。

①根据隧道衬砌缺陷及病害分布情况，应分段评定隧道衬砌缺陷及病害等级。当同一地段有多项缺陷或病害项目时，应按严重程度最高的项目判定其等级。

②隧道衬砌安全等级分段评定时，其每段的长度不宜小于隧道内净空最大宽度；否则，应视为相邻段病害等级中高等级地段。

③隧道衬砌安全等级不仅与竣工时衬砌的状态有关，而且与运营期间通过的机车车辆轴重、运量及养护维修是否到位有关。推定隧道衬砌状态的变异原因时，除应充分考虑各种因素的影响外，尤其应注意具有主导性的因素。

④隧道衬砌的安全等级，可按衬砌状态及危及行车安全的程度划分为完好（D）、轻微（C）、较严重（B）、严重（A1）、极严重（AA）五个等级，并应按下表规定的标准评定。

表3.4 隧道衬砌安全等级评定标准

安全等级	D	C	B				A1			AA		
项目	完好	轻微	较严重				严重			极严重		
衬砌病害等级	无病害	1	2	2	2	2	3	3	3	4	4	4
衬砌缺陷等级	无缺陷	1	2	1	1*、3*、4*	3	2	1*、2*、4*	4	3	1*、2*、3*	
围岩级别	—	—	—	Ⅳ~Ⅵ			—	Ⅳ~Ⅵ		—	Ⅳ~Ⅵ	
地下水状况				发育				发育			发育	
对行车安全的影响	—	对行车安全无影响	病害有发展；对行车安全尚未产生影响				病害发展较快，存在危及行车安全的可能			病害已危及行车安全		

注：表中当衬砌缺陷等级为注有"*"者的等级时，该段衬砌安全等级应通过综合判识确定。

（5）隧道衬砌安全等级的评定应按下列步骤进行：

①详细研究分析搜集的隧道修建、运营资料，衬砌病害调查与观测资料，衬砌状态检测资料；

②对照隧道衬砌缺陷的量化指标及衬砌病害的量化指标，分段评定隧道衬砌缺陷及隧道衬砌病害等级；

③依据分段评定的衬砌病害及衬砌缺陷等级，结合隧道工程地质、水文地质及对行车安全的影响情况，按评定标准综合评定该段隧道衬砌的安全等级；

④一座隧道衬砌的安全等级，应在分段评定的基础上，按各段中病害最严重地段的安全等级确定。

2.《普速铁路桥隧建筑物修理规则》（TG/GW 103—2018）

桥隧建筑物状态评定按劣化程度分为A、B、C三级，A级又分AA、A1。

（1）主要评定标准如下，具体详见表3.5~表3.8。

①凡结构物或主要构件功能严重劣化，危及行车安全，评定为AA级；

②凡结构物或主要构件功能严重劣化，进一步发展会危及行车安全，评定为A1级等；

③凡结构物或构件功能劣化，进一步发展会升为A级，评定为B级；

④凡结构物或构件劣化，对其使用功能和行车安全影响较小，评定为C级。

（2）结构物或构件状态评定为A级者，其病害一般需要通过大修或更新改造进行整治：当结构物存在影响行车安全的病害，应采取相应的限速或限载措施，遇紧急情况，应立即采取临时加固措施，并视具体情况尽快安排彻底整治或列入下一年度的桥隧大修或更新改造计划及时进行整治。

（3）结构物或构件状态评定为B级者，其病害一般需要通过维修进行整治（个别病害需要通过大修进行整治）。

（4）结构物或构件状态评定为C级者，其病害可通过维修进行整治，个别病害只需加强观测并根据其变化情况采取相应的措施。

表3.5　隧道衬砌裂损及渗漏水劣化

类型等级	1. 衬砌变形或移动	2. 衬砌开裂、错动	3. 衬砌压溃	4. 衬砌渗漏水
AA	山体滑动使衬砌移动、变形、下沉发展迅速，危及行车安全	开裂或错台长度 $L>10$ m，宽度 $\delta>5$ mm，且继续发展或拱部开裂呈块状，危及行车安全	拱顶压溃范围 $S>3$ m² 或者衬砌掉块最大厚度大于衬砌厚度的1/4，危及行车安全	水（砂）突然涌入隧道、淹没钢轨，危及行车安全；电力牵引区段，拱部漏水直接传至接触网
A1	变形或移动速率 $v>10$ mm/a	①开裂、错台长度 5 m $\leq L \leq$ 10 m，宽度 $\delta>5$ mm；②开裂、错台使衬砌呈块状，且有发展	压溃范围 1 m² $\leq L \leq$ 3 m² 或有可能掉块	隧底冒水、拱部滴水呈线、严寒地区边墙淌水、翻浆冒泥严重，道床下沉，不能保持轨道几何尺寸，影响正常运营
B	变形或移动速率 3 mm/a $\leq v \leq$ 10 mm/a，且有新的变形出现	开裂、错台长度<5 m，且宽度 3 mm/a $\leq \delta \leq$ 5 mm	压溃范围 $S \leq 1$ m²，剥落掉块体厚度小于 3 cm	隧道滴水、淌水、渗水及排水不良引起洞内局部道床翻浆冒泥
C	有变形，但速率 $v \leq 3$ mm/a	开裂、错台长度 $L<5$ m，且宽度<3 mm 或一般龟裂或无发展状态	压溃范围很小	漏水使基床状态恶化，钢轨腐蚀，养护周期缩短，继续发展将会升至B级

表 3.6 隧道冻害、衬砌腐蚀劣化

类型等级	1. 隧道冻害	2. 混凝土衬砌厚度不足	3. 混凝土衬砌强度不足	4. 砌块衬砌腐蚀
AA	①冰溜、冰柱、冰锥等不断发展，侵入限界，危及行车安全；②道床结冰（丘状冰锥），覆盖轨面，严重影响行车	因施工缺陷或腐蚀致使衬砌厚度 $h_i/h<0.6$，且长度≥5 m	因施工缺陷或腐蚀致使混凝土强度 $q_i/q<0.65$，且长度≥5 m	拱部衬砌可能掉落大块体（与砌块大小一样）
A1	冰楔和围岩冰胀的反复作用使衬砌变形、开裂并构成纵横交错的裂缝	①衬砌厚度 $h_i/h<0.6$，且长度<5 m；②衬砌有效厚度 $0.6≤h_i/h<0.75$，且长度≥5 m	①衬砌混凝土强度 $q_i/q<0.65$，且长度<5 m；②衬砌混凝土强度 $0.65≤q_i/q<0.75$，且长度≥5 m	①接缝开裂，深度≥10 cm；②砌块错落大于1 cm，剥蚀深度≥4 cm
B	①冻害致使洞内排水设备破坏；②冻融使道床翻浆冒泥、道床几何状态恶化；③冻害造成衬砌变形、开裂、但未形成纵横交错裂缝	①衬砌有效厚度 $0.6≤h_i/h<0.75$，且长度<5 m；②衬砌有效厚度 $0.75≤h_i/h<0.9$，且长度≥5 m	①衬砌混凝土强度 $0.6≤q_i/q<0.75$，且长度<5 m；②衬砌混凝土强度 $0.75≤q_i/q<0.85$，且长度≥5 m	①接缝开裂，深度<10 cm；②砌块有剥蚀，但剥蚀深度<4 cm
C	冻融使衬砌的养护周期缩短	①衬砌有效厚度 $0.75≤h_i/h<0.9$，且长度<5 m。②衬砌有效厚度 $0.9≤h_i/h<1$。③衬砌有剥蚀	①衬砌混凝土强度 $0.75≤q_i/q<0.85$，且长度<5 m；②衬砌混凝土强度 $0.85≤q_i/q<1$	①接缝开裂，但深度不大；②砌块有风化剥落现象

表中 q_i——检测断面衬砌混凝土测点的平均强度；

q——设计衬砌混凝土强度；

h_i——检测衬砌厚度，当衬砌混凝土存在内部缺陷时，检测衬砌厚度应换算为有效衬砌厚度，即将检测衬砌厚度减去内部缺陷削弱的部分厚度；

h——设计衬砌厚度；

L——沿隧道纵向连续长度。

表 3.7 隧道仰坡、洞底及排水设施劣化

类型等级	1. 仰拱及铺底损坏	2. 排水设施	3. 坍方落石
AA	—	—	—
A1	仰拱变形损坏及铺底损坏影响线路稳定等	①未按规定设置隧道内外排水设施；②隧道内外排水设施严重损坏，造成隧道内漏水或影响道床稳定	洞口仰坡有危石未处理
B	—	隧道内外排水设施损坏	—

表 3.8 隧道限界、通风、照明设施劣化

类型等级	1. 限界不足	2. 通风不良	3. 照明不良
A1	①冰溜、冰柱、冰锥等不断发展，侵入限界，危及行车安全；②道床结冰（丘状冰锥），覆盖轨面，严重影响行车	因施工缺陷或腐蚀致使衬砌厚度 $h_i/h<0.60$，且长度≥5 m	①未按规定设置照明；②照明设备不能使用
B	—	通风机械不能正常使用	照明设备不能正常使用

3.《铁路桥隧建筑物劣化评定 第 2 部分：隧道》(Q/CR 405.2—2019)

根据《铁路桥隧建筑物劣化评定 第 2 部分：隧道》(Q/CR 405.2—2019)针对隧道劣化程度划分等级，见表 3.9。

表 3.9 铁路隧道劣化等级划分

劣化等级		对结构功能及行车安全的影响	处理措施
A	AA（极严重）	结构功能严重劣化，危及行车安全	立即采取措施
	A1（严重）	结构功能严重劣化，进一步发展会危及行车安全	尽快采取措施
B（较重）		结构功能劣化，进一步发展会升为 A 级	加强监视，必要时采取措施
C（较轻）		影响较少	加强检查，正常维修
D（轻微）		无影响	正常保养及巡检

（1）拱墙衬砌表观型劣化评定。

铁路隧道拱墙衬砌表观型劣化评定见表 3.10。

表 3.10 铁路隧道拱墙衬砌表观型劣化等级评定

劣化等级		变形或移动	开裂或错动	压溃或掉块
A	AA（极严重）	衬砌移动、变形、下沉发展迅速	①开裂或错台长度 $L>10$ m，宽度 $\delta>5$ mm，且持续发展；②拱部开裂呈块状，有掉落可能	①拱顶压溃范围 $S>3$ m²；②衬砌剥落掉块最大厚度大于设计衬砌厚度的 1/4
	A1（严重）	变形或移动速率 $v>10$ mm/a	①$10$ m$\geq L \geq 5$ m，$\delta>5$ mm，且有发展；②开裂或错台使衬砌呈块状，有掉落可能	①压溃范围 3 m²$\geq S \geq 1$ m²；②衬砌剥落掉块最大厚度不大于设计衬砌厚度的 1/4，且不小于 3 cm
B（较重）		10 mm/a$\geq v \geq 3$ mm/a，且有新的变形出现	①$L<5$ m，且 5 mm$\geq \delta \geq 3$ mm；②裂缝有发展，但速度不快	压溃范围 $S<1$ m²，剥落块体厚度小于 3 cm
C（较轻）		有变形，但速率 $v<3$ mm/a	①$L<5$ m，且 $\delta<3$ mm；②一般龟裂有发展趋势	—
D（轻微）		有变形，但不发展，且对使用无影响	一般龟裂无发展	—

（2）拱墙衬砌结构型劣化评定。

拱墙衬砌结构型劣化评定见表 3.11。

表 3.11 拱墙衬砌结构型劣化等级评定

劣化等级		混凝土衬砌厚度不足	混凝土衬砌强度不足	压溃或掉块	砌块衬砌腐蚀
A	AA（极严重）	因施工缺陷或者腐蚀致使衬砌厚度 $h_i/h<0.60$，且长度大于等于 5 m	因施工缺陷或腐蚀致使衬砌混凝土强度 $q_i/q<0.65$，且长度大于等于 5 m	① $L_{ck}>5$ m ② $L_{cs}>15$ m ③ $S\geqslant 5$ m²	拱部接缝部位劣化严重，拱部衬砌有可能掉落大块体（与砌块大小一样）
	A1（严重）	① $h_i/h<0.60$，且长度小于 5 m； ② $0.60\leqslant h_i/h<0.75$，且长度大于等于 5 m	① $q_i/q<0.65$，且长度小于 5 m； ② $0.65\leqslant q_i/q<0.75$，且长度大于等于 5 m	① 3 m<$L_{ck}\leqslant 5$ m ② 9 m<$L_{cs}\leqslant 15$ m ③ 3 m²$\leqslant S\leqslant 5$ m²	① 接缝开裂，其深度大于等于 10 cm ② 砌块错落大于 1 cm，剥蚀深度大于等于 4 cm
B（较重）		① $0.60\leqslant h_i/h<0.75$，且长度小于 5 m； ② $0.75\leqslant h_i/h<0.90$，且长度大于等于 5 m	① $0.65\leqslant q_i/q<0.75$，且长度小于 5 m； ② $0.75\leqslant q_i/q<0.85$，且长度大于等于 5 m	① 1 m<$L_{ck}\leqslant 3$ m ② 3 m<$L_{cs}\leqslant 9$ m ③ 1 m²$\leqslant S\leqslant 3$ m²	① 接缝开裂，但深度小于 10 cm ② 砌块有剥落，但剥蚀深度小于 4 cm
C（较轻）		① $0.75\leqslant h_i/h<0.90$，且长度小于 5 m； ② $0.9\leqslant h_i/h<1$ ③ 衬砌有剥蚀	① $0.75\leqslant q_i/q<0.85$，且长度小于 5 m； ② $0.85\leqslant q_i/q<1$	① $L_{ck}\leqslant 1$ m ② $L_{cs}\leqslant 3$ m ③ $S<1$ m²	① 接缝开裂，但深度不大 ② 砌块有风化剥落，但块体很小
D（轻微）		—	—	—	砌块有轻微风化

注：q_i——检测断面衬砌混凝土测点的平均强度；
　　q——设计衬砌混凝土强度；
　　H_i——检测衬砌厚度，当衬砌混凝土存在内部缺陷时，检测衬砌厚度应换算为有效衬砌厚度，即将检测衬砌厚度减去内部缺陷削弱的部分厚度；
　　h——设计衬砌厚度；
　　长度——沿隧道纵向连续长度；
　　L_{ck}——衬砌背后空洞地段连续测线长度；
　　L_{cs}——衬砌背后回填不密实地段连续测线长度；
　　S——衬砌背后单一空洞或不密实面积。

（3）隧底结构劣化评定。

铁路隧道隧底劣化等级评定见表 3.12。

表 3.12 铁路隧底结构劣化等级评定

劣化等级		仰拱、底板（或铺底）裂损	隧底不密实或空洞	仰拱和（或）填充层厚度不足
A	AA（极严重）	① 仰拱或底板连续裂损长度大于 3 m，已影响道床稳定 ② 整体道床变形、错牙、下沉、上拱大于 3 mm	① $L_{ck}>3$ m； ② $L_{cs}>9$ m	因施工缺陷致使厚度 $h_i/h<0.60$，且长度大于 3 m
	A1（严重）	① 仰拱或底板裂损连续长度 1~3 m，将影响道床稳定 ② 整体道床变形、错牙、下沉、上拱小于 3 mm	① 1 m<$L_{ck}\leqslant 3$ m； ② 3 m<$L_{cs}\leqslant 9$ m	① $h_i/h<0.60$，且长度小于 3 m； ② $0.60\leqslant h_i/h<0.75$，且长度大于等于 3 m
B（较重）		① 仰拱或底板连续裂损长度小于 1 m，继续发展将影响道床稳定 ② 整体道床局部裂损，有发展趋势。	① $L_{ck}\leqslant 1$ m； ② $L_{cs}\leqslant 3$ m	① $0.60\leqslant h_i/h<0.75$，且长度小于 3 m； ② $0.75\leqslant h_i/h<0.90$，且长度大于等于 3 m
C（较轻）		① 仰拱或底板断续裂损； ② 整体道床局部裂损	—	① $0.75\leqslant h_i/h<0.90$，且长度小于 3 m； ② $0.90\leqslant h_i/h<1$，有剥蚀
D（轻微）		—	—	—

（4）防排水劣化评定。

①隧道渗漏水劣化评定见表3.13。

表3.13 隧道渗漏水劣化评定

劣化等级		渗漏水状况
A	AA（极严重）	①电力牵引区段，拱部渗漏水（泥）影响接触网正常供电； ②射水，水（沙）突然涌入隧道
	A1（严重）	①拱部滴水（或漏泥）成线，严寒地区边墙淌水、淌泥； ②隧底冒水、涌水，翻浆冒泥严重，道床下穿、道床上拱
B（较重）		滴水、淌水、渗水至道床聚集或隧底排水不畅引起洞内局部道床翻浆冒泥
C（较轻）		渗漏水使基床状态恶化，钢轨腐蚀，养护周期缩短，继续发展将会升级至B级
D（轻微）		局部有渗漏水或溢水，但对列车运行安全无威胁，并且不影响隧底的使用功能

②隧道防排水设施劣化评定见表3.14。

表3.14 隧道防排水设施劣化评定

劣化等级		洞内防排水设施状态	机械排水设施状态	洞口排水设施状态	洞顶防排水设施状态
A	AA（极严重）	排水沟、泄水洞、检查井等排水设施严重淤堵、损坏，丧失排水功能	①机械排水设施故障、损坏 ②排水能力严重不足，隧道内积水严重	洞口排水设施失效，地表水流入线路，严重影响道床稳定	—
	A1（严重）	排水沟、泄水洞、检查井等淤积、淤堵、损坏严重，排水能力严重降低，造成隧道内积水，影响道床稳定	①机械排水设施故障、损坏 ②机械排水设施排水能力不足，隧道内有积水	洞口排水设施严重损坏	—
B（较重）		①排水沟、泄水洞、检查井等排水设施开裂、损坏，排水能力降低 ②水沟盖板缺失 ③侧沟横向排水孔淤堵	①机械排水设施零部件故障，维修困难 ②机械排水设施监控功能失效	洞口排水设施淤堵、损坏	①地表沟谷浆砌片石铺砌脱落、破损 ②渡槽淤积、结构破损 ③地表排水沟渠淤积、结构破损
C（较轻）		水沟盖板破损严重	—	—	—
D（轻微）		—	—	—	—

（5）隧道冻害劣化评定见表3.15。

表3.15 隧道冻害劣化等级评定

劣化等级		隧道冻害劣化状态
A	AA（极严重）	①冰溜、冰柱、冰锥等不断发展，侵入限界； ②接触网及电力、通信、信号架线上挂冰； ③道床结冰（丘状冰锥），覆盖轨面； ④*冻害造成拱部衬砌变形、开裂、掉块； ⑤*侧沟、中心水沟、泄水洞等局部冻结失效

续表

劣化等级		隧道冻害劣化状态
A	A1（严重）	①冰溜、冰柱、冰锥等未侵入限界； ②冻害造成衬砌变形、开裂，并形成纵横交错的裂缝； ③*冻害造成边墙衬砌变形、开裂； ④*冻融使道床翻浆冒泥、轨道几何状态恶化； ⑤排水系统局部冻结失效
	B（较重）	①避车洞结冰不能使用，严重影响洞内避车人员的安全； ②冻害致使洞内排水设备破坏或排水设施无法正常工作； ③冻融使道床翻浆冒泥、轨道几何状态恶化； ④排水系统局部冻结较严重
	C（较轻）	—
	D（轻微）	—

*仅适用于高速铁路隧道

（6）防灾疏散救援机电设备劣化评定。

①疏散救援通道防护门劣化评定见表3.16。

表3.16 隧道疏散救援通道防护门劣化评定

劣化等级		劣化状态
A	AA（极严重）	①铰页机构失效、门扇面板连接螺栓脱落、门锁失效； ②门体有脱落风险
	A1（严重）	①门体变形严重； ②门体无法启闭，门体剥落
	B（较重）	①门体变形较严重； ②门扇启闭困难； ③门体龟裂，门框锈蚀、腐蚀较重
	C（较轻）	①门体轻微裂缝，门框锈蚀、腐蚀较轻； ②开启状态监控功能失效
	D（轻微）	—

②防灾通风设施劣化评定见表3.17。

表3.17 防灾通风设施劣化评定

劣化等级		劣化状态
A	AA（极严重）	①正洞内通风设备松动，有脱落风险； ②瓦斯隧道内通风设施丧失通风功能
	A1（严重）	疏散救援通道内通风设备松动，有脱落风险
	B（较重）	①通风设备故障； ②风阀不能开启； ③瓦斯隧道监控功能失效
	C（较轻）	—
	D（轻微）	—

③应急照明设施劣化评定见表 3.18。

表 3.18　应急照明设施劣化评定

劣化等级		劣化状态
A	AA（极严重）	正洞内应急照明设备松动，有脱落风险
	A1（严重）	—
B（较重）		①应急照明设施故障，丧失照明功能； ②应急照明设施松动，有脱落风险
C（较轻）		—
D（轻微）		—

④疏散救援指示设施劣化评定见表 3.19。

表 3.19　疏散救援指示设施劣化评定

劣化等级		劣化状态
A	AA（极严重）	正洞内疏散救援指示和标记设备设施松动，有脱落风险
	A1（严重）	—
B（较重）		①疏散救援指示和标记设施故障，丧失指示功能； ②疏散救援指示和标记设施标识缺失、模糊
C（较轻）		—
D（轻微）		—

⑤水消防系统设备设施劣化评定见表 3.20。

表 3.20　水消防系统设备设施劣化评定

劣化等级		劣化状态
A	AA（极严重）	正洞内消火栓系统设备设施失效，有脱落风险
	A1（严重）	—
B（较重）		①正洞内消火栓系统设备设施损坏； ②消火栓设备设施损坏 ③消防泵损坏； ④紧急救援站消火箱及防烟面具缺失或失效
C（较轻）		—
D（轻微）		—

⑥防灾疏散救援土建设施劣化评定表 3.21。

表 3.21　防灾疏散救援土建设施劣化评定

劣化等级		劣化状态
A	AA（极严重）	通风井及风道、防护门门框墙等土建设施结构失稳，影响正洞运营安全
	A1（严重）	通风井及风道、防护门门框墙等土建设施结构裂损严重，进一步发展会影响正洞运营安全

续表

劣化等级	劣化状态
B（较重）	避难所、紧急出口、紧急救援站等疏散救援土建设施地面不平整、积水、结冰，结构渗漏水，影响正常疏散
C（较轻）	—
D（轻微）	—

（7）洞口设施劣化评定。

洞口设施劣化评定见表3.22。

表3.22 洞口设施劣化评定

劣化等级		洞口墙体结构	洞口边仰坡防护设施
A	AA（极严重）	①浆砌片石有掉落至线路可能；②混凝土开裂、剥离，有落至线路可能	①洞口边仰坡存在滑溜面或危石、危树；②洞口边仰坡防护设施损坏，防护能力丧失
	A1（严重）	①浆砌片石松动；②混凝土发育交错裂纹或剪切裂纹	洞口边仰坡防护设施损坏，防护能力不足
B（较重）		①片石砂浆酥化；②混凝土腐蚀劣化或发育裂纹	洞口边仰坡防护结构已阻挡滚落物较多
C（较轻）		①片石灰缝腐蚀；②混凝土出现蜂窝麻面	—
D（轻微）			

（二）高速铁路隧道衬砌病害分级标准

1.《高速铁路桥隧建筑物修理规则（试行）》（铁运〔2011〕131号）

将隧道劣化程度分为A、B、C三级，评定标准类似普速铁路，但较普速铁路更严，提高一个等级，详见表3.23～表3.26。

表3.23 高速铁路隧道状态评定

类型等级	1. 衬砌变形或移动	2. 衬砌开裂、错动	3. 衬砌压溃	4. 衬砌渗漏水
AA	山体滑动使衬砌移动、变形、下沉发展迅速，危及行车安全；变形或移动速率 $v>10$ mm/a	①开裂或错台长度 $L>3$ m，宽度 $s>5$ mm；②开裂、错台使衬砌呈块状，且有发展	拱顶压溃有掉块可能；边墙压溃范围 $S>1$ m²	隧底冒水、拱部滴水成线、严寒地区边墙淌水、翻浆冒泥严重，道床下沉、上拱，不能保持轨道几何尺寸，影响正常运营
A1	变形或移动速率 $v>3$ mm/a	开裂、错台长度 $L<3$ m，且宽度 3 mm$\leq s \leq$5 m	边墙压溃范围 $1 \leq S \leq 1$ m² 或有可能掉块	隧道滴水、淌水、渗水及排水不良，引起道床翻浆冒泥
B	变形或移动速率 $v \leq 3$ mm/a	开裂、错台长度<3 m，且宽度<3 mm 或一般性龟裂或无发展	边墙压溃范围小	漏水使基床状态恶化，钢轨腐蚀

表 3.24 隧道冻害、衬砌腐蚀劣化

类型等级	1. 隧道冻害	2. 混凝土衬砌厚度不足	3. 混凝土衬砌强度不足
AA	冰楔和围岩冰胀的反复作用使衬砌变形、开裂并构成纵横交错的裂缝	因施工缺陷或腐蚀致使衬砌厚度 $h_i/h<0.6$，且长度≥3 m	因施工缺陷或腐蚀致使混凝土强度 $q_i/q<0.65$，且长度≥3 m
A1	①冻害致使洞内排水设备破坏；②冻融使道床翻浆冒泥、道床几何状态恶化；③冻害造成衬砌变形、开裂、但未形成纵横交错裂缝	①衬砌有效厚度 $h_i/h<0.6$，且长度<3 m；②衬砌有效厚度 $0.6≤h_i/h<0.75$，且长度≥3 m	①衬砌混凝土强度 $q_i/q<0.65$，且长度<3 m；②衬砌混凝土强度 $0.65≤q_i/q<0.75$，且长度≥3 m
B	—	①衬砌有效厚度 $0.6≤h_i/h<0.75$，且长度<3 m；②衬砌有效厚度 $0.75≤h_i/h<0.9$，且长度≥3 m	①衬砌混凝土强度 $0.65≤q_i/q<0.75$，且长度<3 m；②衬砌混凝土强度 $0.75≤q_i/q<0.85$，且长度≥3 m
C	—	①衬砌有效厚度 $0.75≤h_i/h<0.9$，且长度<3 m。②衬砌有效厚度 $0.9≤h_i/h<1$。③衬砌有剥蚀	①衬砌混凝土强度 $0.75≤q_i/q<0.85$，且长度<3 m；②衬砌混凝土强度 $0.85≤q_i/q<1$

表 3.25 隧道通风设施劣化，仰坡、洞底及排水设施劣化

类型等级	1. 通风不良	2. 仰拱及铺底损坏	3. 排水设施	4. 坍方落石
AA	—	仰拱变形损坏及铺底损坏影响线路稳定等	①未按规定设置隧道内外排水设施；②隧道内外排水设施严重损坏，造成隧道内漏水或影响道床稳定	①洞口坍方落石；②洞口仰坡有危石未处理
A1	①有害气体浓度超过容许值且未设通风机械；②机械不能使用	仰拱变形损坏及铺底损坏	隧道内外排水设施损坏	洞口仰坡防护设施损坏
B	通风机械不能正常使用	—	—	—

表 3.26 救援通道

类型等级	1. 通风不良	2. 仰拱及铺底损坏	3. 排水设施	4. 坍方落石
A1	作业通道严重失修，危及人身安全	变形或移动速率 $v>10$ mm/a，有新的变形出现	开裂、错台宽度 $s≥3$ mm	压溃范围 $S≥1$ m² 或有可能掉块
B	—	变形或移动速率 3 mm/a$≤v<10$ mm/a	开裂、错台长度 $L<3$ m，且宽度 $s<3$ mm 或一般龟裂或无发展状态	压溃范围 $S≥1$ m²，剥落掉块厚度 <3 cm

2.《铁路桥隧建筑物劣化评定 第 2 部分：隧道》（Q/CR 405.2—2019）

（1）拱墙衬砌表观型劣化评定。

高速铁路隧道拱墙衬砌表观型劣化评定见表 3.27。

表 3.27 高速铁路隧道拱墙衬砌表观型劣化等级评定

劣化等级		变形或移动	开裂或错动	压溃或掉块
A	AA（极严重）	①衬砌移动、变形、下沉发展迅速 ②变形或移动速率 $v>10$ mm/a	①开裂或错台长度 $L>5$ m，宽度 $\delta>5$ mm，且继续发展 ②拱部开裂呈块状，有掉落可能	①拱顶压溃 ②衬砌剥落、掉块
	A1（严重）	10 mm/a$\geq v \geq 3$ mm/a，且有新的变形出现	$L<5$ m，且 5 mm$\geq \delta \geq 3$ mm，裂缝有发展	—
B（较重）		有变形，但速率 $v<3$ mm/a	$L<5$ m，且 $\delta<3$ mm	—
C（较轻）		—	一般龟裂	—
D（轻微）		—	—	—

（2）隧底结构劣化评定。

高速铁路隧道隧底劣化等级评定见表 3.28。

表 3.28 高速铁路隧底结构劣化等级评定

劣化等级		仰拱、底板（或铺底）裂损	隧底不密实或空洞	仰拱和（或）填充层厚度不足
A	AA（极严重）	①仰拱或底板连续裂损长度大于 3 m，已影响道床稳定； ②整体道床变形、错牙、下沉、上拱大于 3 mm	① $L_{ck}>3$ m； ② $L_{cs}>9$ m	因施工缺陷致使厚度 $h_i/h<0.60$，且长度大于等于 3 m
	A1（严重）	①仰拱或底板裂损连续长度 1~3 m，将影响道床稳定； ②整体道床变形、错牙、下沉、上拱小于 3 mm	① 1 m$<L_{ck}\leq 3$ m； ② 3 m$<L_{cs}\leq 9$ m	① $h_i/h<0.60$，且长度小于 3 m； ② $0.60 \leq h_i/h \leq 0.75$，且长度大于等于 3 m
B（较重）		①仰拱或底板连续裂损长度小于 1 m，继续发展将影响道床稳定； ②整体道床局部裂损，有发展趋势	① $L_{ck}\leq 1$ m； ② $L_{cs}\leq 3$ m	① $0.60 \leq h_i/h \leq 0.75$，且长度小于 3 m； ② $0.75 \leq h_i/h \leq 0.90$，且长度大于等于 3 m
C（较轻）		①仰拱或底板断续裂损； ②整体道床局部裂损	—	① $0.75 \leq h_i/h \leq 0.90$，且长度小于 3 m； ② $0.90 \leq h_i/h <1$，有剥蚀
D（轻微）		—	—	—

3. 严寒地区运营高速铁路隧道衬砌缺陷整治技术方案指导意见

指导意见根据《铁路桥隧建筑物劣化评定 第 2 部分：隧道》(Q/CR 405.2—2019)、《高速铁路桥隧建筑物修理规则（试行）》（铁运〔2011〕131 号）等相关规定，及近年来整治经验，针对不同类型缺陷，提出了针对严寒地区运营高速铁路隧道衬砌缺陷整治的措施。

1）衬砌背后空洞整治技术方案

（1）钢筋混凝土衬砌实际最小厚度大于 20 cm 的注浆充填，衬砌实际最小厚度小于等于 20 cm 且空洞面积小于等于 2 m² 的凿除嵌补修复，衬砌实际最小厚度小于等于 20 cm 且空洞面积大于 2 m² 的套衬处理后注浆充填空洞，见表 3.29。

（2）素混凝土衬砌实际最小厚度大于设计厚度 70%的注浆充填，衬砌实际最小厚度小于等于设计厚度 70%的套衬处理后注浆充填空洞，见表 3.29。

表 3.29　严寒地区高速铁路隧道衬砌背后空洞整治

类型	工况		措施
钢筋混凝土	$h_{min}>20\ cm$		注浆填充
	$h_{min}\leqslant 20\ cm$	$S\leqslant 2\ m^2$	凿除嵌补
		$S>2\ m^2$	套衬处理后注浆填充
素混凝土	$h_{min}/h>0.7$		注浆填充
	$h_{min}/h\leqslant 0.7$		套衬处理后注浆填充

2）衬砌厚度不足整治技术方案

（1）钢筋混凝土衬砌实际最小厚度大于设计厚度 80%，或衬砌实际最小厚度大于设计厚度 65%小于等于设计厚度 80%且面积小于 2 m² 的加强观测，暂不做处理；其余采取凿除嵌补修复或套衬处理，见表 3.30。

（2）素混凝土衬砌实际最小厚度大于设计厚度 90%，或衬砌实际最小厚度大于设计厚度 75%小于等于设计厚度 90%且面积小于 2 m² 的加强观测，暂不做处理；其余采取套衬处理，见表 3.30。

表 3.30　严寒地区高速铁路隧道衬砌厚度不足整治

类型	工况		措施
钢筋混凝土	$h_{min}/h>0.8$		加强观测、暂不处理
	$0.65<h_{min}/h\leqslant 0.8$	$S<2\ m^2$	
		$S\geqslant 2\ m^2$	拱部套衬，边墙拆除嵌补
	$h_{min}/h\leqslant 0.65$		
素混凝土	$h_{min}/h>0.9$		加强观测、暂不处理
	$0.75<h_{min}/h\leqslant 0.9$	$S<2\ m^2$	
		$S\geqslant 2\ m^2$	拱部套衬，边墙拆除嵌补
	$h_{min}/h\leqslant 0.75$		

3）衬砌强度不足整治技术方案

（1）钢筋混凝土衬砌实际强度大于设计强度 70%，或衬砌实际强度大于设计强度 60%小于等于设计强度 70%且面积小于 2 m² 的加强观测，暂不做处理；其余采取凿除嵌补修复或套衬处理，见表 3.31。

（2）素混凝土衬砌实际强度大于设计强度 85%，或衬砌实际强度大于设计强度 75%小于等于设计强度 85%且面积小于 2 m² 的加强观测，暂不做处理；其余采取套衬处理，见表 3.31。

表 3.31　严寒地区高速铁路隧道衬砌强度不足整治

类型	工况		措施
钢筋混凝土	$q_i/q>0.7$		加强观测、暂不处理
	$0.6<q_i/q\leqslant 0.7$	$S<2\ m^2$	
		$S\geqslant 2\ m^2$	拱部套衬，边墙拆除嵌补
	$q_i/q\leqslant 0.6$		

续表

类型	工况		措施
素混凝土	$q_i/q>0.85$		加强观测、暂不处理
	$0.75<q_i/q\leqslant 0.85$	$S<2\ m^2$	
		$S\geqslant 2\ m^2$	拱部套衬，边墙拆除嵌补
	$q_i/q\leqslant 0.75$		

4）施工冷缝整治技术方案

（1）钢筋混凝土衬砌施工冷缝采用涂刷水泥基渗透结晶防水涂料等进行表面封闭处理，见表3.32。

（2）素混凝土衬砌施工冷缝位于边墙的凿除植筋嵌补修复；位于拱部（160°范围）的套衬处理，见表3.32。

表 3.32　严寒地区高速铁路隧道施工冷缝整治

类型	位置	措施
钢筋混凝土	拱部、边墙	涂刷水泥基渗透结晶防水涂料
素混凝土	拱部（160°）	套衬
	边墙	凿除植筋嵌补

5）防水板切割衬砌整治技术方案

（1）缺陷部位位于拱部（160°范围）的套衬处理，见表3.33。

（2）缺陷部位位于边墙的凿除植筋嵌补修复，见表3.33。

表 3.33　严寒地区高速铁路隧道防水板切割衬砌整治

位置	措施
拱部（160°）	套衬
边墙	凿除植筋嵌补

6）衬砌裂缝整治技术方案

（1）钢筋混凝土衬砌裂缝，详见表3.34。

①对于无发展的衬砌裂缝，宽度小于 0.2 mm 的可采用涂刷水泥基渗透结晶防水涂料等进行表面封闭处理；大于等于 0.2 mm 的注浆封闭处理。

②对于尚在发展的衬砌裂缝应及时采取应急处理措施，待查明原因后针对性处理。

（2）素混凝土衬砌裂缝，详见表3.34。

①衬砌收缩裂缝。

a. 对于单条衬砌收缩裂缝，宽度小于 0.2 mm 的可采用涂刷水泥基渗透结晶防水涂料等进行表面封闭处理；大于等于 0.2 mm 的注浆封闭处理。

b. 对于多条衬砌收缩裂缝交错形成龟裂，深度小于衬砌厚度25%的，可采用涂刷水泥基渗透结晶防水涂料等进行表面封闭处理；深度大于等于衬砌厚度25%的，位于拱部（160°范围）时套衬处理，位于边墙时注浆封闭处理。

② 衬砌受力裂缝。

a. 对于无发展的环向裂缝，宽度小于 0.2 mm 的可采用涂刷水泥基渗透结晶防水涂料等进行表面封闭处理；大于等于 0.2 mm 的注浆封闭处理。

b. 对于无发展的纵向裂缝，深度小于衬砌厚度 25%的，宽度小于 0.2 mm 的可采用涂刷水泥基渗透结晶防水涂料等进行表面封闭处理；大于等于 0.2 mm 的注浆封闭处理。深度大于等于衬砌厚度 25%，长度小于 3 m 时注浆封闭处理；长度大于等于 3 m 时，位于边墙的凿除植筋修复，位于拱部（160°范围）的套衬处理。

c. 对于尚在发展的素混凝土裂缝应及时采取应急处理措施，待查明原因后针对性处理。

③ 施工缝处月牙形裂缝。

a. 施工缝处月牙形裂缝位于拱部（160°范围）的，纵向长度小于 30 cm 时凿除打磨处理；纵向长度大于等于 30 cm 时套衬处理。

b. 施工缝处月牙形裂缝位于边墙的，纵向长度小于 30 cm 时凿除打磨处理；纵向长度大于等于 30 cm 时凿除植筋修复。

表 3.34 严寒地区高速铁路隧道裂缝整治

类型	工况			措施
钢筋混凝土	无发展	$W<0.2$ mm		涂刷水泥基渗透结晶防水涂料
		$W \geq 0.2$ mm		注浆封闭
	尚在发展			查明原因再处理
素混凝土	收缩裂缝	单条收缩裂缝	$W<0.2$ mm	涂刷水泥基渗透结晶防水涂料
			$W \geq 0.2$ mm	注浆封闭
		多条收缩裂缝交错龟裂	$d<0.25 h$	涂刷水泥基渗透结晶防水涂料
			$d \geq 0.25 h$ 拱部（160°）	套衬
			$d \geq 0.25 h$ 边墙	注浆封闭
	受力裂缝	无发展环向裂缝	$W<0.2$ mm	涂刷水泥基渗透结晶防水涂料
			$W \geq 0.2$ mm	注浆封闭
		无发展纵向裂缝	$d<0.25 h$，$W<0.2$ mm	涂刷水泥基渗透结晶防水涂料
			$d<0.25 h$，$W \geq 0.2$ mm	注浆封闭
			$d \geq 0.25 h$，$L<3$ m 拱部（160°）	套衬
			$d \geq 0.25 h$，$L \geq 3$ m 边墙	凿除植筋嵌补
		尚在发展		查明原因再处理
	施工缝处月牙形裂缝	拱部（160°）	$L<30$ cm	凿除打磨
			$L \geq 30$ cm	套衬
		边墙	$L<30$ cm	凿除打磨
			$L \geq 30$ cm	凿除植筋嵌补

7）渗漏水及挂冰整治技术方案

（1）渗漏水及挂冰整治应遵循边墙疏排、拱部封堵、综合整治的基本原则。

（2）冬季渗漏水挂冰时，应利用中心沟检查井钻孔排水、边墙钻孔排水、电伴热等综合措施进行应急处理，再选择合适时机对渗漏水进行永久性整治。

（3）渗漏水永久整治，应先疏通盲管及水沟等排水系统，仍有渗漏时可利用中心沟检查井钻孔排水，仍未达到排水要求时可采用侧墙底部或边墙钻孔排水，引排水系统应与中心沟联通并采取保温层、电伴热等防冻保温措施。引排措施完成后对衬砌渗漏水点进行封堵。

8）排水沟冻结整治技术方案

（1）侧沟冻结时，应疏通导水管、排水沟等堵塞部位，检查修复或增设保温设施，必要时增设电伴热。

（2）中心水沟冻结时，应先检查疏通堵塞部位；对于中心沟检查井保温失效的，应进行保温修复或补强处理；对于洞外出水口冻结的，应采取加大洞外排水沟纵坡、增加出水口保温措施、疏通下游排水通道等综合整治措施。

9）整治技术要求

（1）套衬技术要求。
①套衬结构不得侵入建筑限界。
②套衬应采用模筑钢筋混凝土结构，厚度不宜小于 30 cm。
③套衬应设置稳定基础，两端设置倒角与既有衬砌顺接。
④套衬固定模板时不应破坏拱部防水板。

（2）凿除嵌补技术要求。
①缺陷衬砌应凿成倒梯形，并应保护好防水板。
②钢筋混凝土凿除时应保留既有钢筋，钢筋锈蚀、损坏的应除锈和补强。
③素混凝土凿除嵌补修复时应进行植筋。
④嵌补混凝土强度不应低于原衬砌混凝土设计强度。

（3）注浆技术要求。
①注浆浆液应采用强度高（不低于原衬砌混凝土设计强度）、流动性好、黏结性强、耐久性优的材料。
②注浆压力宜控制在 0.2 MPa 以内。
③加强质量检查，确保注浆加固效果。

（4）钻孔排水技术要求。
①排水孔孔径不应小于 50 mm。
②排水孔排水坡度不宜小于 5%。

二、公路运营隧道病害分级及相关规定

根据《公路隧道养护技术规范》（JTG H12—2015）应对公路隧道进行定期检查，根据检查结果对隧道技术状况进行评定，并根据隧道交通运营状况、结构和设施技术状况以及病害程度、围岩地质条件等，制订相应的养护计划和方案。

1. 养护等级

根据公路等级、隧道长度和交通量大小，公路隧道养护可分为三个等级，分级标准如表3.35和表3.36所示。

表 3.35　高速公路、一级公路隧道养护等级分级

单车道年平均日交通量 /[pcu/(d·ln)]	隧道长度/m			
	$L>3\,000$	$3\,000 \geqslant L > 1\,000$	$1\,000 \geqslant L > 500$	$L \leqslant 500$
≥10 001	一级	一级	一级	二级
5 001~10 000	一级	一级	二级	二级
≤5 000	一级	二级	二级	三级

表 3.36　二级及二级以下公路隧道养护等级分级

单车道年平均日交通量 /[pcu/(d·ln)]	隧道长度/m			
	$L>3\,000$	$3\,000 \geqslant L > 1\,000$	$1\,000 \geqslant L > 500$	$L \leqslant 500$
≥10 001	一级	二级	二级	三级
5 001~10 000	二级	二级	三级	三级
≤5 000	二级	三级	三级	三级

2. 总体评定

公路隧道技术状况评定应包括隧道土建结构、机电设施、其他工程设施技术状况评定和总体技术状况评定，如图3.1所示。公路隧道技术状况评定应采用分层综合评定与隧道单项控制指标相结合的方法，先对隧道各检测项目进行评定，然后对隧道土建结构、机电设施和其他工程设施分别进行评定，最后进行隧道总体技术状况评定。

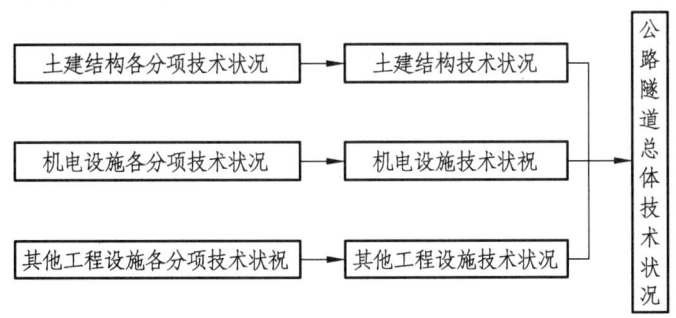

图 3.1　公路隧道状况技术评定

公路隧道总体技术状况评定应分为1类、2类、3类、4类和5类，评定类别描述及养护对策见表3.37。

表 3.37　公路隧道总体技术状况评定类别

技术状况 评定类别	评定类别描述		养护对策
	土建结构	机电设施	
1类	完好状态——无异常情况，或异常情况轻微，对交通安全无影响	机电设施完好率高，运行正常	正常养护

续表

技术状况评定类别	评定类别描述		养护对策
	土建结构	机电设施	
2类	轻微破损——存在轻微破损，现阶段趋于稳定，对交通安全不会有影响	机电设施完好率较高，运行基本正常，部分易耗部件或损坏部件需要更换	应对结构破损部位进行监测或检查，必要时实施保养维修；机电设施进行正常养护，应对关键设备及时修复
3类	中等破损——存在破坏，发展缓慢，可能会影响行人、行车安全	机电设施尚能运行，部分设备、部件和软件需要更换或改造	应对结构破损部位进行重点监测，并对局部实施保养维修；机电设施进行专项工程
4类	严重破损——存在较严重破坏，发展较快，已影响行人、行车安全	机电设施完好率较低，相关设施需要全面改造	应尽快实施结构病害整治措施；对机电设施应进行专项工程，并应及时实施交通管制
5类	危险状态——存在严重破坏，发展迅速，已危及行人、行车安全	—	应及时关闭隧道，实施病害整治，特殊情况需进行局部重建或改建

3. 土建结构技术状况评定

1）定性评定

土建结构经常检查以定性判断为主，检查内容和判定标准根据破损状况判定分为正常、一般异常、严重异常，具体参照表3.38。

表3.38 经常检查内容和评定标准

项目名称	检查内容	判定标准	
		一般异常	严重异常
洞口	边（仰）坡有无危石，积水，积雪；洞口有无挂冰；边沟有无淤塞；构造物有无开裂、倾斜、沉陷等	存在落石，积水、积雪隐患；洞口局部挂冰；构造物局部开裂、倾斜、沉陷，有妨碍交通的可能	坡顶落石，积水漫流或积雪崩塌；洞口挂冰掉落路面；构造物因开裂、倾斜或沉陷而导致剥落或失稳；边沟淤塞，已妨碍交通
洞门	结构开裂，倾斜，沉陷，错台，起层，剥落；渗漏水（挂冰）	侧墙出现起层，剥落；存在渗流水或结冰，尚未妨碍交通	拱部及其附近部位出现剥落；存在喷水或挂冰等，已妨碍交通
衬砌	结构裂缝，错台，起层，剥落	衬砌起层，且侧壁出现剥落状况，尚未妨碍交通，将来有可能构成危险	衬砌起层，且拱部出现剥落状况，已妨碍交通
	渗漏水	存在渗漏水，尚未妨碍交通	大面积渗漏水，已妨碍交通
	挂冰，冰柱	存在结冰现象，尚未妨碍交通	拱部挂冰，形成冰柱，已妨碍交通

续表

项目名称	检查内容	判定标准	
		一般异常	严重异常
路面	落物,油污;滞水或结冰;路面拱起,坑槽,开裂,错台等	存在落物、滞水、结冰、裂缝等,尚未妨碍交通	拱部落物,存在大面积路面滞水、结冰或裂缝,已妨碍交通
检修道	结构破损;盖板缺损;栏杆变形,损坏	栏杆变形、损坏;盖板缺损;结构破损,尚未妨碍交通	栏杆局部毁坏或侵入建筑限界;道路结构破损,已妨碍交通
排水设施	破损,堵塞,积水,结冰	存在破损、积水或结冰,尚未妨碍交通	沟管堵塞,积水漫流,结冰,设施破损严重,已妨碍交通
吊顶及各种预埋件	变形、缺损、漏水(挂冰)	存在破损、漏水,尚未妨碍交通	破损严重,或从吊顶板漏水严重,已妨碍交通
内装饰	脏污、变形、破损	存在破损,尚未妨碍交通	破损严重,已妨碍交通
标志、标线、轮廓标	是否完好	存在脏污、部分缺失,可能会影响交通安全	基本缺失或严重缺失,影响行车安全

当经常检查中发现隧道存在一般异常情况时,应进行监视、观测或做进一步检查;当经常检查中发现隧道存在严重异常情况时,应采取措施进行整治;当对其产生原因及详细情况不明时,尚应做定期检查或专项检查。

定期检查的周期应根据隧道技术状况确定,宜每年1次,最长不得超过3年1次。当经常检查中发现重要结构分项技术状况评定状况值为3或4时,应立即开展一次定期检查。定期检查宜安排在春季或秋季进行。新建隧道应在交付使用1年后进行首次定期检查。

2)定量评定

(1)评定标准。

隧道洞口、洞门、衬砌结构、衬砌渗漏水、路面、检修道、排水设施、吊顶、内装饰、交通标志标线等各分项技术状况评定标准见表3.39~表3.55。

表3.39 隧道洞口技术状况评定标准

状况值	技术状况描述
0	完好,无破坏现象
1	山体及岩体、挡土墙、排坡等有轻微裂缝产生,排水设施存在轻微破坏
2	山体及岩体裂缝发育,存在护坡、崩塌的初步迹象,坡面树木或电线杆轻微倾斜,挡土、护坡等产生开裂、变形,土石零星掉落,排水设施存在一定裂损、阻塞
3	山体及岩体严重开裂,坡面树木或电线杆明显倾斜,挡土墙、护坡等产生严重开裂、明显的永久变形,墙角或坡面有土石堆积,排水设施完全堵塞、破坏排水功能失效
4	山体及岩体有明显向严重的滑动、崩塌现象,挡土墙、护坡断裂、外倾失稳、部分倒塌,坡面树木或电线杆倾倒等

表3.40 隧道洞门技术状况评定标准

状况值	技术状况描述
0	完好,无破坏现象
1	墙身存在轻微的开裂、起层、剥落
2	墙身结构局部开裂,墙身轻微倾斜、沉陷或错台,壁面轻微渗水,尚未妨害交通

续表

状况值	技术状况描述
3	墙身结构严重开裂、错台边墙出现起层、剥落，混凝土块可能掉落或已有掉落；钢筋外露、受到锈蚀，墙身有明显倾斜、沉陷或错台趋势，壁面严重渗水（挂冰），将会妨害交通
4	洞门结构大范围开裂、砌体断裂、混凝土块可能掉落或已有掉落；墙身出现部分倾倒、垮塌，存在喷水或大面积挂冰等，已妨碍交通

表 3.41 衬砌破损技术状况评定标准

状况值	技术状况描述	
	外荷载作用所致	材料劣化所致
0	结构无裂损、变形和背后空洞	材料无劣化
1	出现变形、位移、沉降和裂缝，但无发展或已停止发展	存在材料劣化，钢筋表面局部腐蚀，衬砌无起层、剥落，对断面强度几乎无影响
2	出现变形、位移、沉降和裂缝，发展缓慢，边墙衬砌背后存在空隙，有扩大的可能	材料劣化明显，钢筋表面全部生锈、腐蚀，断面强度有所下降，结构物功能可能受到损害
3	出现变形、位移、沉降，裂缝密集，出现剪切性裂缝，发展速度较快；边墙处衬砌压裂，导致起层、剥落，边墙混凝土有可能掉下；拱部背面存在大的空洞，上部落石可能掉落至拱背；衬砌结构侵入内轮廓界限	材料劣化严重，钢筋断面因腐蚀而明显减小，断面强度有相当程度的下降，结构物功能受到损害；边墙混凝土起层、剥落，混凝土块可能掉落或已有掉落
4	衬砌结构发生明显的永久变形，裂缝密集，出现剪切性裂缝，裂缝深度贯穿衬砌混凝土，并且发展快速；由于拱顶裂缝密集，衬砌开裂，导致起层、剥落，混凝土块可能掉下；衬砌拱部背面存在大的空洞，且衬砌有效厚度很薄，空腔上部可能掉落至拱背；衬砌结构侵入建筑限界	材料劣化非常严重，断面强度明显下降，结构物功能损害明显；由于拱部材料劣化，导致混凝土起层、剥落，混凝土块可能掉落或已掉落

表 3.42 基于变形速度的评定标准

结构	变形速度 v/（mm/a）				评定状况值
	$v \geqslant 10$	$10>v \geqslant 3$	$3>v \geqslant 1$	$1>v$	
衬砌	√				4
		√			3
			√		2
				√	1

表 3.43 当裂缝存在发展时的评定标准

结构	裂缝宽度 b/mm		裂缝长度 L/m		评定状况值（边墙/拱部）
	$b>3$	$b \leqslant 3$	$L>5$	$L \leqslant 5$	
衬砌	√		√		3/4
	√			√	2/3
		√	√		2
		√		√	2

注：1. 表中的裂缝主要以纵向的裂缝或剪断裂缝为对象，对于环向裂缝，将评定状况值相应地降低 1 个等级即可。
  2. 当宽为 0.3mm 以上的裂缝，其分布密度大于 200 cm/m² 时，可升高 1 个评定等级或者采用判定分类中较高的判定。
  3. 当裂缝众多时，宜将宽度最大的裂缝作为主要检查对象。

第三章 运营隧道病害等级评定及加固计算

表 3.44 当无法确定裂缝是否存在发展时的评定标准

结构	裂缝宽度 b/mm		裂缝长度 L/m			评定状况值（边墙/拱部）
	5≥b>3	5≥b	L>10	10≥L>5	5≥L	
衬砌	√		√			3/4
	√			√		2/3
	√				√	3
		√	√	√		2/3
		√			√	2
		√	√	√	√	1/2

注：1. 表中的裂缝主要以纵向的裂缝或剪断裂缝为对象，对于环向裂缝，将评定状况值相应地降低 1 个等级即可。
2. 当宽为 0.3mm 以上的裂缝，其分布密度大于 200 cm/m² 时，可升高 1 个评定等级或者采用判定分类中较高的判定。
3. 当裂缝众多时，宜将宽度最大的裂缝作为主要检查对象。

表 3.45 衬砌起层、剥落的评定标准

结构	部位	掉落的可能性		评定状况值
		有	无	
衬砌	拱部	√		4
			√	1
	边墙	√		3
			√	1

注：1. 对于混凝土衬砌的起层、剥落，如果可能落下，则在拱部评定为 4，在侧墙评定为 3；对于防水砂浆等材料的掉落，由于剥落层较薄，可降低 1 个评定状况值。
2. 当拱背存在高 30 cm 以上的空洞且有效衬砌厚度小于 30 cm 时，空腔落石就可能砸坏衬砌结构，因此，发现类似情况时，可按 3/4 状况值评定。尤其是曾经发生坍方的地方或节理发育、漏水严重的地段，尤其应重点关注。

表 3.46 衬砌断面强度降低、起层和剥落的评定标准

结构	主要原因	起层和剥落的可能性		劣化程度			评定状况值
		有	无	有效厚度/设计厚度			
				<1/2	1/2～2/3	>2/3	
拱部	劣化、冻害、设计或施工不当等	√		√			4
			√				1
				√			3
					√		2
						√	1
边墙		√				√	3
			√				1
				√			3
					√		2
						√	1

表 3.47 钢材腐蚀的评定标准

结构	主要原因	腐蚀程度	评定状况值
衬砌	盐害、渗漏水、酸（碱）化等	表面或小面积的腐蚀	1
		浅孔蚀或钢筋全周生锈	2
		钢材断面减小程度明显，钢结构功能受损	3

表 3.48 衬砌渗漏水技术状况评定标准

状况值	技术状况描述
0	无渗漏水
1	墙身存在轻微的开裂、起层、剥落
2	衬砌表面存在渗水，对行车无影响
3	衬砌拱部有滴漏，侧墙有小股涌流，路面有浸渗但无积水，拱部、边墙因渗水少量挂冰，边墙脚积冰，不久可能会影响行车安全
4	拱部有喷射水流，侧墙存在严重影响行车安全的涌水，地下水从检查井外溢，导致周边路面积水严重，伴有严重的沙土流出和衬砌挂水，严重影响行车安全

表 3.49 渗漏水的评定标准

结构	主要异况	漏水程度				是否影响行车		评定状况值（边墙/拱部）
		喷射	涌流	滴漏	浸渗	是	否	
拱部	漏水	√				√		4
			√			√		3
				√		√		2
					√		√	1
	挂冰					√		3
							√	1
侧墙	漏水	√				√		3
			√			√		2
				√		√		2
					√		√	1
	挂冰					√		3
							√	1
路面	沙土流出					√		3/4
							√	1
	积水					√		3/4
							√	1
	结冰					√		3/4
							√	1

第三章 运营隧道病害等级评定及加固计算

表 3.50 隧道路面技术状况评定标准

状况值	技术状况描述
0	路面完好
1	路面有浸湿、轻微裂缝、落物等，引起使用者轻微不舒适感
2	路面有局部的沉陷、隆起、坑洞、表面剥落、露骨、破损、裂缝轻微积水，引起使用者明显的不舒适感，可能会影响行车安全
3	路面出现较大面积的沉陷、隆起、坑洞、表面剥落、露骨、破损、裂缝、积水严重等，影响行车安全；抗滑系数过低引起车辆打滑
4	路面出现大面积的明显沉陷、隆起、坑洞，路面板严重错台、断裂、表面剥落、露骨、破损、裂缝，出现漫水、结冰或堆冰，严重影响交通安全，可能导致交通意外事故

表 3.51 检修道技术状况评定标准

状况值	技术状况描述	
	定性描述	定量描述
0	护栏、路缘石及检修道面板均完好	—
1	护栏变形，路缘石或检修道面板少量缺角、缺损，金属有局部锈蚀，尚未影响其使用功能	护栏、面板、路缘石损坏长度≤10%，缺失长度≤3%
2	护栏变形损坏、螺栓松动、扭曲，金属表面锈蚀，部分路缘石或检修道面板缺损、开裂，部分功能丧失，可能会影响行人和交通安全	护栏、面板、路缘石损坏长度>10%且≤20%，缺失长度>3%且≤10%
3	护栏倒伏、严重损坏，侵入限界，路缘石或检修道面板缺损开裂或缺失严重，原有功能丧失，影响行人和交通安全	护栏、面板、路缘石缺失率>20%，缺失长度>10%

表 3.52 洞内排水设施技术状况评定标准

状况值	技术状况描述
0	设施完好，排水功能正常
1	结构有轻微破损，但排水功能正常
2	轻微淤积，结构有破损，暴雨季节出现溢水，可能会影响交通安全
3	严重淤积，结构较严重破损，溢水造成路面局部积水、结冰，影响行车安全
4	完全阻塞，结构严重破损，溢水造成路面积水漫流、大面积结冰，严重影响行车安全

表 3.53 吊顶及预埋件技术状况评定标准

状况值	技术状况描述
0	吊顶完好
1	结构有轻微破损，但排水功能正常
2	存在轻微变形、破损、浸水，尚未妨碍交通
3	吊顶存在较严重的变形、破损，出现涌流、挂冰，吊杆等预埋件严重锈蚀，可能影响交通安全
4	吊顶严重破损、开裂甚至掉落，出现喷涌水、严重挂冰，各种预埋件和悬吊件严重锈蚀或断裂，各种桥架和挂件出现严重变形或脱落，严重影响行车安全

表 3.54 内装饰技术状况评定标准

状况值	技术状况描述	
	定性评价	定量评价
0	内装饰完好	—
1	个别内装饰板或瓷砖变形、破损，不影响交通	损坏率≤10%
2	存在轻微变形、破损、浸水，尚未妨碍交通	损坏率>10%，且≤20%
3	大面积内装饰板或瓷砖变形、破损、脱落，严重影响行车安全	损坏率>20%

表 3.55 交通标志标线技术状况评定标准

状况值	技术状况描述	
	定性评价	定量评价
0	完好	—
1	存在脏污、不完整，尚未妨碍交通	损坏率≤10%
2	存在脏污、部分脱落、缺失，可能会影响交通安全	损坏率>10%，且≤20%
3	大部分存在脏污、脱落、缺失，影响行车安全	损坏率>20%

（2）评定方法。

土建结构技术状况评定方法按式（3.1）计算。

$$JGCI = 100 \cdot \left[1 - \frac{1}{4} \sum_{i=1}^{n} \left(JGCI_i \times \frac{w_i}{\sum_{i=1}^{n} w_i} \right) \right] \qquad (3.1)$$

式中：w_i——分项权重，可参照表 3.56 取值；

$JGCI$——分项状况值，值域 0~4。

$$JGCI = \max(JGCI_{ij})$$

式中：$JGCI_{ij}$——各分项检查段落状况值；

j——检查段落号，按实际分段数量取值。

表 3.56 土建结构各分项权重

分项		分项权重 w_i
洞口		15
洞门		5
衬砌	结构裂损	40
	渗漏水	
路面		15
检修道		2
排水设施		6
吊顶及预埋件		10
内装饰		2
交通标志、标线		5

土建结构技术状况评定分类界限值如表 3.57 所示，土建结构技术状况评定时，当洞口、洞门、衬砌、路面和吊顶及预埋件项目的评定状况值达到 3 或 4 时，对应土建结构技术状况应直接评为 4 类或 5 类。在公路隧道技术状况评定中，有下列情况之一时，隧道土建技术状况评定应评为 5 类隧道：

①隧道洞口边仰坡不稳定，出现严重的边坡滑动、落石等现象。
②隧道洞门结构大范围开裂、砌体断裂、脱落现象严重，可能危及行车道内的通行安全。
③隧道拱部衬砌出现大范围开裂、结构性裂缝深度贯穿衬砌混凝土。
④隧道衬砌结构发生明显的永久变形，且有危及结构安全和行车安全的趋势。
⑤地下水大规模涌流、喷射，路面出现涌泥沙或大面积严重积水等威胁交通安全的现象。
⑥隧道路面发生严重隆起，路面板严重错台、断裂，严重影响行车安全。
⑦隧道洞顶各种预埋件和悬吊件严重锈蚀或断裂，各种桥架和挂件出现严重变形或脱落。

对评定划定的各类隧道土建结构，应分别采取不同的养护措施：

①1 类隧道应进行正常养护。
②2 类隧道或存在评定状况值为 1 的分项时，应按需进行保养维修。
③3 类隧道或存在评定状况值为 2 的分项时，应对局部实施病害整治。
④4 类隧道应进行交通管制，尽快实施病害整治。
⑤5 类隧道应及时关闭，然后实施病害整治。
⑥重要分项以外的其他分项评定状况值为 3 或 4 时，应尽快实施病害整治。

表 3.57 土建结构技术状况评定分类界限值

技术状况评分	土建结构技术状况评定分类				
	1 类	2 类	3 类	4 类	5 类
JCCI	≥85	≥70，<85	≥55，<70	≥40，<55	<40

4. 其他工程设施技术状况评定

1）评定标准

其他工程设施应根据各分项设施完好程度、损坏发展趋势、设施使用正常程度等检查结果，确定各分项设施状况值。技术状况评定标准可按表 3.58～表 3.67 执行。

表 3.58 电缆沟技术状况评定标准

状况值	技术状况描述
0	电缆沟结构完好～基本完好，沟内无杂物、积尘积水或少量积尘积水，能保障电缆正常～基本正常使用
1	电缆沟结构破损，沟内积尘积水，影响电缆正常使用但不影响交通和行人安全
2	电缆沟结构破损严重，沟内积尘积水严重，严重影响电缆正常使用，可能会影响交通和行人安全

表 3.59 设备洞室技术状况评定标准

状况值	技术状况描述
0	设备洞室结构完好或基本完好，无渗漏水或少量渗漏水，标志齐全清晰或部分缺失，能保障设备正常使用
1	设备洞室结构破损，洞室内渗漏水，标志缺失，影响设备正常使用，不影响交通和行人安全
2	设备洞室结构破损严重，洞室内渗漏水严重，标志缺失，严重影响设备正常使用，可能影响交通和行人安全

表 3.60 洞口联络通道技术状况评定标准

状况值	技术状况描述
0	隔离设施整洁完好或基本完好,少量脏污,标志齐全或部分缺失,通道路面完好或轻微裂缝,排水基本通畅,能保障正常情况下通道处于封闭状态,紧急状况下正常～基本正常使用
1	隔离设施部分缺失、脏污严重,标志缺失,通道路面有微小沉陷、隆起、有积水,能保障正常情况下车辆不误入,紧急状况下车辆能通过
2	隔离设施缺失,通道路面有明显的隆起、积水严重,标志缺失,不能保障正常情况下通道处于封闭状态及紧急状况下车辆通过

表 3.61 洞口限高门架技术状况评定标准

状况值	技术状况描述
0	门架结构完好或轻微破损,外观整洁,标志基本齐全,满足限高要求
1	门架结构破损、变形较严重,标志部分缺失,净空误差大但基本满足限高要求,不影响交通安全
2	门架结构破损或整体变形,标志缺失,净空误差很大不能满足限高要求,可能影响交通安全

表 3.62 洞口绿化技术状况评定标准

状况值	技术状况描述
0	树木透光适度、通风良好,无枯死,草皮适时修剪,整体绿化效果美观
1	无杂草、无枯死,发现死树及时清除补种,整体绿化效果较美观
2	树木枯死、倾倒,草皮失养,严重影响洞口美观

表 3.63 消声设施技术状况评定标准

状况值	技术状况描述
0	完好、整洁,消声功能正常
1	存在脏污、缺失,基本具备消声功能
2	缺失、脏污十分严重,失去消声功能

表 3.64 洞口减光设施技术状况评定标准

状况值	技术状况描述
0	结构完好、整洁或轻微破损、脏污,标志基本齐全清晰,减光效果基本正常
1	结构局部变形、破损,标志缺失,减光效果部分丧失,不影响交通和行人安全
2	结构变形、破损严重,标志缺失,减光效果基本丧失,可能影响交通和行人安全

表 3.65 污水处理设施技术状况评定标准

状况值	技术状况描述
0	污水处理池和净化池不渗漏,无沉积泥、杂物,使用正常
1	污水处理池和净化池池壁局部渗漏,沉积泥沙、杂物,影响正常使用
2	污水处理池和净化池渗漏非常严重,泥沙、杂物沉积非常严重,无法正常使用

表 3.66 洞口雕塑技术状况评定标准

状况值	技术状况描述
0	完好，整洁美观
1	破损较严重，表面脏污非常严重，影响洞口景观
2	严重破损，须更换

表 3.67 附属房屋技术状况评定标准

状况值	技术状况描述
0	承重构件完好或基本完好，非承重墙体完好或少量损坏；屋面墙体无渗漏或局部渗漏；楼地面平整完好或稍有裂缝，门窗基本完好，顶棚无明显变形，水卫、电照、暖气等设备基本完好、能使用正常或基本正常使用
1	承重构件少量损坏，非承重墙体较严重损坏；屋面、墙体局部渗漏较严重；楼地面严重起砂；门窗变形较严重或部分缺失；顶棚明显变形；水卫、电照、暖气等设备损坏较严重，基本无法正常使用
2	承重构件明显损坏，非承重墙体严重损坏；屋面严重漏雨；楼地面严重起砂开裂；门窗严重变形或大部分缺失；顶棚严重变形；水卫、电照、暖气等设备有严重损坏，无法正常使用

2）评定方法

应根据各分项设施状况值，分项权重和计算技术状况分值，确定其他工程设施技术状况，计算见式（3.2）。

$$QTCI = 100 \cdot \left[1 - \frac{1}{2} \sum_{i=1}^{n} \left(QTCI_i \times \frac{w_i}{\sum_{i=1}^{n} w_i} \right) \right] \quad (3.2)$$

式中：w_i——各分项设施权重，可参照表 3.68 取值；

$QTCI$——其他工程设施技术状况评分，可参照表 3.69 取值；

$QTCI_i$——各分项设施状况值，值域为 0~2。

表 3.68 其他工程设施各分项权重

分项设施	分项权重 w_i
电缆沟	10
设备洞室	10
洞外联络通道	9
洞口限高门架	14
洞口绿化	3
消声设施	3
减光设施	10
污水处理设施	4
洞口雕塑、隧道铭牌	2
房屋设施	35

表 3.69 其他工程设施分类判定标准及界限值

技术状况评分	土建结构技术状况评定分类	QTCI 界限值
1 类	设施完好无异常，或有异常、破损情况但较轻微，能正常使用	≥70
2 类	设施存在破损，部分功能受损，维护后能使用，应准备采取对策措施	40~70
3 类	设施存在严重破损，使用功能大部分或完全丧失，必须停用并采取紧急对策措施	<40

对评定划分的各类设施，应分别采取不同的养护对策：
（1）设施技术状态为 1 类及状况值评定为 0 的分项设施，正常使用，正常养护。
（2）设施技术状态为 2 类及状况值评定为 1 的分项设施，观察使用，保养维修。
（3）设施技术状态为 3 类及评定状况值为 2 的分项设施，停止使用，尽快进行维修加固。

三、运营隧道加固计算

1. 一般规定

（1）加固设计前，应根据隧道病害程度对原隧道结构进行受力计算，并对实施加固后的隧道结构进行受力验算。
（2）计算采用的原衬砌材料性能指标、几何参数等，应采用隧道衬砌现状的实测值。
（3）加固过程中受力计算应根据施工中荷载的变化分阶段进行，结构加固后的受力计算可按整体一次性受力进行。
（4）深埋隧道的整体式衬砌，浅埋隧道的整体式衬砌、复合式衬砌的二次衬砌及明洞衬砌等，衬砌结构内力计算宜采用荷载结构法；复合式衬砌中的二次衬砌与初期支护共同承担围岩压力及其他外部荷载时，可采用地层结构法计算内力和变形，并采用荷载结构法验算。
（5）当原衬砌已接近丧失承载能力时，加固后的衬砌结构验算不宜考虑原衬砌的作用。

2. 计算参数

计算参数一般依据地勘原位试验或室内试验确定，当无资料时可参考《铁路隧道设计规范》（TB 10003—2016），即按表 3.70 ~ 表 3.72 取值。

表 3.70 各级围岩物理力学参数

围岩级别	容重 γ /(kN/m³)	弹性反力系数 K/MPa	变形模量 E/GPa	泊松比 ν	内摩擦角 φ	黏聚力 c/MPa	计算内摩擦角 φ_c
Ⅰ	26~28	1 800~2 800	>33	<0.2	>60	>2.1	>78
Ⅱ	25~27	1 200~1 800	20~33	0.2~0.25	50~60	1.5~2.1	70~78
Ⅲ	23~25	500~1 200	6~20	0.25~0.3	39~50	0.7~1.5	60~70
Ⅳ	20~23	200~500	1.3~6	0.3~0.35	27~39	0.2~0.7	50~60
Ⅴ	17~20	100~200	1~2	0.35~0.45	20~27	0.05~0.2	40~50
Ⅵ	15~17	<100	<1	0.4~0.5	<22	<0.1	30~40

注：1. 本表数值不包括黄土地层及特殊围岩；
2. 选用计算摩擦角时，不再计算内摩擦角和黏聚力。

表 3.71　各级亚级围岩物理力学参数

围岩级别	容重 γ /(kN/m³)	弹性反力系数 K/MPa	变形模量 E/GPa	泊松比 ν	内摩擦角 φ	黏聚力 c /MPa
Ⅲ₁	24~25	850~1 200	10.7~20	0.25~0.26	44~50	1.1~1.5
Ⅲ₂	23~24	500~850	6~10.7	0.26~0.3	39~44	0.7~1.1
Ⅳ₁	22~23	400~500	3.8~6	0.3~0.31	35~39	0.5~0.7
Ⅳ₂	20~22	200~400	1.3~3.8	0.31~0.35	27~35	0.2~0.5
Ⅴ₁	18~20	150~200	1.3~2	0.35~0.39	22~27	0.12~0.2
Ⅴ₂	17~18	100~150	1~1.3	0.39~0.45	20~22	0.05~0.12

表 3.72　各级土质地层物理力学参数

围岩级别 级别	围岩级别 亚级	围岩	容重 γ /(kN/m³)	变形模量 E/GPa	泊松比 ν	内摩擦角 φ	黏聚力 c /MPa
Ⅳ	Ⅳ₂	黏质土	20~23	0.03~0.045	0.25~0.33	30~45	0.06~0.25
Ⅳ	Ⅳ₂	砂类土	18~19	0.024~0.03	0.29~0.31	33~40	0.012~0.024
Ⅳ	Ⅳ₂	碎石土	22~24	0.05~0.075	0.15~0.3	43~50	0.019~0.03
Ⅴ	Ⅴ₁	黏质土	18~20	0.015~0.03	0.33~0.37	20~30	0.03~0.06
Ⅴ	Ⅴ₁	砂类土	16.5~18	0.009~0.024	0.31~0.33	30~33	0.006~0.012
Ⅴ	Ⅴ₁	碎石土	20~22	0.033~0.05	0.2~0.3	37~43	0.008~0.019
Ⅴ	Ⅴ₂	黏质土	16~18	0.005~0.015	0.37~0.43	15~20	0.015~0.03
Ⅴ	Ⅴ₂	砂类土	15~16.5	0.003~0.009	0.33~0.36	25~30	0.003~0.006
Ⅴ	Ⅴ₂	碎石土	17~20	0.01~0.033	0.25~0.35	30~37	<0.008
Ⅵ	—	黏质土	14~16	<0.005	0.43~0.5	<15	<0.015
Ⅵ	—	砂类土	14~15	0.000 5~0.003	0.36~0.42	10~25	<0.003

3. 荷　载

（1）围岩压力变化不大，由环境、材料、施工或设计等因素引起的隧道病害，进行隧道加固时，宜按新建隧道计算荷载。

（2）隧道病害由外力引起，病害无继续发展趋势时，荷载计算应符合下列规定：

①结构存在轻微破损时，宜按新建隧道计算荷载。

②结构存在破坏或较严重破坏时，宜按新建隧道低一级围岩的物理力学参数计算荷载。

（3）隧道病害由外力引起且尚在发展时，荷载计算应符合下列规定：

①计算围岩压力时，宜采用至少低一级围岩的物理力学参数进行计算。

②由地下水压力引起衬砌破损时，荷载计算应考虑衬砌外围水压力的影响；当隧道病害段水文地质条件复杂且地下水压力较大时，应进行专项研究。

③膨胀性围岩、高地应力、地质条件变化以及近接施工，引起隧道衬砌结构破损较严重时，应进行围岩压力专项研究。

④滑坡引起隧道衬砌结构破损较严重时，宜通过坡体稳定性分析确定边坡滑动对隧道衬砌结构产生的附加荷载。

（4）衬砌背后空洞注浆或围岩注浆产生的荷载，应包括注浆压力荷载和浆液自重荷载。注浆压力荷载宜按线性方式分布计算；浆液自重荷载宜根据填充的浆液高度、重度进行计算。

（5）采用换拱加固时，应对地质条件重新评估，并按新建隧道确定计算荷载。

4. 计算模型

（1）隧道病害计算模型应符合下列规定：

①衬砌厚度不足，应按隧道衬砌的实际厚度进行计算。

②应按实测的材料弹性模量、抗压强度和抗拉强度值进行计算。

③采用荷载结构法计算时，衬砌背后空洞处应不计围岩压力和地层抗力；采用地层结构法计算时，空洞应按实际几何尺寸建模分析。

④结构存在裂缝，贯通裂缝可采用"塑性铰"模拟；素混凝土衬砌受拉区开裂，应采用有效面积计算；钢筋混凝土衬砌受拉区开裂，开裂部分拉应力全部由钢筋承担，混凝土应采用有效面积计算。

（2）采用套拱加固时，计算应符合下列规定：

①采用叠合式套拱时，宜按整体受力进行计算。

②采用复合式套拱时，宜分别计算原衬砌和套拱的承载力；结构内力计算可不考虑新增套拱和原有结构的剪切作用。

③采用粘贴钢板和粘贴纤维复合材料加固时，加固层和原衬砌结构宜按无相对滑移、变形协调状态考虑。

④锚杆加固衬砌结构，采用地层结构法计算时，锚杆宜采用杆单元进行模拟；采用荷载结构法计算时，锚杆宜采用弹簧单元进行模拟。

⑤采用荷载结构法计算时，围岩弹性抗力系数应根据实际围岩情况测定；无实测资料时，可按现行《铁路隧道设计规范》（TB 10003—2016）或《公路隧道设计规范 第一册 土建工程》（JTG 3370.1—2018）选取。

⑥衬砌背后空洞注浆后，结构内力计算应计入原空洞处的围岩弹性抗力。

⑦围岩采用注浆加固时，宜对加固范围的围岩按承载拱计算，承载拱和衬砌共同承担围岩压力。

5. 结构计算

（1）隧道衬砌结构产生病害导致承载力降低需要补强时，应根据衬砌破损技术状况值对衬砌结构承载力进行折算。无试验数据时，折算系数宜按表 3.73 取值。

表 3.73 隧道原衬砌承载力折算系数 α_r

状况值	4	3	2
素混凝土衬砌	0.1	0.5	0.6
钢筋混凝土衬砌	0.1	0.7	0.8

注：1. α_r 的取值参考相关隧道补强试验和统计数据。
2. "4、3、2"可参考现行《公路隧道养护技术规范》（JTG H12）中的隧道衬砌技术状况值。

（2）当采用多种加固方法整治时，应考虑前序方法对围岩力学性能的改善及衬砌结构承载能力的提高进行加固计算。

（3）衬砌加固计算方法宜按表 3.74 选用。

表 3.74 衬砌加固计算方法

加固方法	计算方法
叠合式套拱加固	增大截面加固法
喷射混凝土加固	
粘贴钢板加固	粘贴钢板加固法
粘贴纤维复合材料加固	粘贴纤维复合材料加固法

注：具体计算方法可参考《公路隧道加固技术规范》（JTG/T 5440—2018）。

（4）洞口洞门加固计算应符合下列规定：
①边仰坡采用锚杆、锚索、抗滑桩等加固措施时，应验算加固后的稳定性。
②洞口有危岩体分布或边仰坡有崩塌可能时，宜计算预测落石的运动轨迹和范围。
③采取防护网措施时，宜对防护网的布设位置、范围、强度等进行分析。
④加固后的洞门端墙应按现行隧道规范对结构及整体稳定性进行计算。

参考文献

[1] 中国铁路总公司. 铁路运营隧道衬砌安全等级评定暂行规定：铁运函〔2004〕174 号[R/OL]. https://www.nra.gov.cn/jglz/fgzd/gfwj/zt/qt/202104/t20210401_134965.shtml

[2] 吴治家. 隧道衬砌混凝土裂缝的辨认及处治措施探讨[J]. 铁道工程学报，2014，31（2）：88-95.

[3] 王薇，赵东，贵逢涛，等. 渗漏水病害下铁路隧道衬砌结构安全性研究[J]. 中国安全科学学报，2016，26（7）：85-90.

[4] 袁玮，李林，高红兵. 地质雷达法隧道衬砌质量检测台车设计研究[J]. 现代隧道技术，2019，56（增刊 1）：179-184.

[5] 孙鹏，张新金. 隧道衬砌安全性评定实例分析[J]. 建筑监督检测与造价，2012，5（3）：18-20.

[6] 中华人民共和国铁道部. 高速铁路桥隧建筑物修理规则（试行）[S]. 北京：中国铁道出版社，2011.

[7] 中国铁路总公司. 普速铁路桥隧建筑物修理规则：TG/GW 103—2018[S]. 北京：中国铁道出版社，2018.

[8] 中华人民共和国铁道部. 铁路桥隧建筑物修理规则[S]. 北京：中国铁道出版社，2010.

[9] 潘志明. 铁路钢桁梁桥状态评估[J]. 桥梁建设，2006，36（增刊 1）：143-145.

[10] 史永吉，杨妍曼，李之榕，等. 铁路"老龄"铆接钢桥剩余寿命评估[J]. 中国铁道科学，1994，15（1）：66-81.

[11] 中国铁路经济规划研究院. 铁路桥隧建筑物劣化评定标准：Q/CR 405.2—2019[S]. 北京：中国铁道出版社，2019.

[12] MA W B, CHAI J F. Development status of disease detection, monitoring, evaluation and treatment technology of railway tunnels in operation[J]. Tunnel Construction, 2019, 39（10）: 1553-1562.

[13] 重庆市交通委员会. 公路隧道养护技术规范：JTG H12—2015[S]. 北京：人民交通出版社，2015.

[14] 中铁二院工程集团有限责任公司. 铁路隧道设计规范：TB 10003—2016[S]. 北京：中国铁道出版社，2016.

[15] HUANG M, JIANG Q, XU K, et al. Feasibility analysis of EICP technique for reinforcing backfill layer behind TBM tunnel linings based on model tests[J]. Tunnelling and Underground Space Technology, 2025, 155: 106172.

[16] 河南省质量技术监督局. 高速公路隧道预防性养护技术规范：DB41/T 896—2014[S]. 郑州：河南省质量技术监督局，2014.

[17] 中华人民共和国交通运输部. 公路隧道设计规范 第一册 土建工程：JTG 3370.1—2018[S]. 北京：人民交通出版社，2018.

[18] 中华人民共和国交通运输部. 公路隧道加固技术规范：JTG/T 5440—2018[S]. 北京：人民交通出版社，2018.

[19] 铁道第三勘察设计院集团有限公司，中铁第四勘察设计院集团有限公司. 高速铁路设计规范：TB 10621—2014[S]. 北京：中国铁道出版社，2014.

第四章

运营隧道病害整治技术

一、整治原则

整治措施应遵循因地制宜、技术可行、经济合理、高效安全、彻底整治的原则。着重体现在以下几个方面：

（1）应根据隧道地质条件、使用环境、病害情况，并考虑新旧材料的结合性能、材料性能差异等进行设计。

（2）应减少对原有结构的损伤，新旧结构应连接可靠，整体共同工作。

（3）应减小对原防排水系统的影响，保持防水系统完整，排水系统通畅。

（4）采取多种整治措施时，应明确施工顺序。

（5）应与施工方法相结合，明确主要施工工艺及材料性能指标，宜采用施工简便、工艺成熟、对环境影响小的方案。一般按照先处理危及运营安全的极严重病害后处理轻微病害，先加固拱部结构后加固边墙的原则进行。

（6）确保整治后不侵入建筑限界或降低限界标准，并得到主管部门批准。

（7）确保在运营隧道中的施工安全和在整治隧道中的运营安全。

（8）充分考虑运营隧道天窗时间、机电设施、限界、病害程度等限制因素，确保整治方案具有良好操作性。

（9）确保整治方案耐久性强，力争做到"一次整治，彻底根除"。

（10）兼顾工程投资和业主要求，可按"轻、重、缓、急"分段分次整治。

（11）可参照表4.1确定整治范围，参照表4.2选择加固方法，参照表4.3整治冻害。

（12）对大规模整治或极严重工点病害的整治建议组织专家会诊。

表4.1 运营隧道缺陷及病害定级评价

序号	分类	正常养护	日常检查、维修	进行重点监测，视监测情况进行日常维修或中修	大修或立即整治
1	铁路隧道	D级	C级或B级	B级	A1或AA
2	公路隧道	1类	2类	3类	4类或5类

表4.2 隧道常见加固方法选择表

整治方法		病害原因										病害（缺陷）特征	预期效果
		不利外力因素						其他					
		松弛压力	偏压	地层滑坡	膨胀性压力	承载力不足	静水压力	冻胀力	地震	火灾	材料劣化	渗漏水	衬砌背后空洞	衬砌厚度不足	无仰拱		
衬砌加固	粘贴纤维复合材料加固									☆	○		○			①衬砌网状裂缝；②衬砌受拉开裂趋于稳定；③衬砌材料轻微劣化	①与衬砌共同承担拉应力，防止衬砌拉裂；②防止衬砌局部劣化

续表

整治方法		病害原因											病害（缺陷）特征	预期效果
		不利外力因素							其他					
		松弛压力	偏压	地层滑坡	膨胀性压力	承载力不足	静水压	冻胀力	地震	火灾	材料劣化	渗漏水	衬砌背后空洞	衬砌厚度不足	无仰拱
衬砌加固	粘贴钢板（带）加固	☆	○	○	○	★	☆	○	○	☆	○			★		①衬砌开裂、剥离、剥落；②衬砌材料劣化；③衬砌厚度、强度轻微不足、结构基本稳定	与衬砌共同受力，一定程度提高承载能力，改善受力状况
	喷射混凝土	☆	○	○	○	★	☆	○	○	★	★			★		①衬砌开裂、剥离、剥落；②衬砌材料劣化；③衬砌厚度、强度不足	①与衬砌共同受力，提高承载能力，改善受力状况；②防止衬砌局部劣化
	嵌入钢架加固	★	☆	○		★	○	○	☆	☆				☆		衬砌裂损严重	与衬砌共同受力，提高承载能力
	锚杆加固	★	★	○	★	☆		○	☆	○				○		衬砌混凝土开裂，侧壁混凝土挤压错台	①提高岩体稳定性，防止松弛压力增大；②平衡、改善衬砌受力状态；③改善围岩物理力学性能
	套拱	★	☆	☆	★	★	★	★	★	☆	☆			★		①衬砌严重裂损、剥离、剥落；②衬砌材料劣化严重；③大面积渗漏水	①提高衬砌整体承载能力；②防止衬砌渗漏水
	围岩注浆	★	★	☆	★	☆	★	☆	☆			☆	○	○		①围岩松弛导致衬砌混凝土开裂、变形；②衬砌渗漏水	①改善围岩物理力学性能，提高岩体的抗剪强度和黏结力；②抑制衬砌渗漏水
	衬砌背后空洞注浆					○	☆	★				☆	★	☆		①空洞导致衬砌开裂、剥离、剥落；②衬砌渗漏水	①衬砌与岩体紧密结合，荷载作用均匀，防止围岩失稳；②抑制衬砌渗漏水
	换拱	☆	☆	☆	★	☆	○	★	★	★	○			★		①衬砌混凝土严重开裂、变形、错台；②衬砌混凝土严重劣化	提高衬砌承载能力、耐久性

既有隧道病害整治处理技术

续表

整治方法		病害原因											病害（缺陷）特征	预期效果
		不利外力因素							其他					
		松弛压力	偏压	地层滑坡	膨胀性压力	承载力不足	静水压	冻胀力	地震	火灾	材料劣化	渗漏水	衬砌背后空洞	衬砌厚度不足	无仰拱		
隧底加固	隧底换填				○	★									基底围岩软化、虚渣等导致路面开裂	提高地基承载力，防止隧底变形
	仰拱补强	☆	☆	○	★	★	☆	○	☆						①仰拱混凝土开裂、局部破损；②路面开裂、底鼓	增强仰拱强度，提高结构承载能力
	增设仰拱	★	○	○	★	★	★	★	☆					★	①衬砌混凝土开裂，墙脚向内收敛；②路面开裂，底鼓严重	①改善衬砌整体受力；②提高对膨胀围岩和软弱围岩压力的抵抗能力
	加深仰拱				★	☆	★	○							①仰拱破坏；②路面严重开裂，底鼓	①改善衬砌整体受力；②提高对膨胀围岩、软弱围岩压力及承压水的抵抗能力
	隧底桩基		☆		○	★								☆	①路面沉陷、错台、开裂；②衬砌结构受力不均	提高地基承载力
	隧底注浆	○			☆	★								☆	①隧底基础软弱、承载力不足；②衬砌结构受力不均	提高地基承载力
	锚杆（管）锁脚					☆								☆	①边墙不均匀沉降；②衬砌开裂	提高衬砌墙脚结构稳定性
洞口工程加固	洞门墙加固	☆	☆	☆			☆	★	○						洞门墙体有尚在发展的裂缝，墙体局部倾斜、错台	恢复洞门墙整体性、稳定性
	重建洞门		☆	☆	☆		☆	★							洞门墙体严重倾斜，结构严重破坏，墙体有大面积开裂错台，洞门墙倒塌	重建洞门，提高安全性
	接长明洞、棚洞	☆	★					★							洞口有落石、滚石、崩塌、泥石流、雪崩等危及洞口安全的因素	增长保护区，降低边仰坡，提高洞口安全性
	主、被动防护网							★							洞口有落石、滚石、崩塌等危及洞口安全的因素	防止落石、滚石、崩塌体等滚落
排水止水		○	○	☆	☆	☆	★	★	○		★				①衬砌渗漏水；②路面翻浆、唧泥	①无渗漏水；②恢复排水系统功能

注：1. 符号说明：★—对病害整治非常有效的方法；☆—对病害整治较有效的方法；○—对病害整治有些效果的方法。
    2. 松弛压力中包括突发性坍塌情况。
    3. 火灾是材料劣化的一种特殊形式，故单独列出。
    4. 本表摘自《公路隧道加固技术规范》（JTG/T 5440—2018）第 4.2.3 条款。

表 4.3 隧道冻害整治方法、措施

寒冷程度	气候条件 最冷月平均气温/°C	冻结深度/m	冻害特征	整治方法、措施
轻微	-5～-10	0.6～1	轻微，不影响交通	中心排水沟、局部隔热防冻
较轻	-10～-15	1～1.5	衬砌冻裂，洞内渗水挂冰，路面结冰，冻害发生于12月至翌年2月	保温水沟、深埋中心排水沟、局部隔热防冻、加热防冻
较重	-15～-25	1.5～2.5	衬砌破裂较严重，含水围岩较大面积发生渗漏，较大范围挂冰，路面冻冰，冻结期大于4～5个月	保温水沟、深埋中心排水沟、整体隔热防冻、加热防冻
严重	<-25	>2.5	衬砌层破裂严重，大面积渗漏水，挂冰严重，路面结冰，排水系统被冰堵塞，冻结期大于5个月	防寒泄水洞、整体隔热防冻、加热防冻

二、病害整治技术

（一）衬砌补强

衬砌补强措施主要凿除嵌补、混凝土套衬、波纹板套衬、钢板+型钢钢架、锚杆+钢带等，主要技术方案如下。

1. 凿除嵌补整治方案

凿除嵌补整治方案主要适用于衬砌严重裂损，承载力不足，净空受限以及评定为"严重或极严重"等情况。

环向范围在拆除后，需一次整体浇筑，不得分段。纵向长度根据天窗点时间及安全要求合理安排凿除及整体浇筑，拆除采用人工方式，减少对拆除范围外既有衬砌的破坏。一次拆除面积不宜超过 0.5 m²，纵向长度不得超过 2 m，且跳槽施工间隔不小于 3 m。处理方案施工图如图 4.1 所示，具体流程如下：

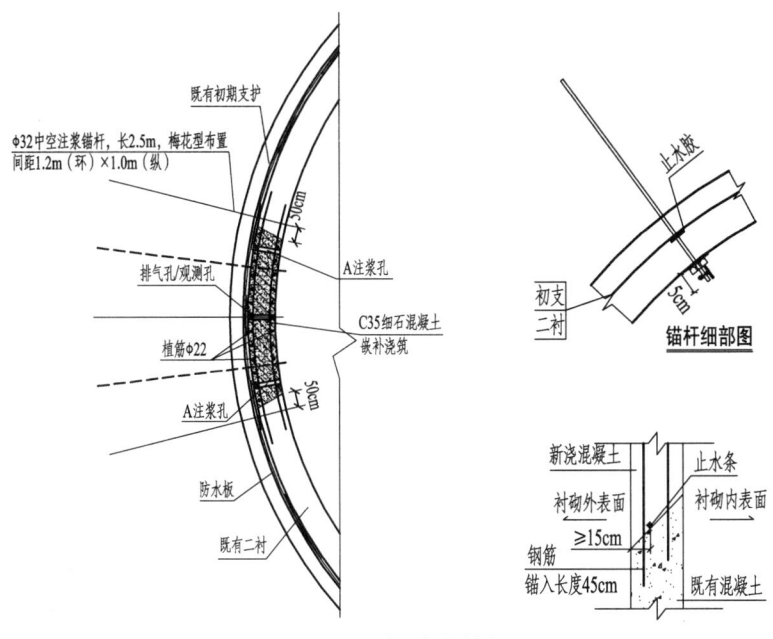

图 4.1 拆除嵌补加固

（1）按检测单上点位进行定位，放线，验证并确定施工口位置。

（2）打设直径 32 mm 中空注浆锚杆，注浆锚杆先注早强快凝型水泥浆，再二次压注环氧树脂砂浆封水，前期压力 0.2～0.3 MPa，后期压力 0.3～0.5 MPa（具体根据现场试验确定），锚杆间距 1.2 m×1.0 m（环向×纵向），梅花形布置，长 2.5 m。锚杆端头垫板应背贴在后浇筑混凝土表面，均匀布置。螺母端头通过工厂预制设置销钉防止螺母长期使用后松动坠落，造成安全事故。单根锚杆的抗拔力不得小于 50 kN。

（3）先对欠厚部分周边松散混凝土进行清除，然后在拆除前根据测量组的放样点位进行环向切槽，环向切槽后再进行二衬的破除。将原混凝土剔成底部宽度比临空开口端宽度大 20 cm 的倒梯形，在新旧混凝土的结合面处，原衬砌的表面应凿成凹凸差不小于 10 mm 的粗糙面，然后清理四周松动、易脱落混凝土，用高压水枪将结合面冲洗干净。

（4）在初支与待浇筑衬砌结合面涂抹 2 cm 厚水泥砂浆找平层，然后刮涂 2 mm 厚水泥基渗透结晶型防水涂料，铺挂土工布（≥350 g/m²）→防水板（≥1.5 mm），并确保铺挂土工布与既有土工布搭接长度不小于 15 cm，铺挂防水板与既有防水板搭接长度不小于 15 cm。

（5）在剔除后的混凝土面上植入两层 HRB400Φ22 mm 钢筋网片，钢筋间距 20 cm×20 cm，植筋深度不小于 45 cm（钢筋断开时需采用钢筋接驳器连接，同一断面接头率不得大于 50%），植筋采用 A 级锚固胶锚固；对既有衬砌钢筋满足设计要求的地段可不植筋。

（6）锚杆与防水板接触部位设置遇水膨胀止水胶。在清洁基面后采用专用注胶器将胶体连续均匀地敷设在基面上。止水胶表面硬化需要完全达到指触干燥后，才可以进行下一次的混凝土续浇。

（7）采用锚杆、锚筋等构件吊拉模板浇筑混凝土，确保模板安全稳定并与衬砌完全密贴，止浆效果好。

（8）回填采用 C35 微膨胀细石混凝土（混凝土内掺高效抗硫阻锈剂，参量约为水泥用量的 5%，以现场试验为准）进行浇筑处理，一次浇筑厚度需满足二衬设计厚度，且与既有周边衬砌内表面顺接齐平。浇筑前预埋回填注浆孔，注浆孔间距 1 m（一般至少 2 个），排气孔间距 1 m（一般至少 1 个）。应根据浇筑区域大小控制混凝土的单次拌和量。原则上拌制到浇筑完成的时间不应超过 1.5 h。浇筑混凝土应从下往上，拱顶混凝土浇筑应采用挤压浇筑方式，且应连续浇筑确保混凝土不产生离析，各个角落不留下孔隙。应边浇筑，边振捣。振捣应充分，其标志是衬砌和面板的接触面出现水泥浆线或混凝土容积减少。

（9）视面积大小计算拆模时间，模板拆除应在混凝土强度达到设计强度的 100% 后进行，拆模后对新旧混凝土接缝进行打磨处理。

（10）浇筑混凝土后，应进行养护，保持硬化所需的温度及湿度，防止施工器械对模板产生的振动或冲撞，避免受有害因素的影响。

（11）拆换完成后应拧紧锚杆端头螺母，使垫板背贴混凝土表面。对整治范围的二衬进行无损检测和强度检测，并经过参建各方核查验证满足设计要求后，利用预埋直径 42 mm 注浆管压浆，确保空隙填充密实，处理步骤如下：

①注浆管用直径 42 mm 钢管制成，梅花形布置 1.2 m×1.2 m（环×纵）（可根据注浆密实情况适当调整），长度等于浇筑混凝土厚度加 200 mm（外露），外露端应有连接管路的装置。注浆管应在衬砌浇筑时预埋，注浆前还应做好端头的密封措施，防止漏浆、跑浆。

②回填注浆应采用水灰比为 0.5∶1 的微膨胀性水泥砂浆，正常灌浆情况下压力控制在 0.2 MPa 左右，最终应根据现场试验确定，当达到以下标准之一可结束灌浆：

a. 设计灌浆压力下，注入量不大于 5 L/min，延续灌注 10 min 后，漏浆严重，采取间歇性、低压、浓浆灌浆，经反复多次（3次以上）仍不能恢复注浆的，宜采取加入速凝剂的特殊方法结束灌浆；

b. 注浆时，附近待注孔的拱顶孔渗浆，经反复停、注，仍然漏浆的。

c. 灌浆孔和检查孔施工检查结束后，使用微膨胀水泥将管孔封填密实，并切除注浆管外露部分至与衬砌内缘齐平，两侧 20~30 cm 的衬砌表面涂刷改性环氧树脂涂料 2 次，将开槽封闭。

（12）所有工序完成后对表面及新旧混凝土结合面整修打磨。

（13）注意事项：

①剔除既有混凝土过程中，应在通车前找顶检查，确保无松动体对运行列车造成影响。

②新旧二衬混凝土结合处，必须凿毛处理并用高压水冲洗干净，保证混凝土接茬满足设计规范要求，不产生新的质量缺陷。

③新旧混凝土接缝要设置止水条，宽 2 cm，以改善衬砌防水性能。

④施工前施工单位应根据监控量测规范及相关规定要求，严格制定三级预警管理体制，在"开窗"外延 2 m 范围内设置监测点，监测中如发现异常，及时预警并通知相关部门，制定相应处理措施。测量过程中如发现异常现象或与设计不符时，应及时提出，以便制定相应措施，确保施工安全。

⑤锚杆垫板和螺母应采用镀锌处理，使其和衬砌内缘齐平。

⑥微膨胀混凝土使用前，配合必须经监理单位审批。

2. 混凝土套衬整治方案

1）一般要求

（1）模筑混凝土套衬主要用于衬砌严重裂损，承载力不足，净空富余以及评定为"严重或极严重"等情况。

（2）模筑套拱可内置钢筋、钢格栅、工字钢、H型钢等，钢架间距宜为 0.50~1.20 m。在紧急救灾情况下可采用内置钢架的喷射混凝土套衬。

（3）套拱的变形缝位置应与原衬砌变形缝位置一致。

（4）隧道渗漏水严重时，应在套拱和原衬砌间设置完善的防排水系统。

（5）套拱应采用植筋、铺设钢筋网等措施使新阳混凝土形成整体结构。

（6）模筑混凝土套拱厚度不宜小于 200 mm。

（7）喷射混凝土套拱厚度不宜小于 150 mm。

（8）套拱布设范围宜延伸至加固段落外 2~3 m。

（9）相邻钢架应采用纵向筋连接，植筋间距不应大于 1 m，锚固长度不应小于 10d（d 为钢筋直径）。

2）模筑混凝土施工方案

以内置格栅钢架的模筑混凝土套衬为例（图 4.2），其施工方案如下：

（1）整治施工前，应准确扫描测定待处理段隧道内净空，确保其现有工程技术作业空间能满足原设计要求。

（2）套衬施作前应核实是否有综合洞室，确保套衬不得侵入洞室净空。

（3）按检测单上点位进行定位、放线，验证结果并确定脱空、欠厚范围，确定施工口位置。

（4）凿除墙脚既有衬砌混凝土前，需先打设直径 32 mm 锁脚锚杆，进行预加固（待钢架架设后，与钢架可靠连接），衬砌凿除过程中，不得切割破坏既有衬砌内受力主筋，钢架尽量布置在既有衬砌相邻主筋空隙内，以免对衬砌主筋造成损伤破坏，严格按设计要求凿除，严禁多凿、欠凿。

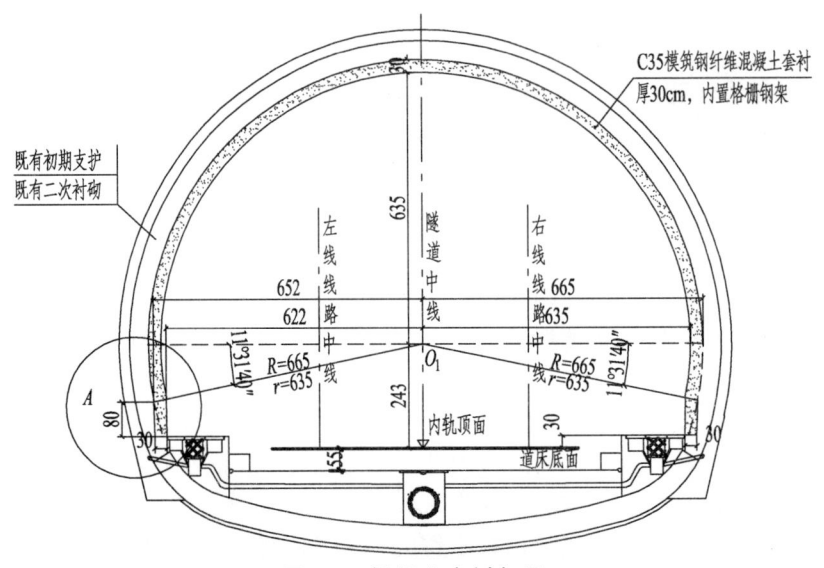

图 4.2　混凝土套衬加固

（5）套衬内拱墙设置四支格栅钢架，钢架主筋采用 HRB400⏀22 钢筋，主筋中至中间距 20 cm。具体参数如下：

①格栅钢架间距 1 榀/0.5 m。

②为加强钢架的整体性，钢架间纵向采用 ⏀22 钢筋连接，钢筋环向间距 0.4 m；环向钢筋和钢架交叉处采用焊接连接牢固。在两榀钢架中间增设 1 根 ⏀22 环向钢筋，钢架间的纵向、环向钢筋节点处绑扎连接，形成连接牢靠的钢筋栅格。

③格栅钢架固定方式为拱墙植筋焊接+墙脚锁脚。即：沿钢架径向在原衬砌混凝土上植入 ⏀22 固定钢筋，固定钢筋环向间距 1.0 m，每处 2 根，在钢架两侧对称设置，每根钢筋加工成 L 形，通过 A 级植筋胶与原混凝土连接牢固，单根钢筋长 78 cm，其中嵌入原混凝土深度 25 cm（当固定钢筋位于空洞范围，需加长钢筋，保证锚入原混凝土或初期支护喷射混凝土不小于 25 cm），尾部外露的直弯钩与格栅钢架焊接为一体；

最大跨和墙脚设置锁脚锚杆，每组 2 根，锚杆长 4 m。锁脚锚杆及固定钢筋尾部须采用 ⏀22 的 U 形钢筋与格栅焊接牢固。为防止锁脚锚杆钻孔位置后期发生渗水，锁脚锚杆打设完毕后，注浆锚杆应先压注水灰比为 0.5∶1（重量）的水泥浆，再二次压注环氧树脂砂浆封水，前期压力 0.2 ~ 0.3 MPa，后期压力 0.3 ~ 0.5 MPa（具体根据现场试验确定）。

④为保证钢架架设要求，须对既有二衬墙脚位置混凝土进行局部凿槽，以保证在钢架处基础宽度 30 cm。

⑤钢架必须与既有衬砌密贴，背后不得露空。

（6）钢架架设完毕后，严格核查衬砌背后脱空深度及范围，对脱空部位进行回填注浆。

（7）浇筑 30 cm 厚的 C35 模筑钢纤维混凝土套衬，套衬混凝土中钢纤维掺量为 60 kg/m³，钢纤维长度 15 ~ 60 mm，直径或者等效直径为 0.3 ~ 1.2 mm，长径比为 30 ~ 100；高效抗硫阻锈剂参量为水泥用量的 5% ~ 10%。

为保证套衬混凝土与既有衬砌混凝土连接良好，在施工前须对既有衬砌表面进行凿毛处理，凿毛深度不小于 1 cm。凿毛后，先用钢丝刷清理凿毛区域，再采用高压水清理干净，并涂刷界面黏结剂后，方可浇筑混凝土。

（8）施作套衬混凝土时应在拱部预埋注浆管，待套衬混凝土达到设计强度的 75% 后方可进行套衬背后回填注浆。回填注浆应满足如下要求：

①注浆管用直径 42 mm 钢管制成，梅花形布置 1.2 m × 1.2 m（环 × 纵）（可根据注浆密实情况适当调整），长度等于套衬厚度加 200 mm（外露），外露端应有连接管路的装置。注浆管应在衬砌浇筑时预埋，注浆前还应做好套衬两端头的密封措施，防止漏浆、跑浆。

②回填注浆应采用水灰比为 0.5∶1 的微膨胀性水泥砂浆，正常灌浆情况下压力控制在 0.2 MPa 左右，当达到以下标准之一可结束灌浆：

a. 在设计灌浆压力下，注入量不大于 5 L/min，延续灌注 10 min 后，漏浆严重，采取间歇性、低压、浓浆灌浆，经反复多次（3 次以上）仍不能恢复注浆的，宜采取加入速凝剂的特殊方法结束灌浆；

b. 注浆时，附近待注孔的拱顶孔渗浆，经反复停、注，仍然漏浆的。

③灌浆孔和检查孔施工检查结束后，使用微膨胀水泥将管孔封填密实，并切除注浆管外露部分至与套衬内缘齐平。

3. 波纹板套衬整治方案

1）一般要求

波纹板套衬主要用于衬砌严重裂损，承载力不足，净空受限以及评定为"严重或极严重"等情况，如图 4.3 所示。

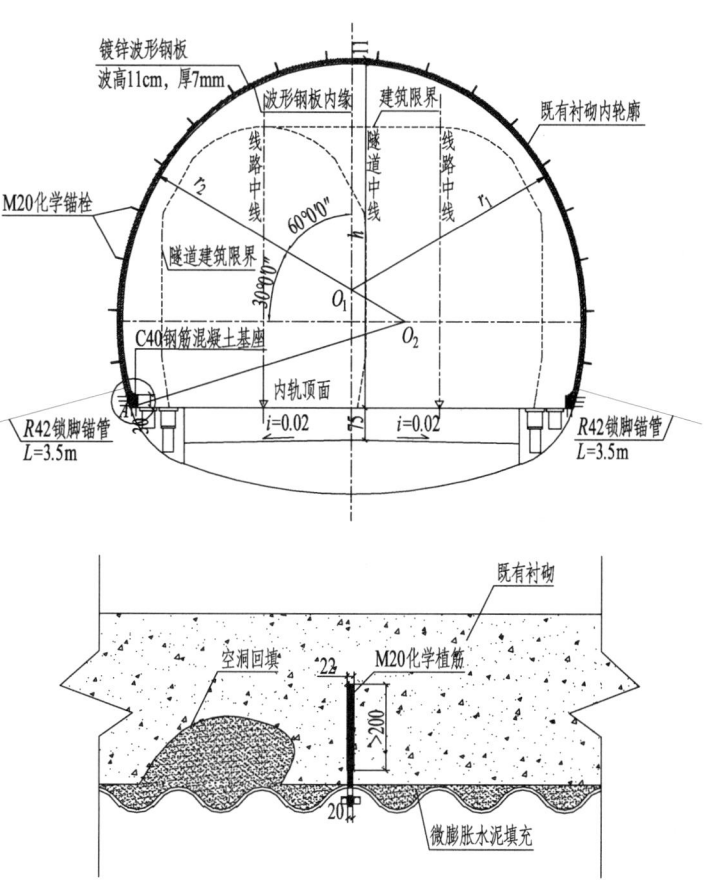

图 4.3 波纹板套衬加固

2）具体整治方案

（1）波纹板材料。

①采用的高分子聚合物波纹板结构，钢材性能、尺寸、外形、重量及允许偏差应符合国家标准《连续热镀锌和锌合金镀层钢板及钢带》(GB/T 2518)的要求，波纹板材质不低于Q345。

②波纹板高分子聚合物单面涂层厚度1.5 mm，考虑接触网电压27.5 kV，为防止钢板被击穿，要求涂层临界介电强度不小于18.34 MV/m。

（2）波纹板结构。

①波纹钢板件长度和宽度是根据钢板尺寸及吊装、运输和拼装环境条件等情况所确定的。

②波纹板波形参数（波高、波距以及回转半径等）是基于隧道建筑限界以及结构受力而确定的。

③波纹板加工时，根据设计的弧长、波形参数等确定的螺栓孔位，螺栓孔位置需偏离最大应力集中区。

④为了减小波纹板搭接处累积板厚造成的尺寸效应，进而方便安装，在不影响结构受力的情况下，可对板脚位置进行切除处理。

⑤波纹板外包涂层设计主要考虑了防腐、绝缘以及耐磨等性能。

（3）波纹板连接件。

①拼装波纹板连接件采用承压型高强度螺栓、螺母、强度等级不低于10.9级，高强度螺栓、螺母规格为M24，螺栓长度宜为30~75 mm。其性能指标应符合《钢结构用高强度大六角头螺栓连接副》(GB/T 1231)的要求。

②波纹钢板件拼装时，每个块板件之间应采用法兰连接，并用高强度螺栓连接，不得采用焊接，连接位置设计防松动垫圈。

③为了安装方便以及精确对位，每片波纹板环向螺栓孔直径可适当增大，连接螺栓垫片也可采用波纹板板材。

（4）波纹板结构防腐措施。

①采用低合金钢的波纹钢板件及高强度螺栓、螺母，出厂前应进行防腐处理。波纹板采用高分子聚合物进行防腐，喷涂高分子材料前应对波纹板表面进行喷砂、除锈处理，涂层均匀、美观、无流挂。除锈等级不低于Sa2.5，喷涂的高分子涂层单面厚度不小于1.5 mm，涂层表面应均匀光滑、连续、肉眼少见可分辨的小孔、空间、孔隙、裂缝、脱皮及其他缺陷。

②高强螺栓、垫圈等采用电镀锌处理，电镀锌符合国家标准《金属及其他无机覆盖层 钢铁上经过处理的锌电镀层》(GB/T 9799)中的规定；其余未注明加工部件采用热镀锌防腐，热镀锌符合国家标准《金属覆盖层 钢铁制件热浸镀锌层 技术要求及试验方法》(GB/T 13912)中的规定，热镀锌等级不低于AB级。

（5）波纹板结构接地措施。

波纹板结构应按照工务、供电要求进行接地处理，主要采用连接导线通过波纹板螺栓孔将波纹板绝缘端子相连接或利用架空地线进行。

①将波纹板与既有绝缘端子通过钢筋进行连接，连接钢筋植筋不小于$\Phi 20$，纳入隧道既有综合接地系统。若既有绝缘端子存在且满足电阻值要求时可采用将波纹板与既有桥隧型绝缘端子连接的方案进行接地处理。将分支引接线的一端与既有电缆槽外侧的桥隧型绝缘端子进行连接，分支引接线另一端通过L形或者直线形连接器与波纹板进行连接。

若既有绝缘端子前期未施作、损坏以及电阻值不满足要求时可采用将波纹板与既有架空地线连接的方案进行接地处理。利用接线夹将既有线架空地线与分支引接线一端连接,分支引接线另一端通过 L 形或者直线形连接器与波纹板进行连接。

②波纹板拱顶最低距接触网线不小于 500 mm,以保证运营施工安全。

(6)波纹板结构过渡措施。

波纹板套衬施工对挂在隧道侧壁上的电力照明、通信电缆以及灯具都有影响,根据施工进度,对照明电缆逐步分段拆除固定卡扣,移设时需保证管内电缆不损坏、移设后弯曲半径满足要求。

施工前先实测原隧道壁上电线、电缆卡扣的位置,提前在对应卡扣位置波纹钢板预留直径 17 mm 的通孔(纵向间距约 1 m),施工完成后利用化学锚栓对电缆等进行恢复。

(7)波纹板结构施工工艺要求。

①施工前准备:备齐安装工具、安装所需配件、套筒扳手、定扭电动扳手、定扭扳手、钢绞线、缆绳,备足脚手、跳板、电源等设备。检验拼装波纹板结构是否与该工点符合。

②定位放线:依据实测断面,确定波纹板底部标高,确保波纹板与隧道衬砌内表面密贴。

③临时固定:根据板材的受力特征,在不同标高位置植入化学锚栓,用于后期拼装波纹板吊装使用,植入深度不小于 20 cm,单根植筋拉拔力不小于 5.0 kN。

④拼装波纹板:分片拼装波纹板时,依据施工能力以及施工安全要求,确定合理的拼装顺序,一般采用两侧同步安装方式进行拼装,必要时采用撬棍进行校正,确保螺栓孔位准确对位。

⑤螺母紧固:隧道拼装全部完成后,应先检查钢波纹板隧道线形,若满足要求时,再用定扭气动扳手按预定扭矩紧固所有螺栓,保证波纹的重叠部分紧密嵌套在一起,每个螺母的初拧扭矩不得小于 330 N·m,施工扭矩不小于 660 N·m,用机动扳手时拧扳时间应持续 2~5 s。此后以此方式依次连接。

⑥锁脚锚管施工:采用直径 42 mm 锁脚锚管将波纹板与衬砌进行连接,锁脚锚管为直径 42 mm 热轧无缝钢管,壁厚 3.5 mm,长 3.5 m,管内注 M20 水泥砂浆,墙脚底基础板片结合预留孔每侧设两根。

⑦接缝处理:外圈搭接处螺栓拧紧并符合要求后,为防止波形钢板板缝和螺栓孔处渗水,在法兰连接处和螺栓孔处采用专用密封材料密封,以防波纹板连接处渗水。

⑧基础施作:按照设计要求,绑扎钢筋笼,最后浇筑 C40 混凝土或不低于此强度等级的灌浆料。

⑨质量检验:为保证达到螺栓扭矩的要求值,在背后注浆前随机抽取结构上纵缝 2% 的螺栓,用定扭扳手,定预紧力矩(660±66)N·m 进行抽检试验。如果有一任意试验值超过了给定的扭矩范围,则应抽检纵向和环向接缝所有螺栓的 5%。如果上述试验 90% 以上满足要求,则认定安装是合格的;否则应重新复核,以确定扭矩值是否满足要求。

(8)波纹板背后缝隙及空洞注浆。

①注浆材料:为保证波纹板与既有衬砌结构成为整体结构从而达到共同受力的要求,波纹板与衬砌背后空隙设计采用微膨胀水泥浆进行填筑。

②注浆工艺:

a. 安装板材预留注浆孔,安装 0.5 m 长的直径 42 mm 注浆软管;

b. 注入水料比为 0.18~0.25 的隧道加固灌浆料(微膨胀型),注浆压力为 0.1~0.2 MPa;

c. 注浆完毕后,用速凝水泥封孔。

③注浆施工要求:

a. 注浆顺序按照边墙、拱腰、拱顶的顺序,即先下后上的次序进行;

b. 注浆前应进行压水试验,检查机械设备是否正常,管路连接是否正确,为加快注浆速度和发挥设备效率,可采用群管注浆(每次 2~3 根);

c. 注浆过程中要随时观察注浆压力及注浆泵排浆量的变化,分析注浆情况,防止堵管、跑浆、漏浆。

④注浆控制标准:

a. 单孔结束标准:

(a)注浆压力逐步升高至设计终压,并稳定 10～17 min;

(b)注浆量不小于设计注浆量的 80%;

(c)进浆速度为开始进浆速度的 1/4。

b. 全段结束标准:

(a)所有注浆/锚杆孔均已符合单孔结束条件,无漏注现象;

(b)浆液有效注入范围大于设计值。

4. 钢板+型钢钢架整治方案

1)一般要求

钢板+型钢钢架主要用于衬砌严重裂损,承载力不足,净空受限以及评定为"严重或极严重"等情况。

型钢钢板支护断面如图 4.4 所示,型钢与钢板、基础连接如图 4.5 所示。

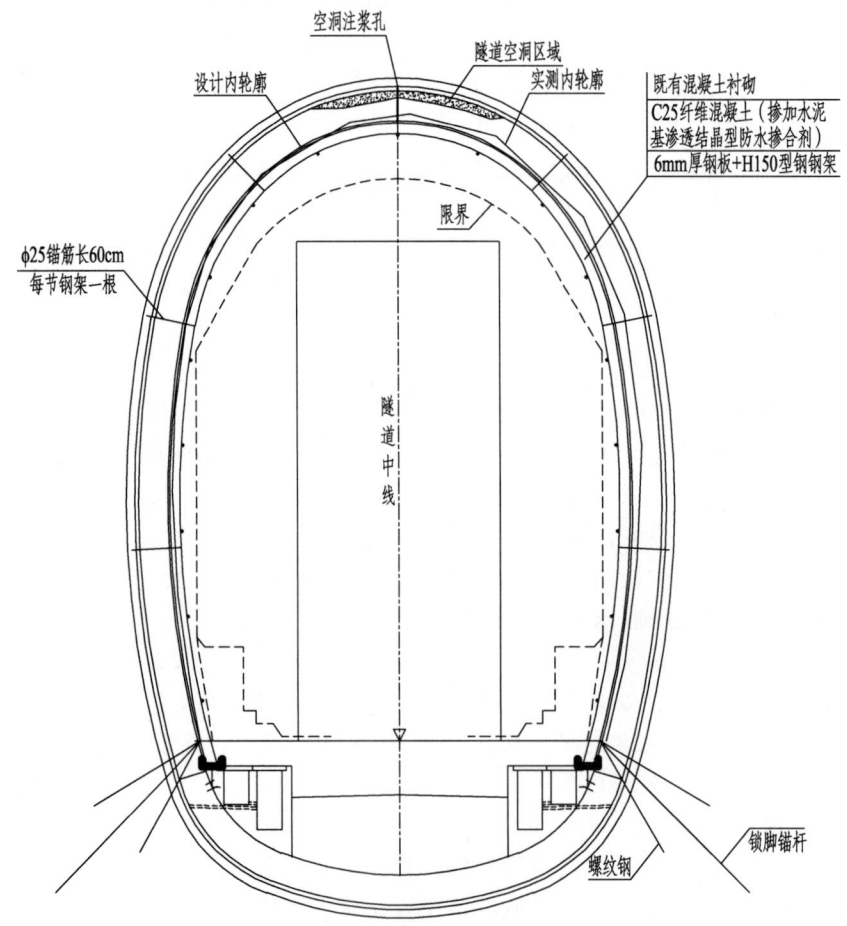

图 4.4 型钢钢板支护断面

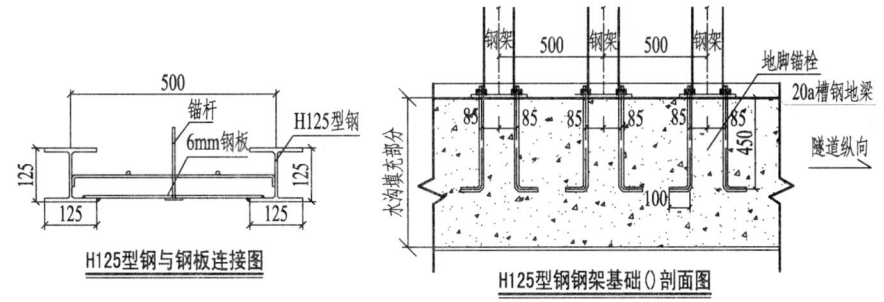

图 4.5 型钢与钢板、基础连接（单位：mm）

2）具体整治方案

（1）施工前应钻孔验证，进一步确定缺陷范围。

（2）施工前，于加固段前后 2 m 范围拱墙设置 H125 型钢钢架临时支护，间距 1 m/榀，钢架间采用 ⏀22 纵向连接钢筋，连接钢筋环向间距 1 m，钢架基础通过预埋地脚螺栓与 [20a 型钢地梁及基础连接；再调整系统锚杆的间距，用 ⏀25 锚杆固定型钢钢架。最后施作锁脚钢筋及锁脚锚杆。

（3）相邻型钢纵向采用 6 mm 厚钢板焊接连接，形成封闭的拱墙结构，既有衬砌与钢板间喷 C25 纤维混凝土（掺加水泥基渗透结晶型防水掺合剂）填充，并迎水面应涂防锈层。

（4）局部钢架与既有衬砌发生侵限时，局部凿除混凝土结构应致密，不留有松散、气泡、裂隙等结构，然后采用钢丝刷清理后用水冲洗，并在施工期间保持壁面洁净。凿毛标准为凹凸差不小于 10 mm 的粗糙面。

（5）每榀钢架施作完成后，测量人员对整治段净空进行检查，并用红油漆对欠挖部位进行标识。采用破碎锤对欠挖部位进行扩挖修整，确保隧道内净空限界符合设计要求。

（6）拆换施工前后及施工过程中，应加强加固段及相邻段落的洞内变形观测，一旦发生异常，应立即采取临时钢架等应急措施，以确保安全。

5. 锚杆+钢带加固方案

1）一般要求

（1）锚杆+钢带加固方案主要适用于衬砌局部脱落或强度、厚度不足，隧道净空富余量较小以及评定为"较严重或严重"等情况。

（2）锚杆+钢带加固方案宜采用全断面条带状设置，布设范围宜延伸至加固段落外 1～2 m，W 钢带宽度宜为 200～300 mm，厚度宜为 3～5 mm，如图 4.6 所示。

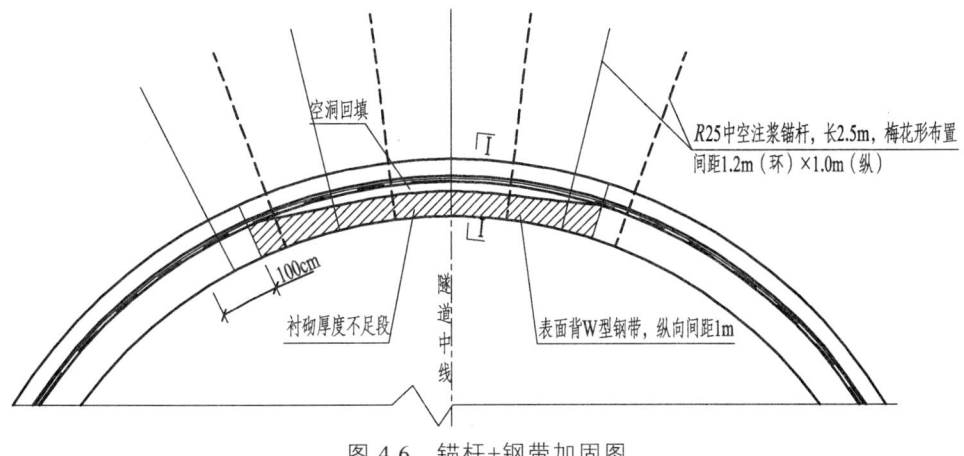

图 4.6 锚杆+钢带加固图

（3）相邻两环钢带的接头应环向错开，距离不小于 500 mm。
（4）锚固件应采用胶黏型锚栓、后扩底锚栓或锚杆，不得采用膨胀型锚栓作为连接件。
（5）当采用粘贴加压的锚栓，其中心间距宜为 300~500 mm，锚固深度不应小于 10 倍锚栓直径。
（6）采用锚杆（管）对围岩注浆加固时一般宜符合以下要求：

①注浆材料宜选用普通水泥浆、水泥-水玻璃浆，特殊条件下可选用其他浆液。比如当地下水较大时，应结合堵水要求，选用水泥-水玻璃浆液或水溶性聚氨酯浆液等高分子堵水注浆材料；中、细、粉砂层及细小裂隙岩层、断层泥地段隧道，宜采用渗透性好、环保及遇水膨胀的化学类浆液。

②配合比宜根据浆液种类、胶凝时间。地质条件等因素，通过现场试验确定，并符合下列要求：

a. 普通水泥浆液的水灰比应介于 0.5∶1~1∶1.2。
b. 水泥-水玻璃浆液中水泥浆与水玻璃的体积比宜为 1∶0.3~1∶1，水泥浆液的水灰比宜为 0.5∶1~1.5∶1，水玻璃模数宜为 2.4~3.2，浓度不宜小于 40°Be。
c. 超细水泥浆水灰比宜为 0.5∶1~1∶1。

③注浆孔宜采用梅花形布设，孔深不宜小于 4 m，间距宜为 0.75~1.5 m。

④注浆压力宜根据静水压力浆液种类、地质条件等因素通过现场试验确定，并符合下列要求：

a. 注浆压力宜采用 0.5~1.5 MPa，不影响结构安全时，黏度高的悬浊液宜采用高压；渗透性好的化学浆在满足注浆扩散半径条件下，宜采用较低压。
b. 有堵水要求时，注浆压力一般比静水压力大 0.5~1.5 MPa；当静水压力较大时，注浆压力宜为静水压力的 2~3 倍。
c. 湿陷性黄土地区，化学浆液宜低压慢注，注浆压力宜为 50~300 kPa。
d. 注浆管应采用钢管，管径宜采用 42~50 mm，壁厚不宜小于 3.5 mm。
e. 注浆量应根据围岩岩性、孔隙率及扩散半径等因素计算确定。
f. 注浆通常采用先两端、后中间的施工顺序；若注浆范围有封浆条件时，也可采用先中间、后两端的顺序。
g. 隧道围岩注浆时，宜根据水文地质条件预留排水孔。

2）具体整治方案

（1）钢带安装之前，须将衬砌内表层打磨平整，用高压水、高压风吹净晾干，常用的 W 钢带具体技术参数如表 4.4 所示；
（2）根据需要在钢带上开孔；
（3）根据钢带上开孔，放样锚管孔位，施作锚管钻孔；
（4）设置钢带，利用锚管固定，锚杆长 2.5 m，锚杆端头设置垫板（150 mm×150 mm×6 mm），拧紧螺母，采用水泥砂浆将垫板盖住，仅留锚杆头在外；
（5）通过锚杆进行注浆，先注超细水泥浆，再二次压注环氧树脂砂浆封水，前期压力 0.2~0.3 MPa，后期压力 0.3~0.5 MPa，锚杆间距 1.2 m×1.0 m，长 2.5 m。病害位置处有接触网吊柱等既有设备时，在不减少锚杆和钢带数量的前提下，可适当调整锚杆与钢带的位置，防止加固锚杆（钢带）与既有设备冲突；
（6）注浆完成后，将外露部分的锚杆头切割掉。
（7）为确保锚固质量，应采用拉拔计对锚杆抗拔力进行检查，且锚杆抗拔力不小于 50 kN，抽检数量不小于5%，每组不少于 3 根；

（8）钢带、外露锚杆头、垫板应进行热浸镀锌处理，镀锌层平均厚度不小于70 μm。

表4.4　W钢带技术参数

材质	展宽/mm	宽/mm	W钢带技术参数高/mm	孔径/mm	厚/mm	重量/（kg/m）	拉断力/kN
Q235	315	300	23	40	3	7.4	315

（二）衬砌内或衬砌背后脱空整治措施

《铁路运营隧道衬砌安全等级评定暂行规定》规定衬砌背后未回填深度及直径大于10 cm，即属于有空洞；否则，视为不密实。衬砌背后脱空或不密实是隧道病害中很普遍的现象，产生空洞的原因有很多，如超挖回填不密实，塌方处理不彻底，混凝土收缩，混凝土灌注工艺不到位，水土流失，地质运动等。衬砌背后存在空洞，会使脱空区衬砌失去围岩抵抗力导致衬砌受力不均，还可能导致附近围岩松动产生松弛土压，甚至掉落冲击衬砌，单侧拱腰或边墙出现大范围空洞还可能导致衬砌受偏压作用。可见空洞会直接影响衬砌结构的受力状态，从而影响其承载力和安全性。对衬砌背后脱空或不密实为轻微级的，可不予处理，较严重级及以上的应予以处理，处理的措施主要以回填注浆为主。

1. 整治原则

（1）衬砌背后空洞整治方案总体整治原则应满足表4.5要求，空洞整治示意见图4.7。

表4.5　隧道衬砌背后空洞整治

类型	工况		措施
钢筋混凝土	$h_{min}>20$ cm		注浆填充
	$h_{min}\leq 20$ cm	$S\leq 2$ m²	凿除嵌补
		$S>2$ m²	套衬或锚杆+钢带处理后注浆填充
素混凝土	$h_{min}/h>0.7$		注浆填充
	$h_{min}/h\leq 0.7$		套衬或锚杆+钢处理后注浆填充

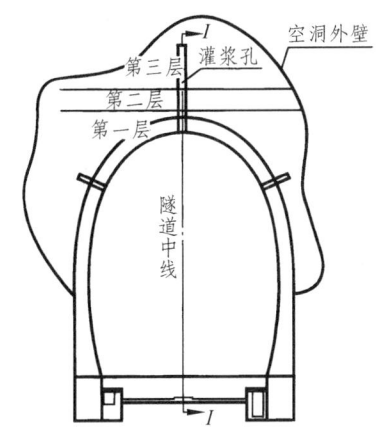
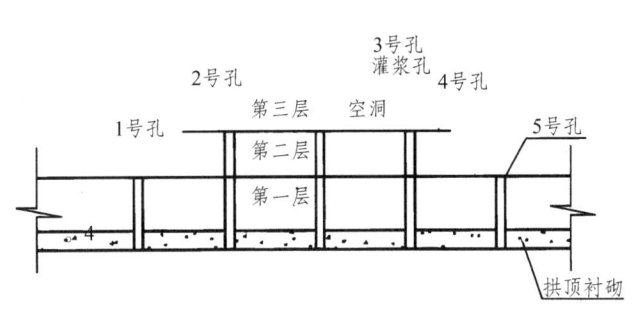

图4.7　空洞整治示意

（2）注浆材料宜采用微膨胀水泥砂浆，水泥砂浆的水灰比宜为0.8∶1~1∶1，水泥和砂的比率宜为1∶0.5，且水泥砂浆的掺砂量不宜大于水泥质量的2倍。

（3）应根据衬砌厚度和配筋情况等确定注浆压力，一般素混凝土衬砌不宜大于0.1 MPa，钢筋混凝土衬砌不宜大于0.2 MPa。

（4）注浆孔深度设计应符合下列规定：

①注浆填充二次衬砌与初期支护之间的空洞时，孔深设计不宜穿过防水层。

②注浆填充初期支护与围岩之间的空洞时，孔深设计宜深入空洞不小于2/3处。

2. 整治方案

1）施工前调查、检测

回填注浆前，应对衬砌背后空洞及衬砌进行详尽调查，以确认是否适宜直接回填注浆，主要调查内容如下：

（1）衬砌背后空洞的大小及范围。

在衬砌内表面间距3~5 m布置纵向和环向雷达测线，采用超声波检测空洞区域，再用风钻钻孔验证空洞的深度。

（2）衬砌状态。

采用地质雷达，检测二次衬砌的厚度，并与设计厚度对比；采用混凝土强度检测仪检测混凝土强度值，并与设计强度对比；观察衬砌内表面是否有碳化、裂纹、掉块、腐蚀等情况。据此判断是否要先采用锚杆、钢带、钢架进行结构补强后再回填注浆。

（3）地质及围岩情况。

调查衬砌背后围岩等级及岩性，判断回填注浆的必要性及紧迫性。

（4）涌水状况。

调查衬砌背后是否含水或存在涌水，根据水量、水压情况选择注浆材料及注浆压力。含水地段应先采用钻孔引排方法降低水位。

2）回填注浆

（1）注浆材料。

注浆材料应结合空洞大小、涌水状况、地质条件、经济性等因素选择最合适的材料。注浆材料应有一定的流动性，能够均匀充填空隙，并能传递因位移、变形产生的反力，一般不需要很高的强度。

对衬砌背后少水的空洞，一般采用微膨胀水泥浆或水泥砂浆。在有水地段，多采用双液浆，提高胶凝时间，如采用水泥-水玻璃双液浆，但水玻璃耐久性差，要慎用；也可以采用聚合物水泥砂浆，即使在涌水中，也不会产生离析，是一种塑性压注材料。

对衬砌背后大空洞，如高度超过50 cm且腔间达到2 m³以上的，可先采用塑化型气泡混合轻质混凝土（湿重度≥9 kN/m³，抗压强度≥7.5 MPa）充填，再用水泥浆或水泥砂浆密实。气泡混合轻质混凝土未进行注浆试验前可按照下列参数配比：水灰比为50%，气泡浆液体积比为65%。

（2）注浆压力。

注浆压力应充分考虑注浆材料、施工方法以及对缺陷衬砌及近接结构物的影响。无水地段，注浆压力以 0.1~0.2 MPa 为宜；有涌水压地段，应优先选择钻孔排水降低水位、水压，再进行注浆，确实不能排水降压的，注浆压力应考虑水压，且注浆前应对衬砌进行临时支撑防护，确保衬砌安全。

（3）注浆孔与注浆管。

注浆孔采用风钻钻孔。注浆孔的设置，一般以易于产生空隙的拱顶为中心，根据空隙的状态沿周边设置，注浆孔间距 0.75~1.5 m，梅花形布置。拱顶附近的注浆孔应先打，将其作为排气孔和检查孔，了解充填状态。

注浆管通常采用直径 40~60 mm 的钢管或硬质塑料管，注浆填充二次衬砌与初期支护之间的空洞时，孔深设计不宜穿过防水层。注浆填充初期支护与围岩之间的空洞时，孔深设计宜深入空洞不小于 2/3 处。

注浆结束后，向注管内压注微膨胀水泥填充，待其凝固后，切除钢管端部与衬砌表面齐平，两侧 20~30 cm 的衬砌表面涂刷改性环氧树脂涂料 2 次。

（4）注浆施工注意事项：

①注浆管应埋入衬砌，不得外露，以防侵限。

②注浆前应进行注浆试验，用秒表记下注入和流出时间，据此确定注浆量、注浆压力，检查管路设备运行情况。在注浆过程中，可根据实际情况适当调整注浆参数。

③沿隧道轴线分左右逐段压注，其程序：由两端向中央，由左、向右，由低处向高处依次注浆。

④注浆是一项连续作业，不得任意停泵，以防堵塞管路。

⑤注浆时应时刻注意注浆压力、衬砌变形观察和储浆筒的浆液下降情况。当注浆压力稳定上升达到设计压力后稳定 10 min，不进浆或进浆量很少时，即可停止注浆，进行封孔作业。若注浆时间较长而不升压，可能浆液流窜太远，应缩短浆液凝胶时间或停注，若跑浆严重，可间歇注浆。

⑥注浆期间应有专人记录浆液消耗量，注浆时间及注浆压力等数据。

⑦回填注浆后，从拱顶检查孔检查注浆填充情况。必要时钻孔取芯验证注浆效果。

⑧注浆过程中应密切注意衬砌情况，一旦出现变形，应立即停止注浆，并采取相应措施。

⑨衬砌缺陷或病害达到严重、极严重级时，回填注浆前应架设钢拱架进行临时防护，确保衬砌安全。

⑩注浆过程中应严密观察衬砌状况，若发现衬砌有异常、变形、开裂或已有裂纹有加速发育趋势等，应立即停止注浆，并向上级领导汇报。

⑪若发现衬砌厚度不足，必须在欠厚整治完成后再进行衬砌背后注浆。

（三）衬砌裂缝整治

1. 裂缝表面封闭方案

1）一般要求

（1）适用于宽度≤0.2 mm 的裂缝。

（2）封闭材料宜采用低黏度、渗透性良好的裂缝封闭胶。

（3）封闭宽度范围≥50 mm。

2）整治方案

裂缝表面封闭如图 4.8 所示。

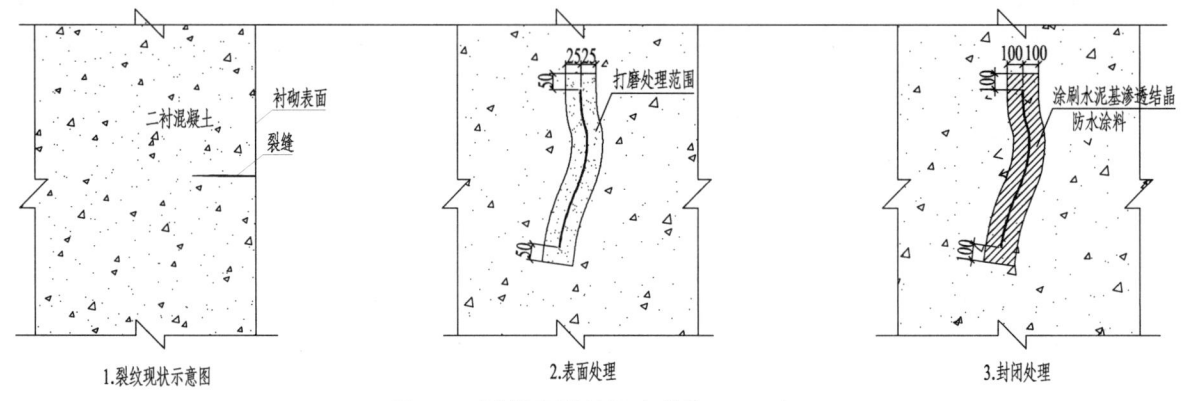

图 4.8 裂缝表面封闭（单位：mm）

（1）测定裂缝宽度，确定裂缝长度。

（2）用喷砂机或打磨机打磨平整，直至露出坚实的骨料断面，并用钢丝刷及压缩空气将混凝土碎屑粉尘清除干净，处理范围为裂缝两侧 25 mm、端头 50 mm。

（3）沿裂缝两侧各 100 mm 范围内涂刷水泥基渗透结晶防水涂料进行表面封闭处理。涂刷时宜按照由高到低、由内向外的顺序进行施工，涂刷第一遍的材料用量不宜小于总用量的 1/2，两遍涂刷的时间间隔宜为 0.5 h ~ 1 h。

（4）整治前应对裂缝进行观测，裂缝情况发展稳定后，再对裂缝进行整治。

3）注意事项

（1）喷涂水泥基渗透结晶型材料前应清洁二衬混凝土表面，应确保混凝土表面干净湿润，但不应有明显的水印。

（2）水泥基渗透结晶型材料喷涂后，40 min 开始初凝，8 h 后开始固化，此时应及时喷雾进行养护，但严禁喷水冲刷以防止活性材料的流失。养护次数不得小于 3 ~ 5 次/d，养护时间为 3 ~ 5 d。

（3）涂料边界距裂缝边缘应不小于 10 cm；水泥基渗透结晶型材料用量一般为 1 ~ 2 kg/m²。若采用机械喷涂时，其与水的比例为 1∶0.5，采用人工刮涂时，其与水的比例为 1∶0.3，喷涂及刮涂的厚度 1 ~ 2 mm 并不少于 2 遍。

2. 裂缝注浆封闭方案

1）一般要求

（1）适用于 0.2 mm<宽度≤3 mm 的裂缝。

（2）注射材料宜采用低黏度、可注性好的改性环氧树脂类、改性聚氨酯类胶液。

（3）注射孔可采用骑缝或斜缝布置方式，孔间距宜为 100 ~ 500 mm；注射压力宜为 0.1 ~ 0.3 MPa。

2）整治方案一

整治方案一适用于隧道衬砌裂缝处表面潮湿而无明水情况，裂缝注浆封闭示意如图 4.9 所示，具体方案如下：

（1）把裂缝两边各 25 mm 宽范围内衬砌表面刷洗干净，清除松动混凝土块；

（2）沿裂缝间隔 200 ~ 300 mm 贴一处胶带（宜布置在裂缝较宽的位置或交叉部位），涂 J-1 快干型封缝胶两道；

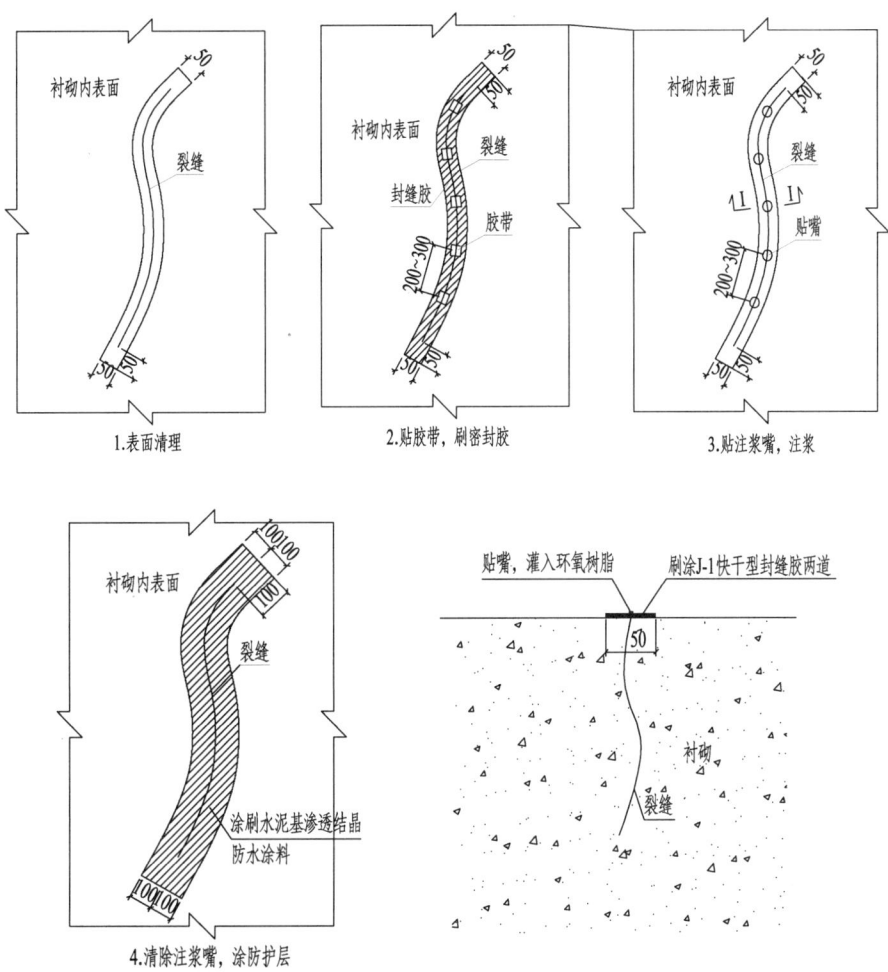

图 4.9 裂缝注浆封闭（单位：mm）

（3）封缝胶固化后揭除胶带，安设注浆嘴，灌注环氧树脂；
（4）待树脂固化后，拆除灌浆嘴并清理表面封缝胶；
（5）沿裂缝两侧各 100 mm 范围内涂刷水泥基渗透结晶防水涂料，厚度不小于 2 mm。

3）整治方案二

整治方案二适用于隧道衬砌一般裂缝处表面有明水渗出，但未出现流淌的情况及衬砌外单个滴水点，但滴水速度极缓慢的情况，裂缝注浆封闭示意如图 4.10 所示，具体方案如下：

（1）把裂缝两侧或滴水点四周各 25 mm 宽范围内衬表面刷洗干净，清除松动混凝土块；
（2）在裂缝两侧或滴水点四周上涂 J-1 快干型封缝胶两道；
（3）在外侧 250 mm 处钻孔，两侧交叉布置，斜穿裂缝，垂直深度宜为混凝土结构厚度 h 的 1/3～1/2，孔径不宜大于 20 mm，斜孔倾角宜为 45°～60°；
（4）通过注浆嘴往钻孔内注环氧树脂注浆嘴深入钻孔的深度不宜大于钻孔长度的 1/2，待树脂固化后，拆除灌浆嘴并清理表面封缝胶；
（5）沿裂缝两侧各 100 mm 范围内涂刷水泥基渗透结晶防水涂料，厚度不小于 2 mm，用量不应小于 1.5 kg/m²。
（6）环氧树脂灌浆材料在潮湿环境下应能较好固化。

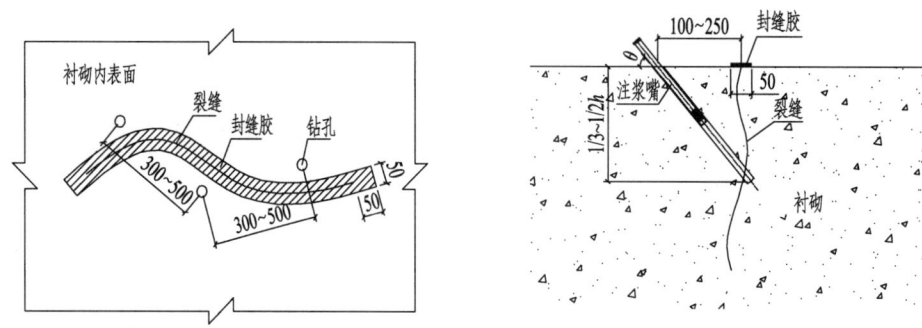

图 4.10 钻孔注环氧树脂整治（单位：mm）

4）整治方案三

整治方案三适用于有补强要求的裂缝渗漏，采用钻孔注环氧树脂方法进行整治，裂缝注浆封闭示意如图 4.11 所示，具体方案如下：

（1）把裂缝两侧或滴水点四周各 25 mm 宽范围内衬表面刷洗干净，清除松动混凝土块。

（2）在裂缝两侧或滴水点四周上涂 J-1 快干型封缝胶两道。

（3）在外侧 250 mm 处先钻斜孔，两侧交叉布置，孔径不宜大于 20 mm，斜孔倾角宜为 45°~60°，斜穿裂缝，并注入聚氨酯灌浆材料止水，钻孔垂直深度不宜小于结构厚度的 1/3。

（4）再二次钻斜孔，注入环氧树脂材料，钻孔垂直深度不宜小于结构厚度的 1/2，待树脂固化后，拆除灌浆嘴并清理表面封缝胶。

（5）沿裂缝两侧各 100 mm 范围内涂刷水泥基渗透结晶防水涂料，厚度不小于 2 mm。

（6）环氧树脂灌浆材料在潮湿环境下应能较好固化。

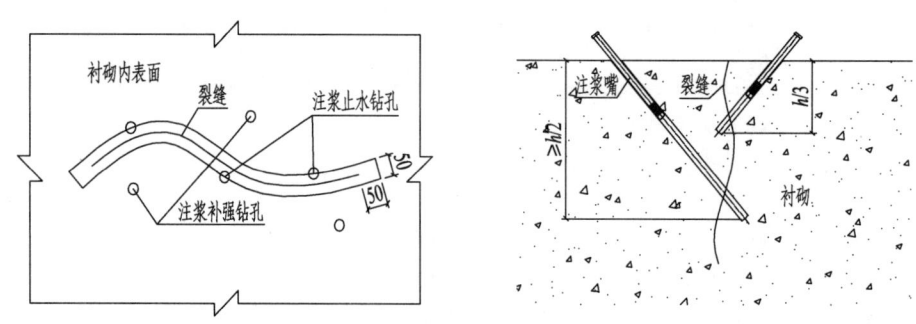

图 4.11 钻孔注环氧树脂整治（单位：mm）

5）整治方案四

整治方案四适用于施工缝，裂缝注浆封闭示意如图 4.12 所示，具体方案如下：

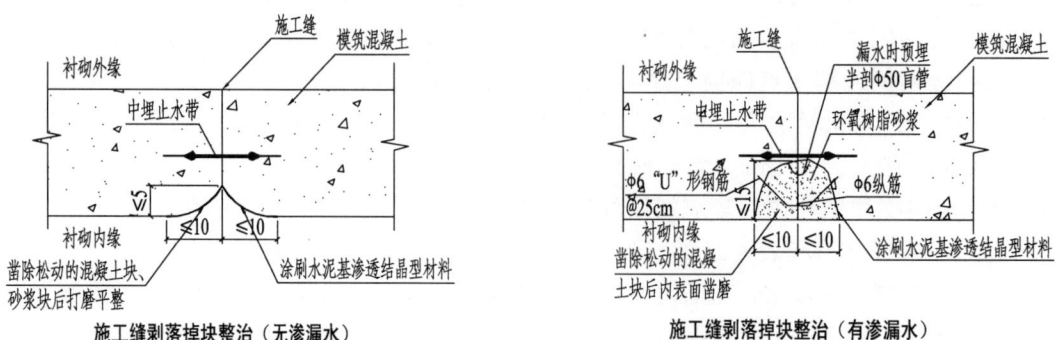

图 4.12 施工缝整治（单位：cm）

①无渗漏水的，凿除破损、松动的混凝土块或砂浆块后打磨平整，涂刷水泥基渗透结晶性材料。

②对施工缝破损并且有渗漏水时，凿除破损、松动的混凝土块或砂浆块，凿除宽度需按最大病害宽度凿除整齐，在形成的凿槽预埋半剖直径 50 mm 盲管，引至排水沟；植入 Φ6 U 形钢筋，钢筋锚固孔斜向 60°，环向间距 25 cm，采用 A 级胶锚固，然后以 U 形钢筋为依托布置纵向 Φ6 钢筋；布设钢筋后，采用环氧树脂填塞平整，施工中应确保不破坏止水带。

6）整治方案五（变形缝）

整治方案五适用于渗水型变形缝，采用钻孔注浆方法进行整治，裂缝注浆封闭示意如图 4.13 所示，具体方案如下：

（1）把裂缝两侧或滴水点四周各 25 mm 宽范围内衬表面刷洗干净，清除松动混凝土块。

（2）在裂缝两侧或滴水点四周上涂 J-1 快干型封缝胶两道。

（3）在外侧 1 倍厚度处钻孔，两侧交叉布置，斜穿裂缝，垂直深度宜为混凝土结构厚度的 1/2，孔径不宜大于 20 mm，斜孔倾角宜为 45°~60°。

（4）灌浆材料固化后，拆除灌浆嘴并清理表面封缝胶。

（5）沿裂缝两侧各 100 mm 范围内涂刷水泥基渗透结晶防水涂料，厚度不小于 2 mm。

（6）环氧树脂灌浆材料在潮湿环境下应能较好固化。

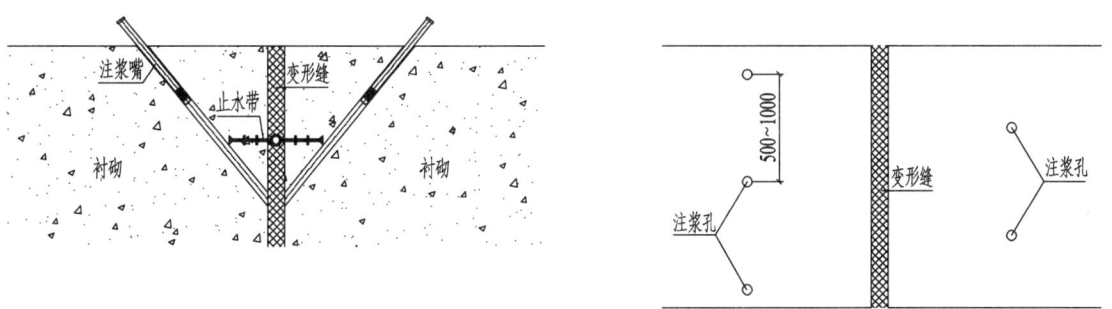

图 4.13 变形缝整治（单位：mm）

3. 结构受力裂缝方案

1）一般要求

如图 4.14 所示的裂缝凿除植筋方案适用于裂缝深度≥衬砌厚度 25%，长度≥3 m 的边墙纵向受力裂缝。

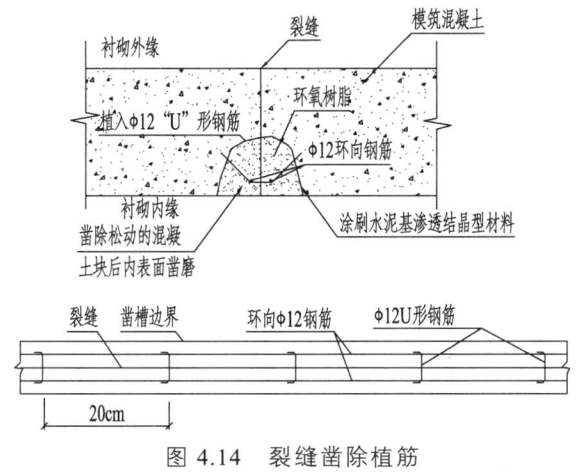

图 4.14 裂缝凿除植筋

2）整治方案一

彻底凿除破损、松动的混凝土块或砂浆块，凿除宽度需按最大病害宽度凿除整齐，在形成的凿槽侧面植入 U 形 Φ12 钢筋，锚固深度不小于 20 cm，钢筋锚固孔分别为直孔和斜向 60°孔，环向间距 20 cm；以 U 形钢筋为依托布置 2 根环向 Φ12 钢筋；布设钢筋后，采用环氧树脂填塞平整；最后用钢丝刷清理表面。植筋采用 A 级胶锚固，应确保锚固牢固可靠。

3）整治方案二

整治方案如图 4.15 所示，主要工艺流程为：钻孔→清理裂缝→插入 Φ4 注胶管→压注弹性环氧结构胶→Φ25 中空注浆锚杆→切割锚杆外露端头，涂刷改性环氧树脂涂料。

（1）钻孔压注环氧结构胶。

（2）在裂缝两侧打入 Φ25 中空注浆锚杆，锚杆沿裂缝两侧交错布置，距离裂缝 1 倍衬砌厚度，沿裂缝纵向间距为 1.2 m，沿裂缝两侧交错布置，注浆锚杆先注水灰比 0.5∶1（重量）的水泥砂浆（水压较大时，可压注水溶性聚氨酯），再二次压注环氧树脂砂浆封口。

（3）注浆完毕后，沿裂缝走向在两侧 10~20 cm 的衬砌表面涂刷改性环氧树脂涂料 2 次。

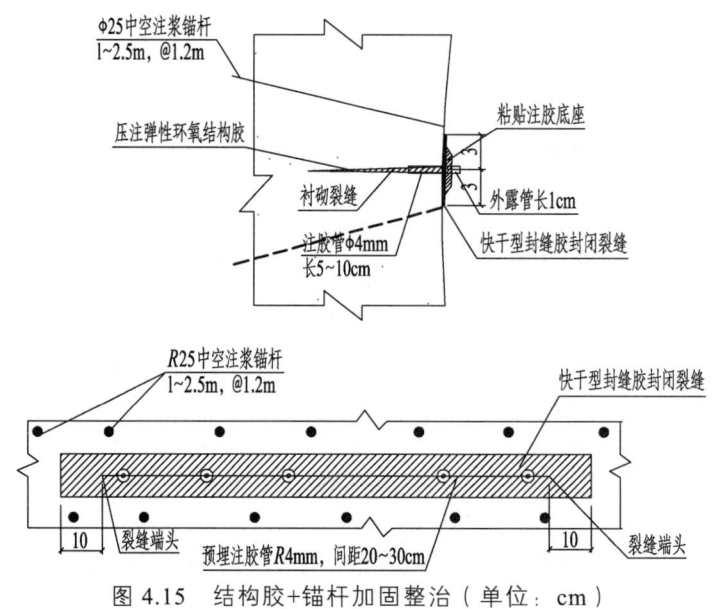

图 4.15　结构胶+锚杆加固整治（单位：cm）

（四）水害整治

1. 整治原则

水害是运营隧道的主要病害之一，也是隧道整治的重点。运营隧道水害包括：隧道（拱墙）衬砌水害、隧道基底水害、高寒地区隧道冻害等。

（1）应根据水文地质条件、渗漏水程度等，遵循堵排结合、综合治理的原则确定渗漏水整治方案。

（2）当渗漏水严重且排水对环境影响较大时，宜先进行围岩注浆堵水，再进行结构渗漏水整治。

（3）水害整治应遵循"堵排结合、因地制宜、刚柔相济、综合治理"的原则。对于变形缝渗漏治理，应考虑所用防水材料需要满足变形缝伸缩、沉降等性质，即需要有一定的弹性变形能力；对于施工缝，注意要拱堵墙排；对于宽度较大的裂缝，应注意所用材料需要有补强功能；对于大面积的渗漏水，除了要注重采取"拱堵墙排"措施外，还要在边墙底部增设泄水孔等排水设施。

（4）渗漏水治理时应掌握工程原防、排水系统的设计、施工及曾经的堵漏资料，还应向原施工单位详细了解渗漏水情况。

（5）治理施工时应按先拱、后墙、再底板的顺序进行，应尽量少破坏原有完好的防水排水系统。

（6）有降水和排水条件的隧道，治理前应做好降水和排水工作。

（7）治理过程中应选用无毒、低污染的材料。

（8）治理过程中的安全措施、劳动保护必须符合有关安全施工技术规定。

（9）采用导水法、止水法等进行渗漏水整治后，衬砌表面宜进行喷射法或涂层法处理，喷、涂层范围宜向开槽两侧延伸不小于 50 nm。

（10）止水法可分为沟槽充填止水和沟槽注浆止水两种形式，其中沟槽开口宜为倒梯形槽，开槽尺寸不宜小于 50 mm × 50 mm（宽 × 深）；沟槽注浆止水设计应满足下列要求：

①注浆钻孔应位于沟槽底面，深度不宜超过衬砌厚度的 2/3。

②钻孔间距宜为 300 ~ 400 mm，孔径 20 ~ 25 mm。

③注浆材料宜采用水溶性聚氨酯浆液、丙烯酸盐浆液、超细水泥浆、环氧结构胶等，沟槽填充材料应具有与基面黏结强度高、抗渗性好和耐环境作用强。

④注浆压力宜为 0.1 ~ 0.3 MPa。

（11）导水管断面应具有一定富余量，管径不宜小于 50 mm。

（12）喷射法、涂层法宜选用与基面黏结强度高、抗渗性能好的防水砂浆、聚合物改性水泥砂浆及防水涂料等；其中掺加外加剂、掺合料的水泥基防水涂料厚度宜为 1.5 ~ 2.0 mm；水泥基渗透结晶型防水涂料厚度不应小于 0.8 mm；有机防水涂料厚度宜为 1.2 ~ 2.0 mm。

（13）泄水孔位置宜靠近边墙底部，钻孔内应设置排水管，并引至排水沟内，泄水孔深入围岩深度不宜小于 2 m。

（14）大面积渗漏水宜采用综合整治的方法。渗漏水状态为浸渗、滴漏时，宜采用导水法整治；渗漏水状态为涌流、喷射时，宜在降低水位后，采用导水法整治。当衬砌背后存在较大空洞时，宜采用衬砌背后空洞注浆进行整治，变形缝、施工缝处渗漏水整治应根据渗漏水情况采用导水法、沟槽注浆止水法等整治。具体可参照表 4.6 选用，其中渗漏水状态详见表 4.7。

表 4.6 渗漏水整治方法

方法	渗漏水状态			
	浸渗	滴漏	涌流	喷射
止水法	有条件适用	有条件适用	—	—
导水法	适用	适用	适用	适用
喷射法	适用	适用	—	—
涂层法	有条件适用	有条件适用	—	—
围岩注浆、衬砌背后空洞注浆	—	适用	适用	适用
降低水位法	—	适用	适用	适用

表 4.7 渗漏水状态

术语	定义	渗流量/(L/d)
浸渗	衬砌表面呈现明显色泽变化的潮湿痕迹及可观察到明显的流挂水膜范围	<3
滴漏	衬砌表面出现水珠，其滴落速度每分钟至少一滴	3≤渗流量<30
涌流	衬砌表面渗漏成线状	30≤渗流量<100
喷射	衬砌表面渗漏成喷射状	≥100

（15）对于隧道水害可进行分类别治理，根据水害发生部位以及形式分为：隧道（拱墙）衬砌水害（包括点状、缝状、面状漏水等）、隧道基底水害和高寒地区隧道冻害等。隧道水害治理的具体措施就是以排为主，排、堵、截相结合，综合治理，使之既能自成体系，又能互相配合，形成一个完整的隧道治水体系。在治理过程中要不断改进施工工艺，提高治理效果。隧道防排水如图 4.16 所示。

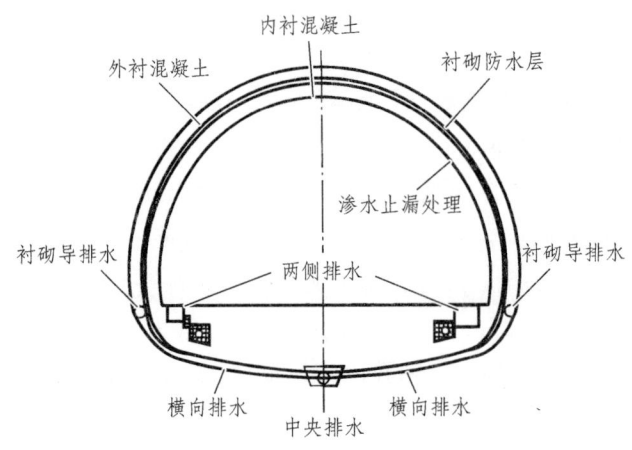

图 4.16 隧道防排水示意

2. 整治措施

隧道衬砌的水害现象一般表现为渗、滴、淌、涌四种：

"渗"——地下水从衬砌外向内润湿，使衬砌内出现面积大小不等的润湿，但水仍附着在衬砌的内表面；

"滴"——水滴间断地脱离衬砌落入隧底，有时连续出水，即滴水成线；

"淌"——漏水现象在边墙的反映，水连续顺着边墙内侧流淌而下；

"涌"——有一定压头的水外冒。

对于运营期隧道衬砌水害渗漏形式可分为：点状漏水、线状漏水和面状漏水。

1）点状漏水处理

点渗漏也可称为孔眼渗漏或集中渗漏。根据渗漏水压力的大小及混凝土结构的缺陷程度，对于整治点渗漏的措施，有表面封堵、浅孔注浆埋管引排三种方法，如图 4.17 和图 4.18 所示。

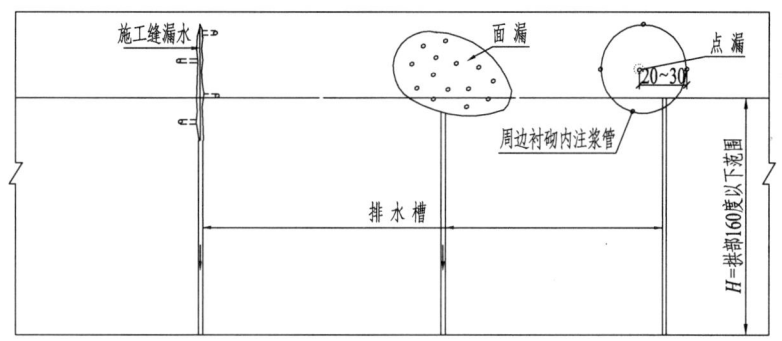

图 4.17 点状渗水注浆封堵纵剖面图

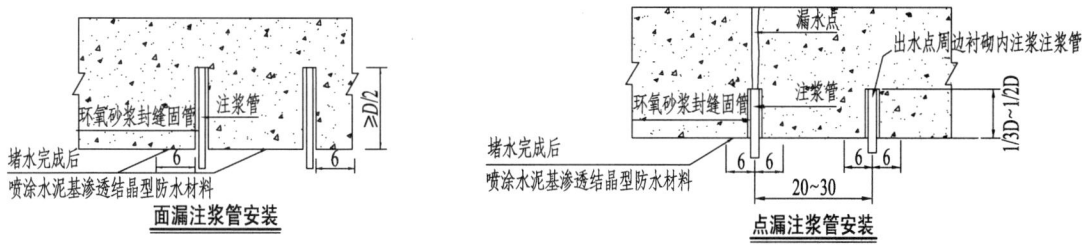

图 4.18 注浆堵漏详图（单位：cm）

(1) 表面封堵法。

①适用范围。

表面封堵法适用于衬砌表面存在范围小且有渗漏痕迹或无渗漏痕迹的部位。

②整治措施。

当隧道病害水压不大而混凝土结构密实性良好时，可采用表面封堵法。该方法首要任务是选择合适的直接堵漏材料。对表面封堵法所用材料的要求是：凝结速度快、高强微膨胀、抗渗性好、对基层黏结性好。主要施工工艺如下：

a. 以漏水点为圆心，根据渗水范围大小凿成直径 10~40 mm、深 20~200 mm 的孔，具体直径深度应当视渗漏点大小而定，主要原则是露出新混凝土为止。

b. 用高压水冲洗已凿好的槽（洞），清除残渣及松动混凝土。

c. 用堵漏材料（速凝型）、双快水泥砂浆或其他快凝材料捻成与圆孔直径接近的锥形小团，待其初凝时迅速堵塞于孔内，并向孔壁四周挤压，使其与孔壁紧密结合，封住漏水。

d. 对孔洞周围 200 mm 范围内的基层抹面，可用堵漏材料（速凝与缓凝配合使用），也可用水泥基渗透结晶型防水涂料或渗透型环氧树脂类防水涂料。

e. 对治理点进行 2~3 d 养护处理。

(2) 注浆封堵法。

①适用范围。

浅孔注浆法适用于衬砌的表面渗漏轻微流淌或有湿渍，水流分散而不便引排的拱墙施工缝、裂缝及个别出水点（面），以封闭水流通道及衬砌裂隙，或使水流相对集中便于引排；也可用于密实性差、内部蜂窝孔隙较大混凝土的线渗漏和面渗漏处理。

②整治措施。

a. 注浆管安装方式为钻孔固管，采用冲击电钻或风枪，钻孔直径不宜大于 2 cm，点漏的孔深约为衬砌厚度的 1/3，不得超过衬砌厚度的 1/2，一般控制在 8~10 cm；面漏的孔深不宜小于衬砌厚度的 1/2，并不得破坏既有防水层。

b. 点漏中心注浆管应对准出水点布孔，安装注浆管时，应清洗孔壁混凝土残屑，注浆管应紧抵孔底出水点，用封缝固管材料紧密填塞孔管间隙，孔口用铁抹压实抹平。周边注浆管在出水点周边 20 ~ 30 cm 设置，安装方式与中心注浆管相同。

c. 面漏：当漏水点难以用肉眼查找时，可在面上洒干水泥，最早有湿渍处，即为漏水点；针对漏水点打孔，并围绕此孔在漏水面上均匀布孔，孔距一般为 20 ~ 30 cm；打孔完毕后，清洗孔壁，用封缝固管材料紧密填塞孔管间隙，随即喷涂水泥基渗透结晶型防水层。

d. 缝漏：采用壁可法沿缝注环氧树脂胶液和表面喷涂水泥基渗透结晶型防水材料的方式整治，裂缝注浆孔间距为 30 ~ 40 cm。

e. 注浆管埋设封缝固定后，其外露部分长度为 8 ~ 10 cm，以便与注浆设备之管路连接。封缝材料应随拌随抹，每次拌和不宜超过 1 kg 干料，对于缝漏的封缝固定管应不间断一次完成。

f. 封缝完成，待封缝材料固结后，应对其进行质量检查，渗漏水只能从注浆管内流出，其他部位不得有渗水现象，否则应重新封埋或采用涂刷环氧树脂进行补救。待达到质量要求后，方可进行下步作业。

③压水试验。

封缝养护数天，待封缝材料具有一定强度后，进行压水试验，以检查封缝质量及固管强度，疏通裂缝，确定压浆参数，压水采用带明显特征的颜色水，其压力应维持在 0.4 MPa 左右，试验需详细记录各注浆管出水时间及水量，试验过程中若出现封缝漏水则重新进行封补，压水应测定水压及进水量，作为注浆的依据。

④注浆要求。

a. 注浆前对整个注浆系统进行全面检查，在注浆机具运转正常，管路畅通的条件下，方可注浆。

b. 点漏注浆应先注漏水量较小者，后注较大者。

c. 垂直裂缝、施工缝应由下向上依次注浆。

d. 水平或斜裂缝由水量较小端向较大端依次注浆。

e. 面漏应由周边管向中心依次注浆。

f. 将注浆系统与注浆嘴牢固连接后，打开排水阀门排水。

g. 开放注浆系统的全部阀门并启动压浆泵，待浆液从排水阀门流出后，关闭排水阀加压进行注浆。

h. 注浆压力为 0.3 ~ 0.4 MPa，在正常情况下，一般注浆压力不超过压水试验。

i. 结束注浆的标准：当吸浆量与预先估计的浆液用量相差不多，压力较稳定，且吸浆量逐渐减少至 0.01 L/min 时，再继续压注 3 ~ 5 min 即可结束注浆，注浆过程中应随时观察压力变化，当压力突然增高应立刻停止注浆，压力急剧下降时，应暂停该孔注浆，调整浆液的凝结时间及浆液浓度后继续注浆。结束注浆时，立刻打开泄浆阀门，排放管路及混合器内残浆，拆卸管路并进行清洗。

j. 封孔：结束注浆后，用铁丝将注浆管外露部分反转绑扎，待浆液终凝后，割除外露部分，再以封缝材料将孔口补平抹光。

⑤注意事项。

a. 输浆管路必须有足够的强度，装拆方便，注浆结束后需立即拆除管路进行清洗，注浆所用之料桶容器、管路应标明，不得混用。

b. 注浆时，所有操作人员必须穿戴必要的劳动保护用品。

c. 浆液凝结时间应根据渗漏水量大小、水流速度、混凝土缝大小、深度及混凝土壁厚加以调整。一般细小裂缝无外漏时注浆，凝结时间要大于试水（从进颜色水到最远出水孔）时间，在有外漏、裂缝宽（如施工缝）、衬砌厚度较小时，浆液凝结时间应小于试水时间。

d. 所采用浆液原料均按规定及其特征进行品质检验、贮存及使用，严禁采用不合格、变质原料。

e. 为保证环氧砂浆与原混凝土结合良好，在批抹环氧砂浆前，应在粘贴面上先涂一层环氧基液，待基液中的气泡逸出后，再批抹环氧砂浆。环氧砂浆应分层批抹，每层厚度以 0.5 cm 左右为宜，一般不应超过 1.0 cm。

f. 注浆过程中应备有水泥、水玻璃或环氧树脂等快速堵漏材料，以及时处理漏浆、跑浆现象。

（3）埋管引排法。

①适用范围。

埋管引排法适用于位于施工缝、变形缝、边墙上单一点位的线流、股流、射流等水量较大，不宜采用注浆、抹面、嵌缝等堵水措施的情况，或拱部经注浆、喷抹防水层后，渗漏水集中于边墙一点，且水量较大，而形成一处线流、股流时，进行引排。

②整治措施。

洞内凿槽排水方案如图 4.19 和图 4.20 所示。引排的目的是给水留出路，使渗漏水集中于一点或数点，最后集中导水引排，形成有组织排水。在拱部、边墙施工缝渗漏及边墙、起拱线漏水较严重部位或地下水丰富地段，从渗水点向下沿衬砌表面凿沟槽，埋设导水管。施工顺序如下：

a. 凿槽：沿渗漏水的方向在拱部及边墙衬砌上凿出深度为 60 mm、内大（60 mm）外小（50 mm）的倒梯形槽，保证外敷防水层厚度 20~30 mm。

b. 表面清洗：用钢丝刷沿缝槽将灰尘、浮渣及松散层彻底清除，用丙酮将其油垢擦洗干净、烘干，使其含水率不大于 6%。

c. 埋管：在槽底埋设直径 50 mm 的 PVC 半管直至边墙底部。安装的顺序是先拱部后边墙。接茬部位是下节压上节，接茬长度 100~150 mm，用 U 形卡和胀管螺丝固定 PVC 管，间距 500 mm。

d. 涂刷环氧树脂涂料：在 PVC 管外壁及槽的两侧薄而均匀地涂刷一层环氧树脂涂料，不得有漏涂和留坠现象。

e. 封填：涂完环氧树脂涂料后，自然固化 12 h，在 PVC 管两侧挤压一层遇水膨胀腻子条，然后用玻璃布或嵌刀将环氧树脂砂浆分层封堵，抹至与衬砌混凝土表面齐平。每层厚度不大于 5 mm，用勾缝条压平压实。

f. 割缝：在施工缝处施作时，待环氧树脂砂浆自然固化 24 h 后沿施工缝割缝。割缝要控制其深度，不要将直径 50 mm 的 PVC 半管与环氧树脂涂料割破。

g. 表面涂刷：涂刷两遍环氧树脂涂料，封闭宽度应大于环氧树脂砂浆缝宽，且每边要超出 2~3 mm。

h. 养护：封堵后要保持干燥，用碘钨灯烘烤。

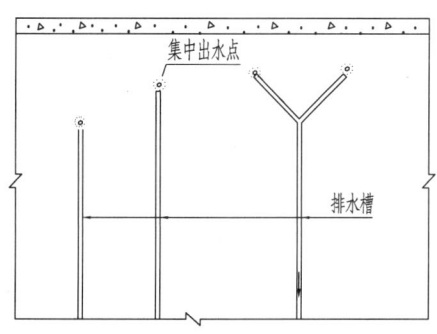

图 4.19 埋管引排纵剖面图

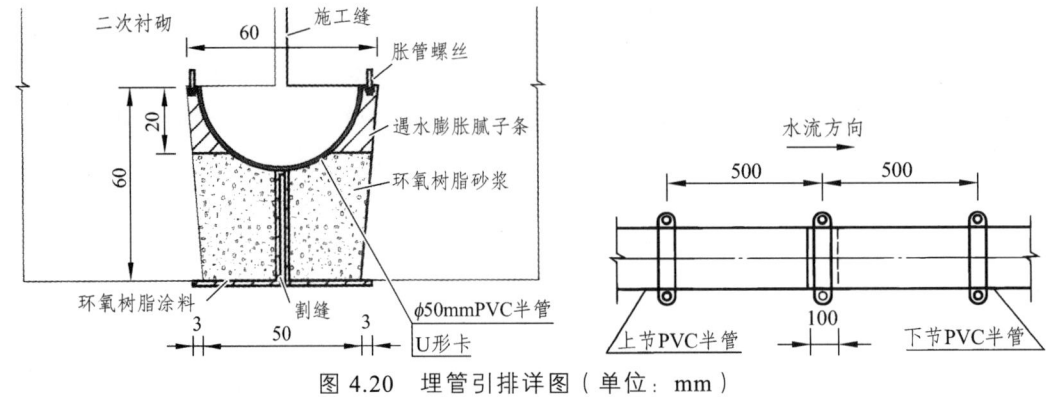

图 4.20 埋管引排详图(单位:mm)

2)线状漏水处理

线状漏水指的是三缝漏水(结构裂缝、施工缝和变形缝),主要的处理方法有导水法和止水法两种。

(1)导水法。

导水法是把三缝(结构裂缝、施工缝和变形缝)的漏水,沿漏水地点连成线状,通过不闭塞的水路导入排水沟的方法。导水法有在衬砌表面装平行管的导水法(导水管法)和在漏水处凿 U 形沟槽后用半剖管材或合成橡胶等整形材料进行导水的方法(沟槽法)。采用导水法时,需加强对渗漏水水质、渗水量及结构安全进行监测。

①导水管法。

导水管法适用于漏水量较大、漏水沿施工缝及开裂处呈直线状发生、净空断面有富余时,把衬砌表面发生的漏水用导水管引入排水沟,是线状漏水处理最常用的方法。导水管大样图见图 4.21,导水管总布置图和布置详图见图 4.22 和图 4.23。

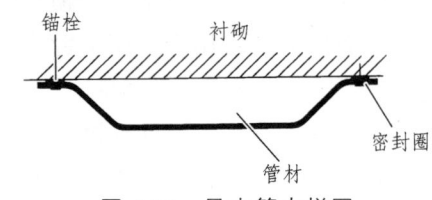

图 4.21 导水管大样图

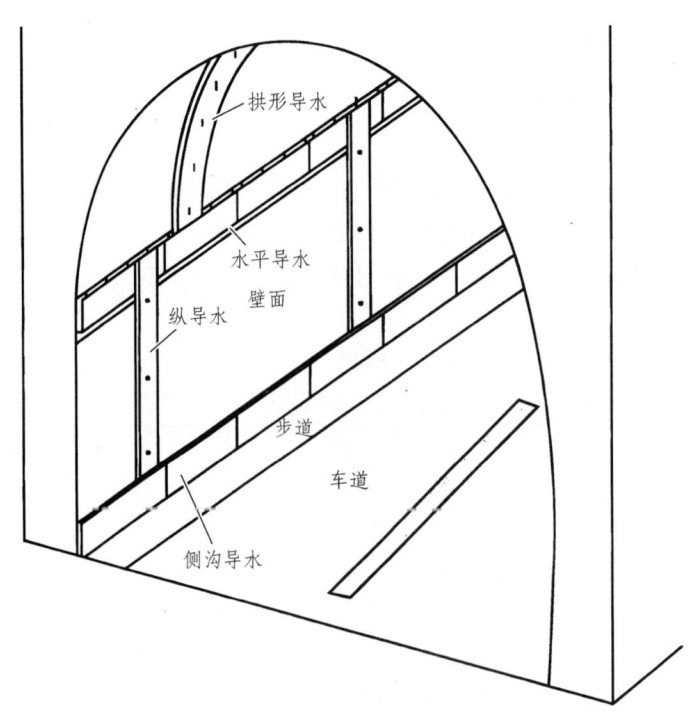

图 4.22 导水管总布置图

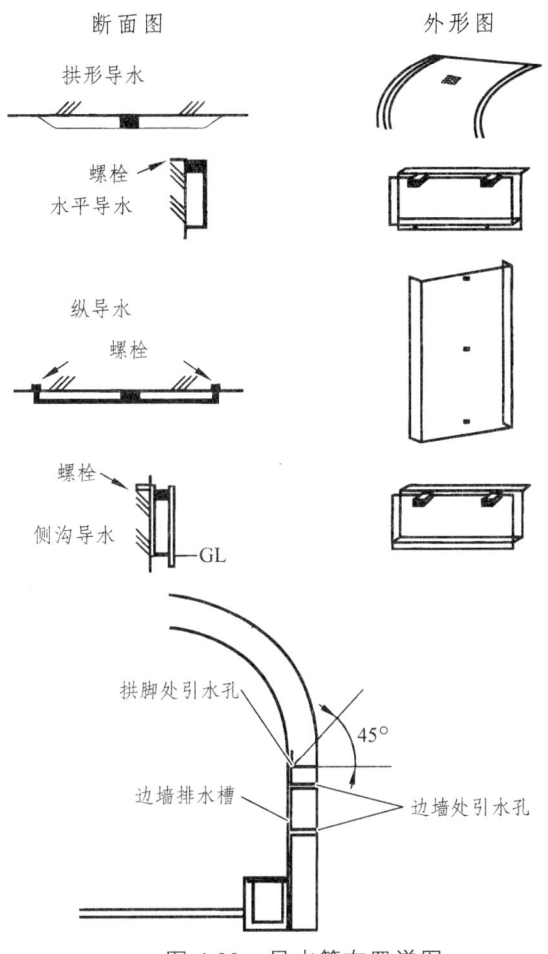

图 4.23 导水管布置详图

施工缝、裂缝严重渗漏处可结合采取埋管排水措施,在地下水丰富地段沿起拱线处布设引水管,钻眼角度与水平向上约成 45°,钻孔长 2 m,引水管采用 50 mm 的 PVC 管,管外以土工布包紧,外缠细铁丝固定。将引水管放入导水槽中。

②沟槽法

沟槽法一般适用于漏水量比较多、漏水沿施工缝和开裂处呈线状发生时,特别适用于隧道净空无富余时,如图 4.24 所示。

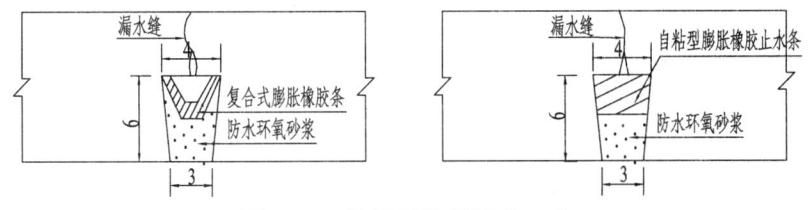

图 4.24 沟槽引排详图(cm)

在漏水处挖 U 形沟槽,而后用管材或合成橡胶等材料进行导水。即在衬砌上凿出一个 U 形槽,形成导水槽:

a. 沿渗、漏水之裂缝凿槽、槽深 60 mm,宽 30 mm,要求槽壁顺直平整。

b. 用高压水(或高压风)冲洗槽身,清除灰渣、粉尘及松动混凝土块。

c. 对于渗水、滴水缝将复合式膨胀橡胶条大端向内置于槽底,其两侧应与槽壁尽量密贴,有水时 20 分钟后即可采用环氧砂浆封闭。

d. 对于潮湿、浸水缝将膨胀橡胶止水条置于槽底，用厚 2 cm 之木条逐段捣实，有水时 30 min 即可采用环氧砂浆封闭。防水环氧砂浆配合比应现场试验确定。

使用沟槽法引排应注意：

a. 发生冻结时，要考虑采用隔热性材料。

b. 衬砌上的沟槽要仔细施工，形成适宜的形状。

c. 既有衬砌的附着性对耐久性的影响很大，故要对接触面进行仔细地清扫，同时要仔细地填充覆盖材料。

d. 采用整形材料时，要特别注意与衬砌的附着，不能因列车的振动和风压而脱离。

e. 复合式膨胀橡胶条及膨胀橡胶止水条，在运输贮存过程应保持密封，干燥状态，施工时方可拆去包装、随拆随用，以防受潮膨胀、影响使用效果。

（2）止水法。

止水法主要以注浆注水为主，参照前述注浆止水措施。

3）面状漏水处理

防止面状漏水的措施，按施工方法分为喷射法、涂层法、导水板法、导水薄膜法和注浆+涂膜法。

（1）喷射法和涂层法。

喷射法和涂层法是用防水材料喷射或涂抹到衬砌内面上，形成面状防水层而止水的方法。一般来说，与其他面状漏水止水法相比，能形成无接缝的防水层，对衬砌的凹凸也易于适应。但保持防水层厚度均匀是很困难的，施工不良时剥离的危险性很大，尤其是在冻害发生处使用时要格外注意。喷射法和涂层法适用于大范围发生漏水，但漏水量小，止水无有害影响，或与其他有效整治漏水对策并用。

①适用条件。

a. 喷射法：漏水已达一定范围并防止因漏水使衬砌材料劣化，且净空有喷射厚度的富余。

b. 涂层法：漏水的分布范围较窄并与开裂的补修并用时。

②存在的问题。

a. 喷射法存在的问题。

喷射法在地压、衬砌劣化对策中采用较多，是变异隧道最有效的整治措施之一，但过去作为防止漏水对策而实施的喷射砂浆措施，有一部分出现一些问题，例如：基底处理不好，促使衬砌表面风化（从既有衬砌与喷浆层间隙之间漏水），施工时附着不够等造成砂浆剥离，引起事故。因此采用喷射法时，应充分考虑上述问题。

b. 涂层法存在的问题。

涂层法是用薄的涂膜进行止水，但对于凹凸较大的衬砌面，为了切实发挥防水效果，应确保必要的厚度。涂层法一般用在漏水程度轻微、衬砌表面凹凸小，且漏水范围比较小的情况。

③注意事项。

a. 喷射法注意事项。

a）漏水量大时视情况应预先加以适当导水，然后再进行施工。

b）即使漏水量小，进行喷射止水后，改变水路将导致其他地方漏水。

c）止水工作只能在漏水程度轻微时进行，原则上最好是先导水。

d）为了与衬砌形成一体，要确实做好衬砌表面处理工作，并适当配置钢筋、金属网。

b. 涂层法则应注意：为了与衬砌形成一体，应做好衬砌表面处理工作，以防施工后剥离掉落。

（2）导水板法。

导水板法适用于漏水呈面状且水量较大、净空有富余时。导水板是由工厂预制的，把它张挂在衬砌表面，从导水板的背后进行面状导水，如图4.25所示。这种方法主要用于拱部漏水的治理。导水板可由经过防锈处理的钢板、波形板FRP板、塑料板等制成。

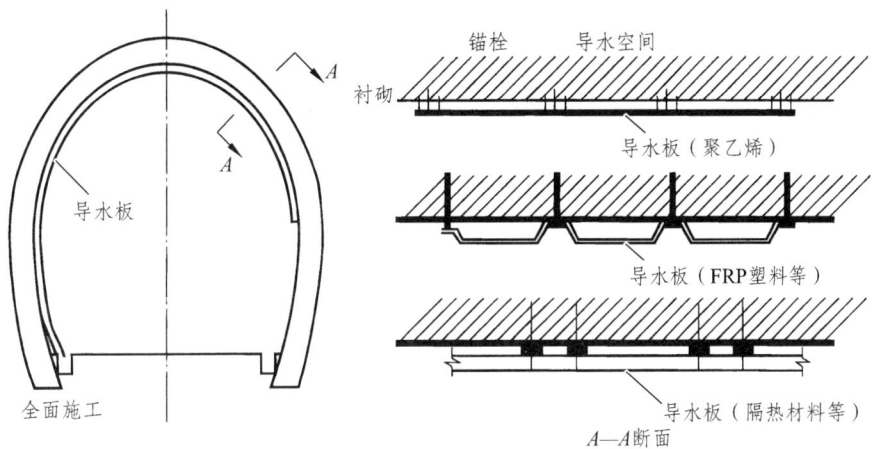

图4.25 导水板设置图

①导水板法特点。

导水板法因用预制构件张挂，故施作简单，防水效果也好，作为防护板可有效防止剥落。

②注意事项。

a. 材料及质量：材料应对漏水腐蚀有耐久性，也要有耐热性、耐油性。

b. 断面形状：视漏水量漏水地点净空富余、施工性等情况选定适宜的断面形状。

c. 施工前准备：在施工范围内有电缆等障碍时，要预先进行防护处理；要除去附着在衬砌表面上的尘埃和劣化部分，必要时要进行表面恢复以除去凹凸处。

d. 施工时：安装时要用钢筋牢固固定，不要造成施工后剥离和漏水；并向既有排水设施导水。

（3）导水薄膜法。

导水薄膜法适用于漏水呈面状、漏水量比较少或与其他有效方法并用时。该法是把工厂制造的防水薄膜贴附在衬砌表面上，形成面状防水层，并从薄膜背后导水，如图4.26所示。

①适用范围。

在水害整治中，导水薄膜法单独使用的情况不多，多与内衬等措施共同采用。

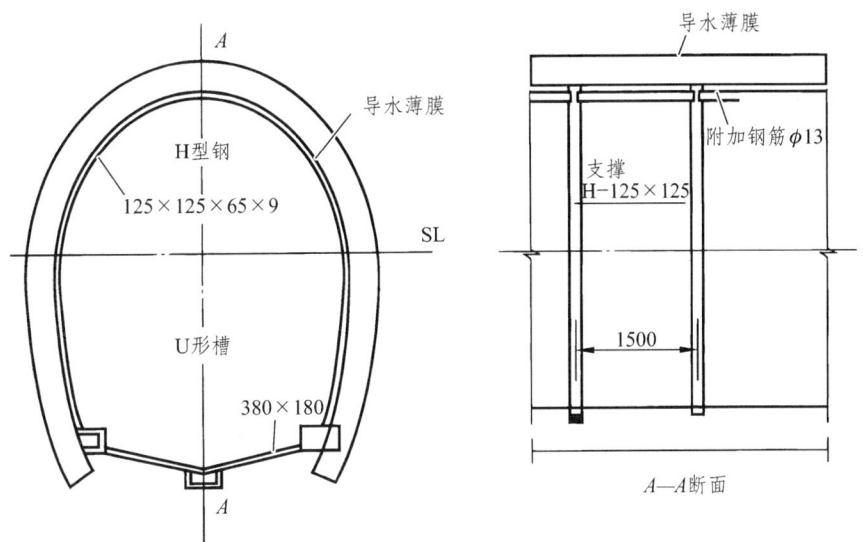

图4.26 导水薄膜设置图

②注意事项。

a. 材料及质量：导水薄膜的材质多是合成树脂类，都有热塑性，可以加热熔接。在现阶段主要使用的有聚氟乙烯（PVC）、聚乙烯（PE）、乙烯树脂（EVA）等。

b. 分类：导水薄膜可按其形状、构成进行分类。用于补修时，一般采用有背面排水作用的波纹状薄膜，或是有背面缓冲材的薄膜。

c. 施工前准备：在施工范围内有电缆等障碍时，要预先进行防护处理；要除去附着在衬砌上的尘埃和劣化部分，必要时进行表面恢复，并对凸出部分要加以适当防护；漏水比淌水程度大时，视情况应与其他对策或排水材料并用。

d. 施工时：薄膜要与衬砌附着牢固，注意不要造成施工后漏水；薄膜的接合施工要安全、结实可靠；薄膜端都要处理，使排水通畅。

（4）注浆+涂膜法。

对存在大面积渗漏的水害，可采用钻孔注浆并表面涂膜的措施进行整治。

①工艺要求。

a. 钻孔注浆止水。

（a）在基层表面均匀布孔，钻孔间距不大于500 mm，钻孔深度不小于结构厚度的1/2，孔径不大于20 mm，并采用聚氨酯或丙烯酸盐灌浆材料。注浆孔布置展开图见图4.27，注浆孔布置断面图见图4.28。

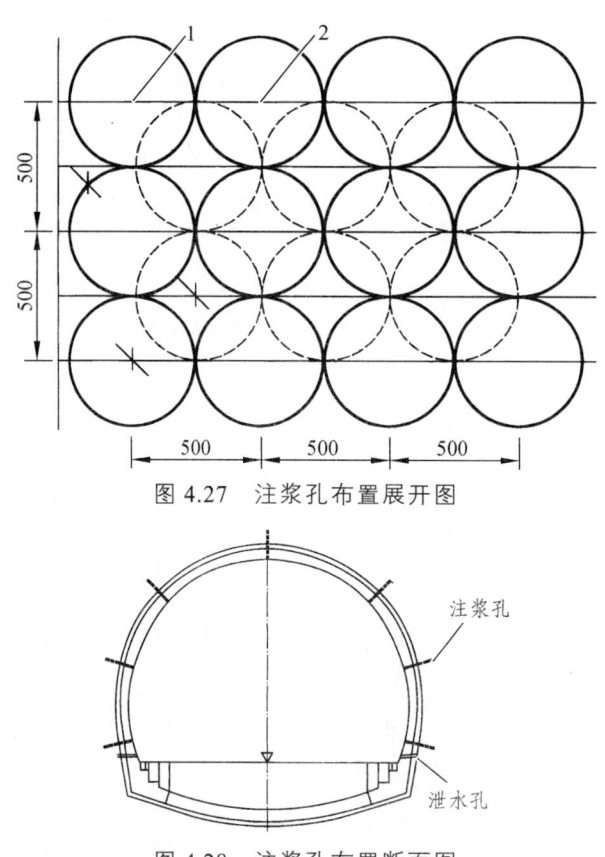

图 4.27 注浆孔布置展开图

图 4.28 注浆孔布置断面图

（b）当工程周围土体疏松且地下水位较高时，可钻孔穿透结构至迎水面并注浆，钻孔间距及注浆压力根据浆液及周围土体的性质确定，注浆材料采用水泥、水泥-水玻璃或丙烯酸盐等灌浆材料。注浆时需采取有效措施防止浆液对周围建筑物及设施造成破坏。

b. 快速封堵止水。

大面积均匀抹压速凝型无机防水堵漏材料,厚度不小于 5 mm。对于抹压速凝型无机防水堵漏材料后出现的渗漏点,需再在渗漏点处进行钻孔注浆止水。

c. 涂膜。

先涂布水泥基渗透结晶型防水涂料或渗透型环氧树脂类防水涂料,再抹压聚合物水泥防水砂浆,必要时可在砂浆层中铺设耐碱纤维网格布。

d. 对混凝土蜂窝麻面的特殊对策。

(a)止水前,先凿除混凝土中的酥松部分和杂质,再采用钻孔注浆或嵌填速凝型无机防水堵漏材料止水。

(b)止水后,在渗漏部位及其周边 200 mm 范围内涂布水泥基渗透结晶型防水涂料。

(c)当渗漏部位混凝土质量差时,在止水后先清理渗漏部位及其周边外延 1.0 m 范围内的基层,露出坚实的混凝土,再涂布水泥基渗透结晶型防水涂料。

(d)当清理深度大于钢筋保护层厚度时,设置直径大于 6 mm 的钢筋网后补浇收缩性混凝土。

②施作工序。

a. 在大面积渗漏水范围内选择渗漏水集中部位钻孔引水,使混凝土中的水从导管流出。钻孔深度 200 mm,埋设注浆嘴,注浆嘴可当作引水管,也可当作注浆管使用。采用快速堵漏材料固结和封堵注浆嘴根部,防止水从注浆嘴外流出。

b. 大面积渗漏部位凿毛,要求混凝土表面形成粗糙面,不得破坏混凝土或大块凿除混凝土,不得裸露钢筋,凿面要冲洗净。

c. 涂抹改性环氧树脂聚合物水泥胶泥和堵漏材料,涂抹厚度宜为 3 mm。

d. 经过涂膜处理,渗漏水从注浆嘴流出后,方可注浆。

e. 注浆应采用先小堵漏,由外向内,由高到低,将大面积的分散点渗漏水集中到几点渗漏水。

f. 最后集中渗漏水点,采用封闭集中注浆,且注浆分次施作。

(五)衬砌保护层厚度不足蚀处理措施

衬砌钢筋保护层厚度不足,当不足表现在衬砌内侧时,容易被肉眼辨识,严重时有露筋出现;当不足表现在衬砌外侧时,肉眼难以发现,需要雷达或破损检测。

发生此类缺陷的原因主要有:模板台车滑移,围岩欠挖,或钢筋布置不合理。钢筋保护层厚度不足,易发生腐蚀,会影响结构的耐久性,尤其是在腐蚀环境中,更应引起重视。钢筋保护层厚度不足表现在衬砌外侧时,可以暂缓整治,列入工务部门监测范围。钢筋保护层厚度不足表现在衬砌内侧时,应根据地下水环境等级情况酌情整治。整治的方法有:

(1)对二衬钢筋外露及钢筋保护层厚度不足段,需将周边软弱的混凝土层去除,并用高压水冲洗干净,需对外露钢筋进行除锈防锈处理后,再分层涂刷环氧树脂直至将露筋区全部覆盖,涂刷范围为钢筋外露及钢筋保护层厚度不足区外延 0.5~1 m。

(2)环氧树脂防水涂料用量不小于 0.5 kg/m²,涂刷次数不小于 2 遍。涂刷时宜按照由高到低,由内向外的顺序进行施工,涂刷第一遍的材料用量不宜小于总用量的 1/2,两遍涂刷的时间间隔宜为 0.5~1 h。

（六）混凝土不密实处理措施

一般衬砌有效厚度（即检测衬砌厚度减去内部缺陷削弱的部分厚度）、强度缺陷等级均为轻微或较严重情况时，可对衬砌本体内部注浆以加固密实衬砌，如图4.29所示。当缺陷等级为严重或极严重时，应参照衬砌补强措施。

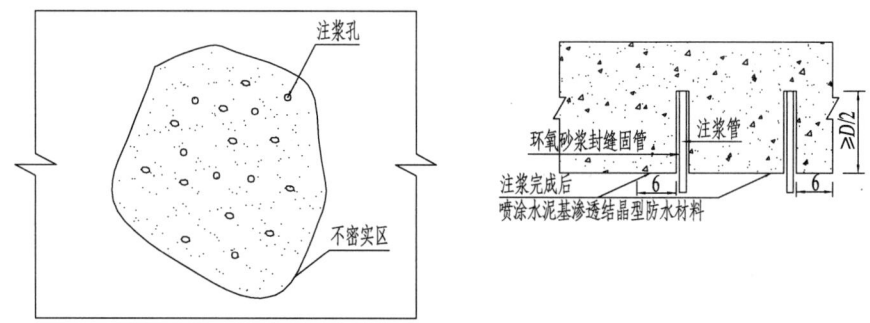

图4.29 衬砌混凝土不密实整治图

1. 注浆管布设

（1）注浆管安装方式为钻孔固管，采用冲击电钻或风枪，钻孔直径不宜大于2 cm，孔深约为衬砌厚度的1/2，并不得破坏既有防水层。

（2）孔距一般为20～30 cm，打孔完毕后，清洗孔壁，用封缝固管材料紧密填塞孔管间隙。

（3）注浆管埋设封缝固定后，其外露部分长度为8～10 cm，以便与注浆设备之管路连接。封缝材料应随拌随抹，每次拌和不宜超过1 kg干料，对于缝漏的封缝固定管应不间断一次完成。

（4）封缝完成，待封缝材料固结后，应对其进行质量检查，渗漏水只能从注浆管内流出，其他部位不得有渗水现象，否则应重新封埋或采用涂刷环氧树脂进行补救。待达到质量要求后，方可进行下步作业。

2. 注 浆

（1）采用超细水泥浆液，浆液建议水灰比为0.4∶1。

（2）注浆前对整个注浆系统进行全面检查，在注浆机具运转正常，管路畅通的条件下，方可注浆。

（3）注浆由周边管向中心依次进行，待所有注浆孔注浆完毕后，根据中心排水孔的水量确定对其进行引排或封堵处理，若封堵，则顶水注浆。

（4）将注浆系统与注浆嘴牢固连接后，打开排水阀门排水。

（5）开放注浆系统的全部阀门并启动压浆泵，待浆液从排水阀门流出后，关闭排水阀加压进行注浆。

（6）注浆压力为0.2 MPa，在正常情况下，一般注浆压力不超过压水试验。

（7）结束注浆的标准：当吸浆量与预先估计的浆液用量相差不多，压力较稳定，且吸浆量逐渐减少至0.01 L/min时，再继续压注3～5 min即可结束注浆，注浆过程中应随时观察压力变化，当压力突然增高应立刻停止注浆，压力急剧下降时，应暂停该孔注浆，调整浆液的凝结时间及浆液浓度后继续注浆。结束注浆时，立刻打开泄浆阀门，排放管路及混合器内残浆，拆卸管路并进行清洗。

（8）封孔：结束注浆后，用铁丝将注浆管外露部分反转绑扎，待浆液终凝后，割除外露部分，再以封缝材料将孔口补平抹光。

3. 注浆注意事项

（1）输浆管路必须有足够的强度，装拆方便，注浆结束后须立即拆除管路进行清洗，注浆所用之料桶容器、管路应标明，不得混用。

（2）注浆时，所有操作人员必须穿戴必要的劳动保护用品。

（3）浆液凝结时间应根据渗漏水量大小、水流速度、混凝土缝大小、深度及混凝土壁厚加以调整。一般细小裂缝无外漏时注浆，凝结时间要大于试水（从进颜色水到最远出水孔）时间，在有外漏、裂缝宽（如施工缝）、衬砌厚度较小时，浆液凝结时间应小于试水时间。

（4）所采用浆液原料均按规定及其特征进行品质检验、贮存及使用，严禁采用不合格、变质原料。

（5）注浆过程中应备有水泥、水玻璃或环氧树脂等快速堵漏材料，以及时处理漏浆、跑浆现象。

（6）注浆结束后应钻孔取芯检查注浆效果，并做混凝土强度试验，如混凝土仍存在不密实区，则应进行补注浆。

（七）衬砌错台

施工缝错台处，采用无损检测等手段确定衬砌是否存在脱空、欠厚等缺陷，在二衬厚度、强度能保证结构安全的条件下，对错台凸出部分采用手持砂轮打磨平整、圆顺，如图4.30所示。

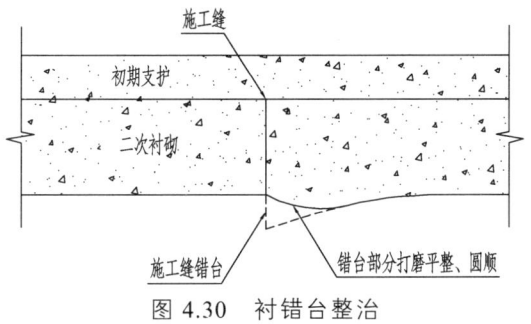

图 4.30 衬错台整治

（八）隧道衬砌侵蚀处理措施

防侵蚀可以采用抗侵蚀混凝土、防蚀层两种方法。抗侵蚀混凝土的材料可以选择抗侵蚀水泥材料，也可以添加外加剂，而采用防蚀层是一种对混凝土表面进行处理的方法，将各种耐腐蚀的材料铺设在衬砌混凝土的表面，使之成为一种防蚀层，是提高衬砌抗腐蚀能力的常用方法。

1. 采用抗侵蚀混凝土

1）选择抗侵蚀水泥材料

隧道衬砌混凝土应根据侵蚀的不同对水泥、砂子均有所选择，而混凝土的抗腐蚀性能又主要取决于水泥品种，因而正确地选择水泥品种对任何一种腐蚀类型都是十分重要的。但目前尚没有完全可以消除腐蚀的水泥品种。从合理选择水泥品种，与优选粗细骨料及级配、掺外加剂、减少用水量等措施结合起来，最大限度地提高衬砌的抗蚀性和密实度，配制成防腐蚀混凝土，效果就更好。

目前隧道工程常用的防腐蚀水泥有抗硫酸盐水泥、高抗硫酸盐水泥、低碱高抗硫酸盐水泥、矾土水泥、石膏矿渣水泥等。

2）采用外加剂

（1）掺用火山灰质的活性掺合料。

在混凝土中水泥的水化产物 $Ca(OH)_2$ 的存在是必不可少的，但它却是混凝土腐蚀的主要参与者。因此，在混凝土中掺入火山灰质的水硬性活性掺合料，如火山灰、粉煤灰等以提高混凝土的耐腐蚀性是比较有效的。这是因为这些活性掺合料善于与 $Ca(OH)_2$，结合成难溶的化合物，即二次水化，从而减少 CaO 被溶出的程度，对减少镁盐腐蚀硫酸盐腐蚀的效果也是较好的。但是在防止硫酸盐腐蚀中，火山灰的掺入可能会妨碍铝酸钙的水化作用，在后期干扰与硫酸盐的反应。

（2）加入引气剂或减水剂。

在混凝土中掺入某些引气剂或减水剂（如木质磺酸钙、有机硅、氯化钙等），不仅可以减少混凝土的用水量，提高其强度和抗冻性，还可提高 $Ca(OH)_2$ 和 $CaSO_4$ 的溶解度，对提高混凝土的耐腐蚀能力也是十分有效的。

（3）提高混凝土的密实性和抗渗性。

由于各种侵蚀介质都是通过混凝土的各种孔隙、毛细孔而进入其内部，因而提高混凝土的密实性和抗渗性，即是提高混凝土的抗侵蚀能力，对防止或减少任何一种类型的混凝土腐蚀都是有效的。基于此，在设计中正确选择混凝土的配合比、保证必要的水泥用量，尽可能地减小水灰比，并在施工中加强振捣，以保证混凝土的密实性，是十分必要的。

2. 采用防蚀层

采用防蚀层是一种对混凝土表面进行处理的方法，各种耐腐蚀的材料铺设在衬砌混凝土的表面，使之成为一种防蚀层，是提高衬砌抗腐蚀能力的常用方法。

1）防蚀层铺设面的确定

防蚀层可以设在衬砌外面，也可以设在衬砌内面，对隧道衬砌，一般采用防蚀层与防水层合二为一，在衬砌外面铺设。如果两者分离，应使防蚀层在防水层外层，使之起到保护防水层的作用。对运营隧道，当不存在结晶性侵蚀和骨料溶胀时，也可采用防蚀层在防水层内层的方法，此时也要尽量使防蚀层与防水层两者合一。必须分层时，应先在衬砌混凝土内表面做好内贴防水层，然后铺设防蚀层。

2）制作防蚀层

防蚀层按其成型工艺有注浆、抹面喷涂（喷射混凝土和喷涂料）和块材镶砌等。

（1）注浆防蚀层。

注浆防蚀层是在衬砌壁后，注入防侵蚀材料，避免围岩中含侵蚀介质的地下水与衬砌外表面接触，防止其缓慢侵蚀。

（2）抹面防腐蚀层。

用抹面的方法制作防蚀层，要求将隧道衬砌基面清洗干净，对明显渗漏水点要先堵漏或做好引排措施。

（3）喷涂防蚀层。

将各种防蚀涂料涂在衬砌外表面，形成防蚀层。常用的防蚀材料有：乳化沥青涂料、EM 改性沥青涂料、苯乙烯涂料。

（4）块材镶砌防蚀层。

块材镶砌时应根据其不同的胶结材料，用不同的方法进行施工，铺砌前应先试排，铺砌顺序应由低往高，平面铺砌时，不宜出现十字通缝，立面铺砌时，可留置水平或垂直通缝。

3. 伸缩缝、变形缝防蚀

当隧道衬砌的沉降缝、伸缩缝发生腐蚀病害，一般可在病害发生处做衬砌背后排水盲沟把水排走。如果采用防水措施，可用油膏和胶油嵌缝，缝口再用氯丁橡胶黏合剂粘贴氯丁胶板，用可卸式塑料止水带或软的聚氯乙烯板条封口。施工缝如果发生腐蚀，可用聚氯酯压浆防水，同时兼有防蚀作用，或预留凹槽，用硫黄胶泥腻缝。

4. 已腐蚀衬砌的加固与翻修

（1）一般的措施有抹补、浇补、喷补等方法，其中抹补指当总腐蚀深度小于 10 cm 时，先在清好的基面上做抹面防水层，再在其上做防蚀层的方法；

（2）浇补则是当总腐蚀深度大于 10 cm 时，立模浇筑防水混凝土补强，再在其上设防蚀层；

（3）喷补是直接在清理后的基面上用喷浆代替抹补层，用喷混凝土代替浇补层，再在喷层之上设防蚀层；

（4）镶补适用于腐蚀层总厚度大于 25 cm 的严重腐蚀部位，用耐腐蚀的块材将被腐蚀的断面砌筑镶补，使结构补强层与防蚀层合为一体，并以镶补层为模型，在镶补层与清理好的基面之间用防水混凝土灌填捣实，随砌随灌。

对运营期隧道的普通混凝土衬砌，产生腐蚀病害，应查明病害原因，结合隧道裂损、渗漏水病害，综合考虑衬砌加固和改善防、排水条件。对于拱部质量较差的衬砌（有裂损、漏水、厚度不足和腐蚀等各种病害），一般应同时考虑衬砌背后压浆后，仍存在的局部渗漏且利用排堵结合整治，并采用喷射混凝土补强堵漏。压浆与喷射混凝土，是综合整治隧道裂损、渗漏水、腐蚀三种病害的有效措施。对不需要补强的大面积渗漏水地段，也可采用喷涂阳离子乳化沥青胶乳或喷射防水砂浆，做成内贴式防水、防蚀层。在凿毛冲洗干净的衬砌面上，喷射混凝土和防水砂浆，均具有黏结性好、密实度高、质量耐久可靠等突出优点，应优先考虑采用。

（九）隧道冻害整治措施

隧道冻害主要指隧道拱部、边墙挂冰，轨道出现冰丘等，冻害存在主要是由于渗漏水和温度低的原因。隧道冻害不仅对铁路隧道行车界限构成威胁，而且围岩冻害还会使支护结构发生冻胀作用，影响结构的安全稳定性。实践表明，隧道的冻害治理主要是解决防排水和防冻胀问题。

隧道冻害的整治措施在寒区隧道防冻技术方面取得成功的较多，如：铺设隔热保温层、设置防寒门、隧道供暖、深埋渗水沟、保温出水口、防寒排（泄）水洞等。归纳起来，寒区隧道冻害整治措施主要分为隔热防冻法、加热防冻法和保温排水法等三种方法如图 4.31 所示。

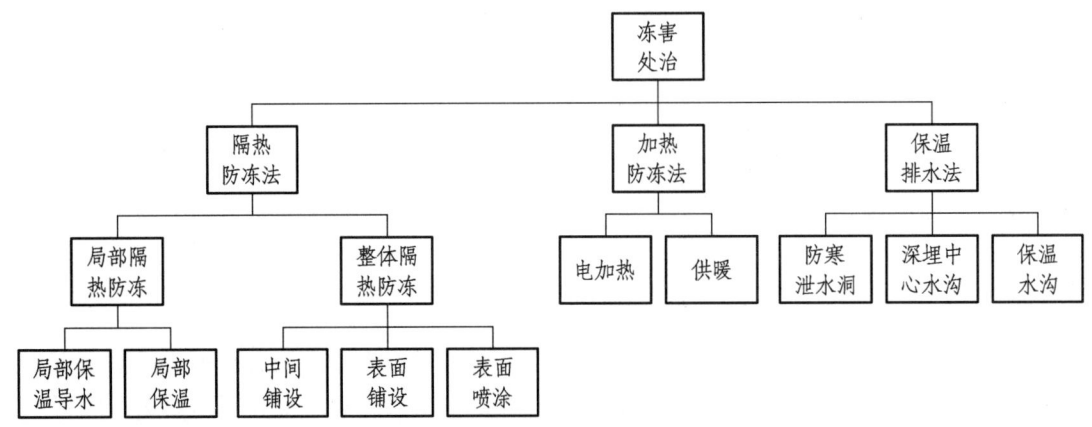

图 4.31　冻害整治措施结构

1. 冻害处理方法选择

1）隔热防冻法

隔热防冻法可分为局部隔热防冻和整体隔热防冻两种。局部隔热防冻可分为局部保温和局部保温导水两种措施；整体隔热防冻可分为表面喷涂、表面铺设和中间铺设三种措施。

（1）局部隔热防冻。

局部保温是在局部易冻结的部位设置保温材料进行包裹的措施；局部保温导水是衬砌存在渗漏水且结冰，进行凿槽埋管排水后，在其上铺设保温层防止冻结的措施，如图 4.32 所示。

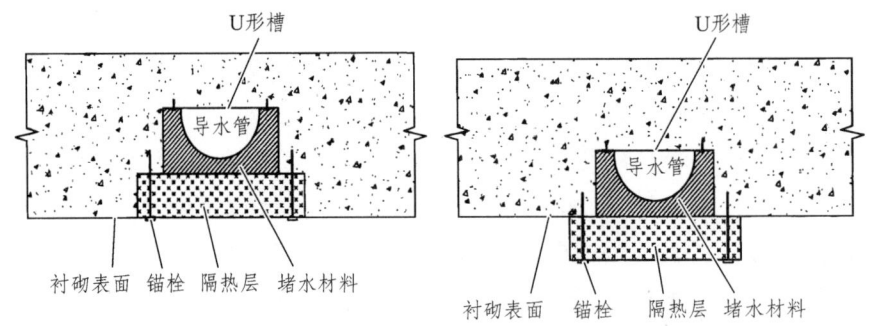

图 4.32　局部保温导水法示意

（2）整体隔热防冻。

表面喷涂、表面铺设和中间铺设三种措施都是对隧道进行全断面保温。三者区别在于表面喷涂、表面铺设是将保温材料固定在衬砌表面，如图 4.33（a）所示；中间铺设是将保温材料固定在初期支护和二次衬砌之间，或二次衬砌与套拱之间，如图 4.33（b）所示。表面铺设便于保温层的维修、更换，但由于其层厚较大，应避免出现"侵限"问题，故要求隧道净空富余量要大。表面喷涂喷层厚度小，适用于净空富余量小的隧道，但施工时对环境有污染，也不利于施工人员身体健康，需加强通风，一般用于短隧道。中间铺设保温材料时受外界影响小，但达到使用年限后不易更换。

（a）表面铺设

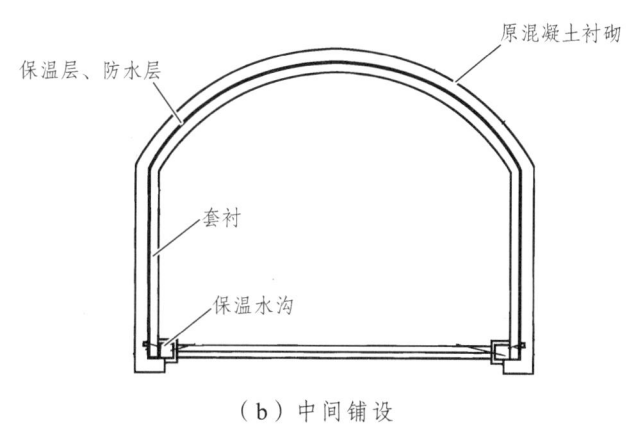

（b）中间铺设

图 4.33　保温层铺设方式

2）加热防冻法

加热防冻法又分为电加热和供暖等。电加热法适用于寒冷程度较高，呈线状局部漏水、冻结的情况，净空断面有富余，有供电电源的隧道。供暖法一般应用于城市或靠近城市的隧道，要求具有供热条件，该方法能耗大，采用的隧道通常规模较小。

3）保温排水法

保温排水法主要包括设置保温水沟、深埋中心水沟、防寒泄水洞等措施。保温水沟是对排水沟采用保温材料进行保温；深埋中心水沟是增加中心水沟的埋置深度，埋置深度通常在 1.5~2.5 m，有仰拱的段落中心水沟设置于仰拱结构以下，并设置保温出水口；防寒泄水洞一般应用于冻土深度大于 2.5 m 的严寒地区，通常设置在隧道下方，并设置保温出水口。保温出水口通常选择在背风、朝阳、排水畅通的位置，表层用保温材料覆盖。保温出水口有端墙式和掩埋保温圆包头式两种，出水口地形较陡时，通常采用端墙式；地形平坦时，通常采用掩埋保温圆包头式。

2. 常见防冻整治方法、措施

常见防冻整治方法、措施的选择可参考表 4.8。

表 4.8 隧道冻害整治方法、措施

气象条件			冻害特征	整治方法、措施
寒冷程度	最冷月平均气温/℃	冻结深度/m		
轻微	－5～－10	0.6～1	轻微，不影响交通	中心排水沟、局部隔热防冻
较轻	－10～－15	1～1.5	衬砌冻裂，洞内渗水挂冰，路面结冰，冻害发生于12月至翌年2月	保温水沟、深埋中心排水沟、局部隔热防冻、加热防冻
较重	－15～－25	1.5～2.5	衬砌破裂较严重，含水围岩较大面积发生渗漏，较大范围挂冰，路面冻冰，冻结期大于4～5个月	保温水沟、深埋中心排水沟、整体隔热防冻、加热防冻
严重	＜－25	＞2.5	衬砌层破裂严重，大面积渗漏水，挂冰严重，路面结冰，排水系统被冰堵塞，冻结期大于5个月	防寒泄水洞、整体隔热防冻、加热防冻

1）隔热防冻法

隔热防冻法铺设工艺相对简单，但需要进行专项试验论证，试验的内容包括：材料的隔热效果、耐久性、承载能力（在衬砌与套拱间）、耐高温能力（防火特性）、受湿潮性能、设置厚度、长度以及施工工艺等，同时应注意保温材料可能受火灾影响。

2）隧道供热防冻

在隧道保温措施仍不能满足隧道防冻要求时，应考虑采用供热方法使隧道避免受冻害影响。隧道供热有全面供热和局部供热两种。全面供热由于能耗大，需要专门的供热系统，局限性很大，其设计施工可参照暖通工程进行。局部供热主要针对衬砌和防水层进行局部加热，针对性强，能耗低，应优先采用。

（1）全面供热。

全面供热防冻是指通过热水或蒸汽，向隧道内供热，使洞内衬砌温度不低于冻结温度。此方法早期应用于城市或靠近城市的短隧道，要求具有供热条件、隧道规模小。但此方法能耗大，目前极少采用。

（2）局部供热。

①电伴热系统。

电伴热系统是以电力为能源，发热电缆为发热体，通过导热或者热辐射将热量传递到物体表面，在结冰或积雪情况下通过物体表面与冰雪之间的显热和潜热进行融冰化雪，或通过散热使隧道衬砌或防排水体系始终保持在正温状态，从而达到防治冻害的目的。

a. 系统组成。

伴热电缆由发热导线、绝缘体、金属屏蔽层、防水防腐护套等组成，部分电缆还有金属加强护套。

伴热电缆的电源母线为两根绝缘铜线，发热元件为合金发热丝，输出功率恒定，电热丝缠绕在绝缘层上，并间隔一定距离将电热丝与母线相连，形成连续并联电阻，母线接通电源后，并联电阻开始发热，加热带就会连续发热，电伴热带工作原理如图4.34和图4.35所示。

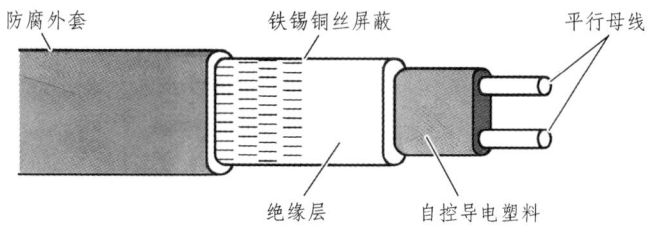

图 4.34 伴热电缆组成结构

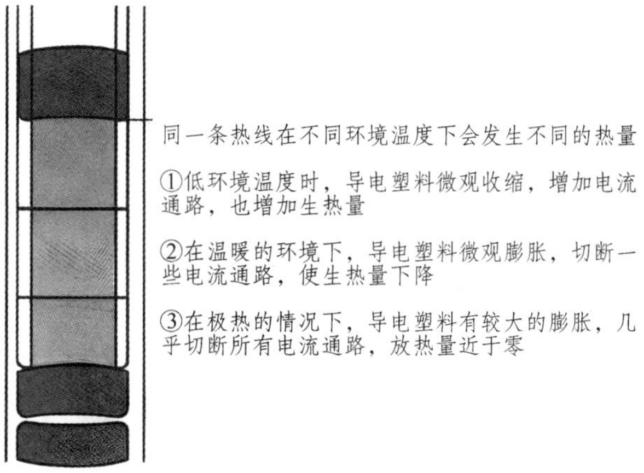

图 4.35 电伴热工作原理

b. 电伴热系统在隧道衬砌中的应用。

在已运营铁路隧道渗漏水及冻害整治过程中，对于隧道洞口段冻害整治，可采用伴热电缆与保温层相结合的方式。隧道洞口段衬砌保温采用 4 cm 聚氨酯泡沫板，外保护层为 6 mm 玻璃纤维增强硅酸钙板，电热带铺装功率为 100 W/m²。主要步骤如下：

（a）清污、打磨。清除隧道伴热电缆铺设范围内衬砌面上的浮尘、油污尖锐凸起，错台较大处应进行打磨，需保证铺设面干净，圆顺。

（b）布置加热电缆。以每模衬砌为一个独立加热单元布设加热电缆，相邻两模衬砌采用一个控制子系统，各子系统并联形成总系统。

（c）埋设测温元件。按照一定间距钻孔布置测温元件，以便于调试系统和冬季测温，可根据测温结果增大或调小发热电缆功率。

（d）依次安装锅箱发射层、保温板。保温板的固定采用 30 mm×3 mm 的扁钢，环向 500 mm 间距布置，再用 M12×150 膨胀螺栓按间距 500 mm 分别固定。

（e）安装外保护层。外保护层采用 2 440 mm×12 mm×6 mm 玻璃纤维增强硅酸钙板，紧贴扁钢布设，扁钢固定采用 ST8×19 mm 自攻螺钉，间距 250 mm，板与板之间留 2 mm 伸缩缝。

（f）装饰、抹面处理。采用伴热电缆供暖系统，安装过程比较简单，工序衔接顺畅，可模块化铺设，施工难度较低。

②地源热泵供热法

a. 地源热泵的概念、原理及其系统构成。

地源热泵是一种利用浅层地热能源（也称地能，包括地下水、土壤或地表水等的能量）既可供热又可制冷的高效节能技术。地源热泵供热法的原理是分别在冬季将地层（水）中热量作为热泵供热的热源、夏季制冷的冷源，供给室内采暖和制冷。通常地源热泵消耗 1 kW·h 的能量，可以得到 4 kW·h 以上的热量或冷量。

地源热泵的概念最早是 1912 年由瑞士的专家提出，上升到技术层面始于英、美，广泛应用于北欧的国家。其典型的特点是热源可选、自动运行、成本低廉、维护方便，使用寿命可达 50 年。目前在国内民居和工业厂房应用较多。

民用的地源热泵系统由室外系统（取热段）、室内系统（加热段）、机房系统（热泵和分集水管路）组成。其中室外系统主要由地埋管、地埋管填料组成。地埋管是室外地下换热器，就是让水通过地埋管在地下循环，在地层中进行热交换。地埋管填料是地埋管的辅助材料，是为了让地埋管能够更好地在地下达到换热的效果。室内系统中包含连接水管、电动二通阀门组件和风机盘管（空调）以及地暖。连接水管的主要作用是进行热水和冷水的输送。

b. 地源热泵技术在隧道冻害防治中的应用。

当确定隧道埋深足够大，隧道中部围岩接近恒温时，利用地源热泵系统从隧道中部的围岩中吸收地层热量，经过热泵系统升温处理后，向埋设于二次衬砌表面的隔热保温层之下的散热管供热，实现对寒区隧道冻害衬砌的加热，如图 4.36 所示。

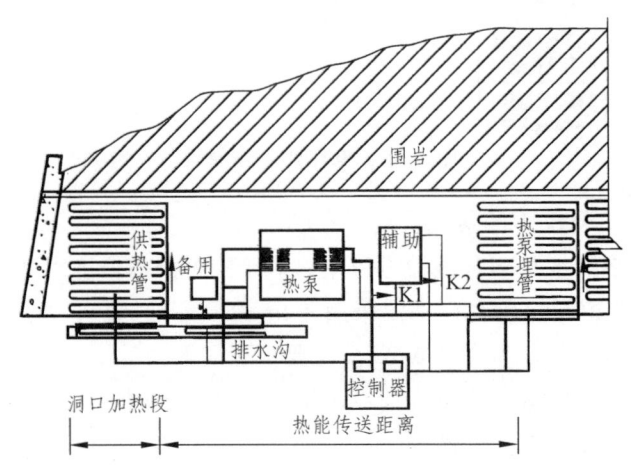

图 4.36 寒区隧道地源热泵型防冻保暖工作原理

日本 Nanaori-Toge 隧道长 1 045 m，为了解决冬季隧道出口处路面结冰打滑引起的交通安全问题，探索了由 Fukusima 发明的水平 U 形管（HUT）地源热泵系统。在隧道中部 500 m 范围内布置水平 U 形取热管，管径为 40 mm，材质为烯酸树脂，共 20 组，每组 50 m，折返管长 100 m，顺隧道轴向埋入隧道中部路面下 1.2 m 处。在隧道出口处用管径为 15 mm 的烯酸树脂管作为加热部分，加热长度 70 m，由 20 组直径 15 mm 水平 U 形管组成，每组面积 7 m²，总加热面积 175 m²，垂直于隧道轴向、水平布置于防冻路面之下，如图 4.37 所示。

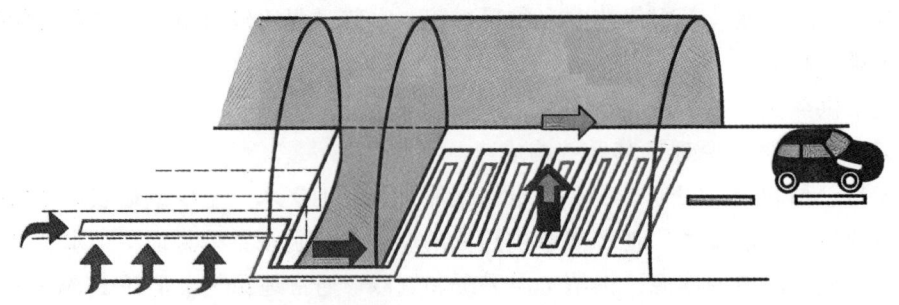

图 4.37 地源热泵型加热防治隧道冻害示意

国内博牙高速公路林场隧道位于内蒙古牙克石市免渡河镇,为双洞分离式,全长 2.525 km,最大埋深为 100 m,经钻孔实测隧道中部围岩中的地温可以作为热源供应。根据实际情况确定隧道洞口需要供热段长度为 75 m,保温水沟的加热长度为 100 m,隧道供暖总热负荷为 50 kW。

取热段的热交换管路位于隧道中部,埋设于隧道初期支护和防水板之间,材料为聚乙烯塑料管(PE 管);隧道洞口为加热段,材料同样为聚乙烯塑料管(PE 管),埋设于二次衬砌表面与保温隔热层之间,隔热层厚度 8 cm。保温水沟内也布置了管路。为了防止管路冻结,采用了含防冻液的介质,介质通过水泵的驱动实现在系统内循环,吸收围岩中的地温能,经地源热泵对其提升后,输送到隧道洞口段对隧道衬砌及保温水沟进行供热。

取热管路以等环向间距与隧道轴线平行布置,每组总长度 400 m,纵向宽度 10 m,环向间距 0.5 m;加热管则以等间距 0.5 m 呈环向布置,热交换管的进、出口设计温差为 5 ℃,管的外径统一采用 25 mm,如图 4.38 所示。

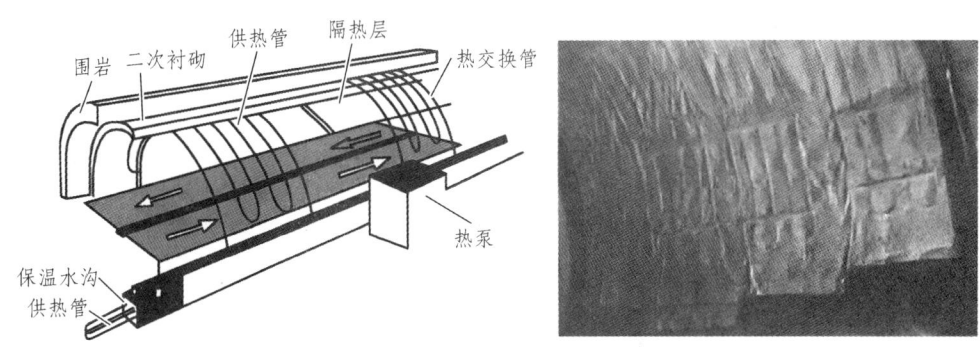

图 4.38 地源热泵供热系统示意

寒区交通隧道衬砌背后的围岩含水率大于 50%时,冻胀破坏作用明显增大;冻结深度越大则冻胀力明显增大,因此,在采用热管技术和地源热泵型加热系统时,可考虑向衬砌背后的围岩中进行帷幕堵水注浆。同时应加强对隧道排水系统的管理,冬季之前要做好检修并注意保暖防寒,外表加敷保温隔热层。当保温隔热层厚度达到 8 cm 时,可以保证层内外有 10 ℃ 左右的温差。因此在采用热管技术和地源热泵技术时,可根据需要设置足够厚度的保温隔热层,提高隧道冻害防治效果。

3)保温排水系统

(1)保温排水沟。

为防止隧道排水沟冻结,将隧道两侧排水沟深埋或采取其他保温措施。此法在所有寒冷地区隧道中都较常用,需要在设计时预先考虑。

保温水沟一般采用侧沟式,其结构形式应配合各种隧道衬砌断面设计,如图 4.39 所示。水沟上部设双层盖板,在上下两层盖板之间充填保温材料,保温层厚度一般不小于 30 cm,下部为流水槽。过水断面需满足要求,沟底纵坡一般应与隧道纵坡相同,但不小于 3‰。保温材料一般采用矿渣沥青玻璃棉、矿渣棉、泡沫塑料等,并设置防潮措施,以防保温材料受潮,影响保温性能。一般可采取的防潮措施如下:

①设置防潮层,将沥青玻璃棉等保温材料用沥青玻璃布包裹起来;

②将保温材料定期进行翻晒;

③渗漏水地段应将水沟盖板用水泥砂浆勾缝或沥青涂抹,以防漏水渗入保温材料。

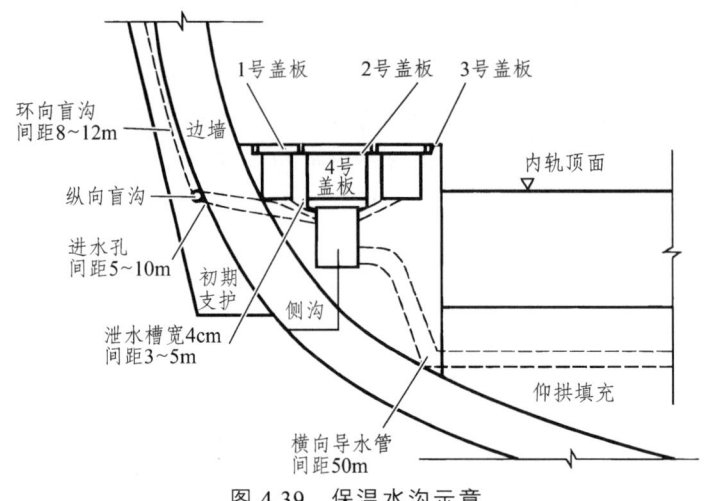

图 4.39　保温水沟示意

（2）保中心深埋水沟。

中心深埋水沟断面形式的选择，主要应根据地质条件确定，其断面尺寸可由流量确定，矩形断面不小于 25 cm×40 cm（高×宽），如图 4.40 所示，圆形断面内径不小于 30 cm，如图 4.41 所示。

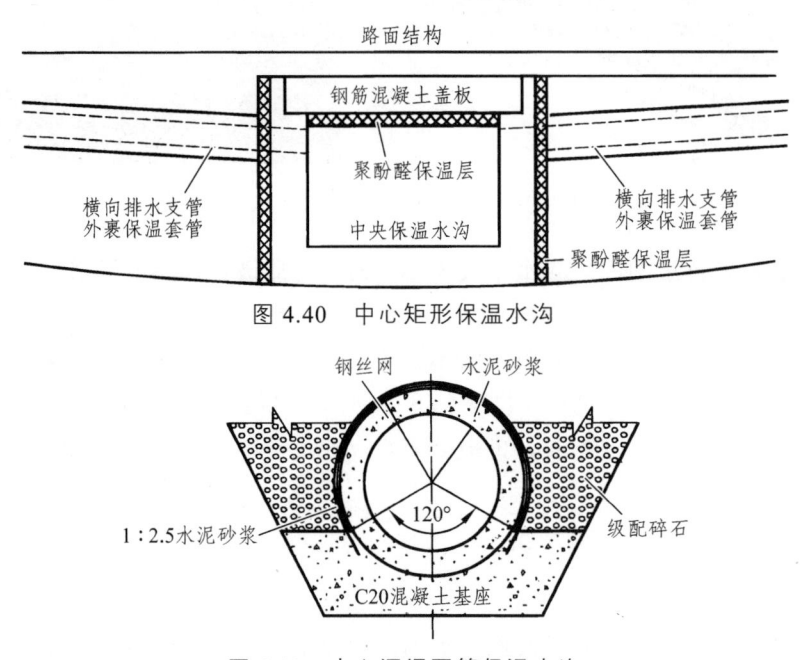

图 4.40　中心矩形保温水沟

图 4.41　中心深埋圆管保温水沟

深埋水沟的埋置应使其沟内的水流不冻结。影响深埋水沟冻结的因素较多，除了受当地气温、冻结深度的影响外，还与水量大小、水温、水沟坡度、隧道长度以及隧道走向与寒冷季节主导风向等因素有关。一般可参考下列经验数值选用：

①短于 1 km 的隧道，水沟埋深宜按当地砂性土的最大冻结深度考虑。

②长于 1 km 的隧道，低洞口段 300～500 m，水沟埋置深度宜按当地砂性土的最大冻结深度考虑。其具体长度视隧道长度及隧道走向与寒冷季节主导风向的关系而定，隧道越长或冬季背风的洞口可短些；高洞口段和洞身段按当地黏性土最大冻结深度或略小于当地黏性土的冻结深度考虑。有条件时，应根据实测隧道内的气温及冻结深度确定。

（3）防寒泄水洞。

①防寒泄水洞设计。

为了解决隧道围岩低温和水形成冻融的难题，在隧道底部 3.5~5 m 处修建防寒泄水洞，防寒泄水洞一般置于隧道底部，通过直径 60 mm PE 竖向泄水管和直径 100 mm 泄水孔与上层隧道排水系统相连接，形成上下连接的排水系统，通过该系统将衬砌背后围岩中的地下水汇集在泄水洞中，然后再排出隧道，其衬砌结构尺寸应根据地质条件和埋置深度，由计算或工程类比确定。隧道防寒泄水洞断面如图 4.42 所示。

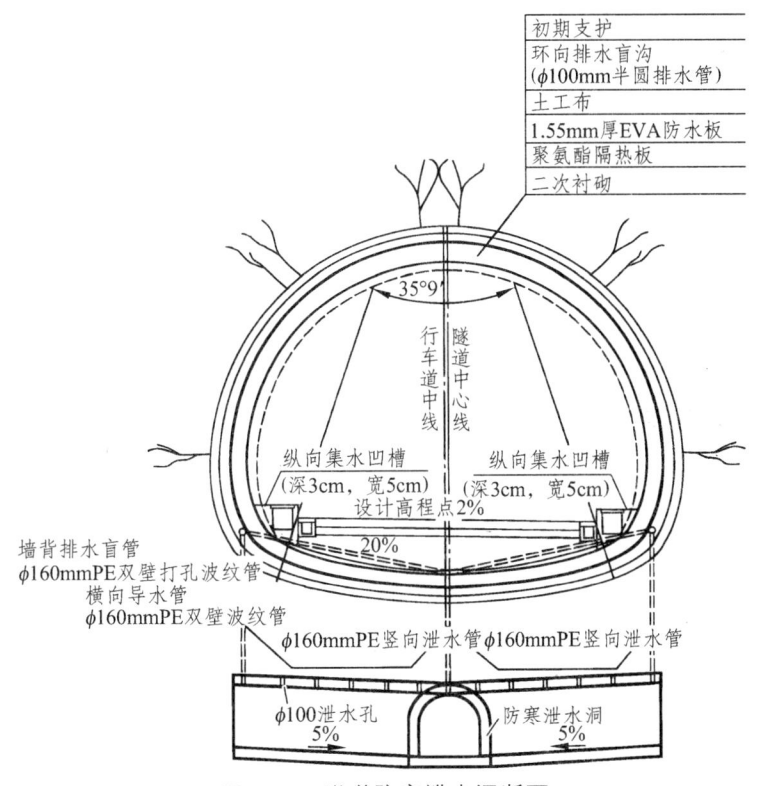

图 4.42 隧道防寒泄水洞断面

防寒泄水洞一般设铺底，当石质较好时可不设铺底。防寒泄水洞拱部及边墙应有足够的泄水孔，其间距不小于 1 m。防寒泄水洞的埋置深度，即隧道底至防寒泄水洞顶的高度，主要根据当地围岩最大冻结深度确定，一般应低于本地最大冻结深度；其次应满足暗挖施工不致引起隧底坍塌的要求；此外，还应注意不要埋置过深，以免不必要地延长防寒泄水洞的长度而增加投资。

②防寒泄水洞保温措施。

防寒泄水洞在修筑完成后投入使用的过程中，如果不采取合理有效的保温措施，在温度较低时，会发生泄水洞内结冰现象，泄水洞将丧失排水功能。因此，需对其采取保温措施。

a. 泄水洞衬砌全长铺设保温隔热材料，温度较高季节时，保温层能阻止热量向泄水洞衬砌背后流动，防止泄水洞附近围岩发生热融现象而影响隧道稳定性；在极寒气候条件下，保温隔热层能阻止泄水洞衬砌和围岩热量的散失，既能减小出现冻胀破坏的概率，又能保持泄水洞内的温度，使洞内不出现冻结现象。

b. 在泄水洞进出口处设置防寒保温门，在冬季时可缓解冷空气长驱直入到泄水洞内部，形成冷能积累而造成冻胀破坏。

c. 泄水洞的出水口若被冻结住，则整个排水系统将受到影响。所以，将泄水洞出口设计成锥体式保温出水口，加大出水口流水面坡度（不小于 5%），保持排水的流速以减少因温度下降而冻结的现象。

（4）保温出水口。

在隧道两端设计成迎风向阳的出水口，表层涂黑或用保温材料覆盖，防止或减缓出水口的冻结，使隧道内液态水能及时排出。一般寒冷地区隧道均应按此要求设计出水口，并根据条件加强保温或提供供热系统。

在严寒地区的深埋水沟、防寒泄水洞、洞外暗沟均应设保温出水口。保温出水口的设置应注意以下几点：

①选择背风朝阳、排水通畅的位置设置保温出水口。

②保温出水口有端墙式及掩埋保温圆包头式两种。出水口处地形较陡时，宜采用端墙式；地形平坦宜采用掩埋保温圆包头式。

③尽可能提高排水管的排水坡度。

④表面用沥青涂黑或采用稻草等覆盖。

⑤出水口管外侧铺设岩棉保温层，并应确保岩棉保温层不浸水。

⑥根据隧道的具体情况，必要时设计可通电加热的出水口。

（十）隧道基底病害整治

运营隧道隧底问题多数为建设期间留下的隐患，其缺陷、病害主要表现为：底板无钢筋或钢筋间距过大，将仰拱做成底板，仰拱及仰拱填充厚度不足，矢跨比不满足设计要求，隧底留有虚渣、脱空、不密实，底板开裂、隆起，道床翻浆冒泥等。隧底缺陷及病害会引起道床下沉、开裂、翻浆冒泥等现象，严重时会导致线路几何状态难以保持，制约行车速度，极严重时还会造成行车在隧道内倾覆的危险。

1. 整治原则

整治措施应因地制宜、技术可行、经济合理、高效安全。着重体现在以下几个方面：

（1）确保在运营隧道中的施工安全和在整治隧道中的运营安全。

（2）要充分考虑运营隧道天窗时间、机电设施、限界病害程度等限制因素，确保整治方案具有良好的操作性。

（3）要确保整治方案耐久性强，力争做到"一次整治，彻底根除"。

（4）兼顾工程投资和业主要求，可按"轻、重、缓、急"分段分次整治。

（5）可参照运营隧道缺陷及病害定级评价表，确定整治范围。

（6）隧道原结构无仰拱需加强隧底时，宜采用隧底注浆、增设锚杆（管）、隧底换填、增设仰拱等措施进行加固；隧道原结构有仰拱需加强隧底时，宜采用仰拱补强或重做仰拱、仰拱加深方案，并结合隧底注浆、增设桩基等措施进行加固。

（7）采用增设仰拱、重做仰拱或隧底换填方案时，需进行隧底开挖，应制订对原衬砌墙脚的加固、支撑措施，防止上部衬砌结构病害加剧甚至失稳。

（8）隧底加固往往会破坏隧底防排水系统，不进行修复或不采取补救措施可能导致地下水富集引起其他病害，应结合加固方案及既有排水设施状况制订隧底排水方案。

(9)仰拱补强方案包括仰拱加厚和仰拱内嵌入钢拱架两种方式。具体设计应符合下列规定：

①增加的仰拱厚度不宜小于200 mm，宜采用钢筋混凝土结构，新增仰拱应与原衬砌结构采用植筋或其他有效方式连接。

②仰拱内嵌入钢架间距宜为0.50~1.50 m，钢架与原衬砌、仰拱采用植筋或其他有效方式连接。

(10)膨胀性围岩、高地应力等区段发生严重底鼓时，宜采取加深仰拱方案整治，加深仰拱应符合下列规定：

①应采用钢筋混凝土仰拱结构，仰拱曲率、厚度应根据病害程度受力情况、围岩条件计算确定。

②加深仰拱宜与隧底注浆、锚杆（管）锁脚及衬砌加固等措施配合使用。

(11)基底软弱、承载力不足时，宜采用隧底注浆加固，隧底注浆应符合下列规定：

①应根据病害情况、地质、施工条件合理确定注浆范围、孔距、孔深。

②注浆孔宜采用梅花形布置，间距宜为1.0~2.0 m，孔底至仰拱或底板以下应不小于3 m。注浆管宜采用钢管，管径宜为42~110 mm。

③隧底注浆宜采用水泥基浆液，特殊地质条件也可采用化学浆液。

④加固注浆可分为压密注浆、渗透注浆、劈裂注浆等。渗透性较好的砂层和渗透性差的黏性土层宜采用劈裂注浆，中砂以上的砂性土和有裂隙的岩石宜采用渗透注浆，中砂地基和有适宜排水条件的黏土地基宜采用压密注浆。

⑤注浆压力应根据隧底地层特性及注浆工艺确定。

(12)基底围岩软化、基底虚渣、仰拱回填料不满足要求引起的病害，宜采用隧底换填方案进行加固，隧底换填设计应符合下列规定：

①换填材料可采用素混凝土、片石混凝土、砂砾等，混凝土强度等级不应低于C15。

②换填深度不宜超过2 m，不宜小于1 m。当底部松散体厚度超过2 m时，应与其他加固方案进行比选。隧底换填应跳槽分段进行，并应进行基槽检验，当与设计不符时，应修正设计。

(13)隧底承载力不足引起的隧道病害宜采取隧底桩基加固方案，包括树根桩钢管桩、灰土桩、高压旋喷桩等，并应符合下列规定：

①应根据地质条件、衬砌病害情况、桩基施工情况选用相应的桩基方案。

②隧底桩基设计宜进行桩长范围内的复合土层及下卧层地基变形计算。

③桩基不得侵入边沟断面内，并应进行桩头封闭处理。桩基对原仰拱结构有影响时，应采取结构补强措施。

(14)隧底空洞造成隧底病害时，宜采用浆砌片石混凝土、注浆等措施对空洞进行充填。

(15)隧道路面渗水、翻浆冒泥时，可采用加深洞内排水沟，并铺设横向盲沟、盲管等措施进行整治。设置盲沟或盲管时，盲沟宽度应不小于150 mm、深度应不小于100 mm、盲管直径应不小于50 mm。

(16)对大规模整治或极严重工点病害的整治建议组织专家会诊。

2. 整治措施

(1)钢筋间距过大的，经结构检算，满足有关规定的，可不处理；检算不满足有关规定的，根据底板混凝土实际强度厚度综合分析，可采用锚杆补强；已运营隧道，经取芯验证，隧底围岩坚硬，整体性好，地下水不发育，隧底未见其他病害的，可暂不处理，列入运营管理部门长期监测对象。

(2)经取芯验证，隧底围岩坚硬，整体性好，地下水不发育，且相邻段设计为底板，本段为顺延段，可暂不处理，列入运营管理部门长期监测对象，否则应拆换，重构仰拱。

(3)仰拱及仰拱填充厚度不足、矢跨比不满足设计要求经检测和验证，隧底无虚渣、脱空，仰拱填充层坚固密实、无裂损，道床干燥无水的，可暂不处理，列入运营管理部门长期监测对象，否则应拆换，重构仰拱。

(4)对隧，底留有虚渣、脱空、不密实地段，一般采取隧底注浆锚固措施，其主要作用机理：
①固结隧底虚渣及松散回填物，防止其遇水泥化；
②填充隧底脱空及不密实地段；
③排除隧底积水并封堵基岩裂隙水；
④填充底板混凝土细小缝隙，提高底板承载能力；
⑤注浆钢管存留隧底，对道床起到压缩、挤密、锚固作用。

3. 施工要点

(1)采用风钻钻孔，孔径65~70 mm，钻孔后须清孔，并埋设注浆管。注浆管采用马牙扣形注浆钢管，直径为60 mm，壁厚8 mm，管长150~250 cm（可根据隧底基岩情况调整），钢管注浆段均匀布置直径10 mm的出浆孔。注浆管纵向间距根据基底病害等级确定，极严重地段0.8 m，严重地段1.2 m，较严重及轻微地段1.5 m。埋管前在马牙扣处缠以粘有铅油的麻丝，用大锤将钢管打入孔内，使麻丝与孔壁挤压紧密。孔外段一般应有丝扣，打管时在有丝扣的一端须带压盖螺帽以保护丝扣。注浆结束后，割除外露部分，用TGRM水泥（特种水泥-硫铝酸盐水泥）将孔口周围封闭，确保注浆钢管与隧底混凝土固结于一体，起到加固隧底的作用。

(2)注浆材料采用加固型TGRM水泥基特种灌浆料（超细硫酸铝盐水泥），水灰比为（0.37~0.45）:1。

(3)注浆由病害段两端向中间压注。

(4)注浆前应进行注浆试验，用秒表计下注入和流出时间，据此确定注浆量和注浆压力，检查管路设备运行情况。

(5)注浆压力：初压0.1~0.3 MPa，终压0.4~0.5 MPa。

(6)浆液凝胶时间：2~5 min。

(7)注浆结束标准：注浆压力达到设计终压后稳定10 min，注浆孔不进浆或很少进浆，即可结束注浆。

(8)封孔作业：停泵后立即关闭孔口阀门，拆卸和清洗管路，待浆液凝固后割除外露注浆管，而后用塑胶泥封堵孔口。

4. 施工注意事项

(1)注浆是一项连续作业，不得任意停泵，以防堵塞管路。
(2)注浆时应时刻注意注浆压力、储浆桶浆液下降和浆液跑浆情况。
(3)注浆期间，应有专人记录浆液消耗量、注浆起止时间及注浆压力等数据。
(4)注浆应在天窗时间结束前30 min完成，并确保行车安全。

5. 底板（无砟道床）开裂、隆起

底板或无砟道床开裂、隆起，常见原因为地下水丰富、水压力大，需要采用减压措施，可根据病害严重程度采用从两侧边沟和中心水沟打直径 110 mm 排水泄压孔，纵向间距 2.0~5.0 m，让地下水从隧道侧沟或中心水沟冒出。对隧底积水且存在虚渣、脱空地段，排水泄压后，再利用泄压孔注浆回填。对底板（无砟道床）裂缝采用嵌补措施，嵌缝材料根据缝宽选用，小于 5 mm 的可采用环氧树脂骑缝注浆封堵，大于 5 mm 的可采用凿缝后填充水泥系，瞬间堵漏剂封堵，极严重的应更换底板。隧道基底钻孔注浆平面布置如图 4.43 所示，隧道基底钻孔注浆断面图如图 4.44 所示。

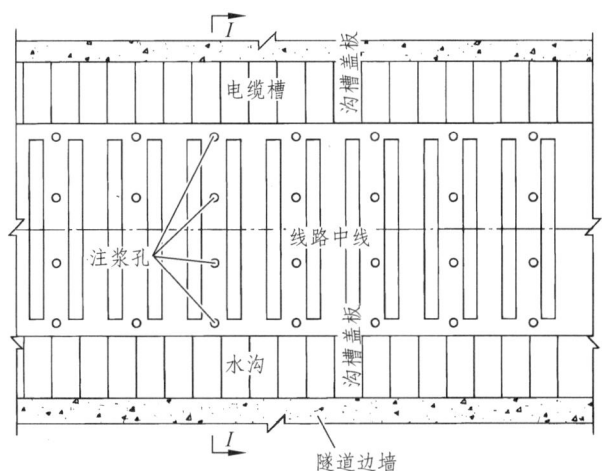

图 4.43　隧道基底钻孔注浆平面布置

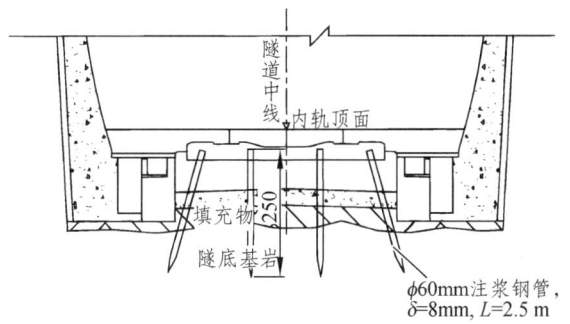

图 4.44　隧道基底钻孔注浆断面图（单位：cm）

6. 道床翻浆冒泥

翻浆冒泥应在无损检测的基础上进行取芯验证，根据翻浆冒泥的病害程度、隧道状况及运营条件，结合运营管理部门的意见，选择隧底注浆加固、隧底增设锚固桩、施作钢筋混凝土底板、重做仰拱、加深水沟等适宜的整治措施。

1）隧底注浆加固

对隧底翻浆冒泥，尚不引起列车剧烈晃动的，可采用隧底注浆加固的方法，具体方法同前，可结合地质条件、严重程度，调整注浆钢管长度间距等参数。

2）隧底注浆并增设锚固桩加固

对隧底翻浆冒泥或底板局部劣化，尚不引起列车剧烈晃动的，隧底增设钢筋混凝土锚固桩也是一种方法，通过锚固桩对道床起到压缩、挤密、锚固作用：

（1）固结隧底虚渣及松散回填物，防止其遇水泥化。

（2）填充隧底脱空及不密实地段。

（3）排挤隧底积水并封堵基岩裂缝水。

（4）填充底板混凝土细小缝隙，提高底板承载能力。

（5）注浆钢管存留隧底。

注浆加固方法中，锚固桩直径 15 cm，间距 0.6~1.0 m，梅花形布置；锚固桩深入基岩下不小于 0.25 m，桩长不小于 0.5 m，锚固桩配比采用加固型特种灌浆料：水∶砂∶石子∶黏霸 SBR 混凝土外加剂=490∶70∶78∶1078∶96，初凝 12 min 左右（可调），30 min 抗压强度为 12.1 MPa。桩内配置 3 根 Φ22 mmHRB400 级钢筋，钢筋距道床面净保护层不小于 5 cm。隧道基底锚固桩平面布置图如图 4.45 所示，隧道基底锚固桩断面图如图 4.46 所示。

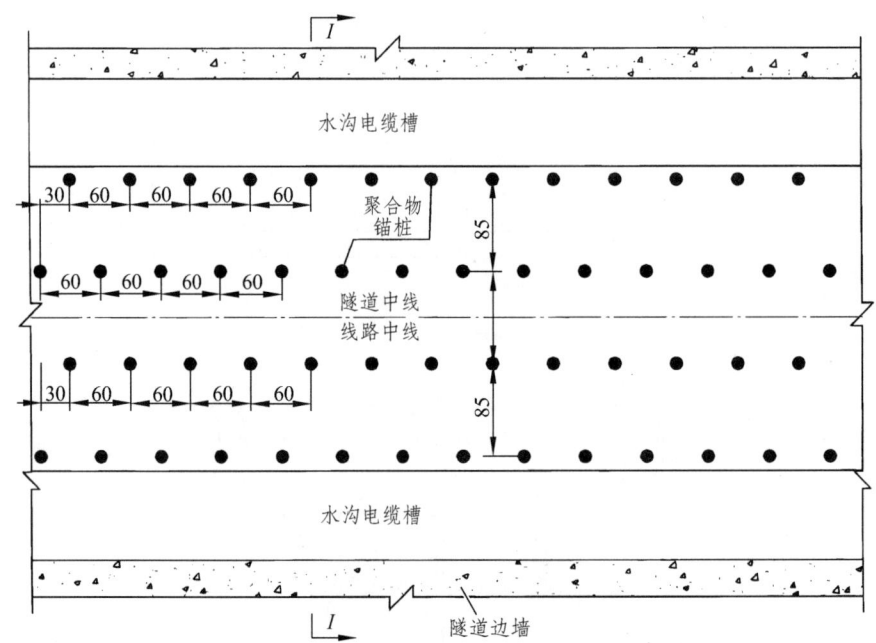

图 4.45　隧道基底锚固桩平面布置图（单位：cm）

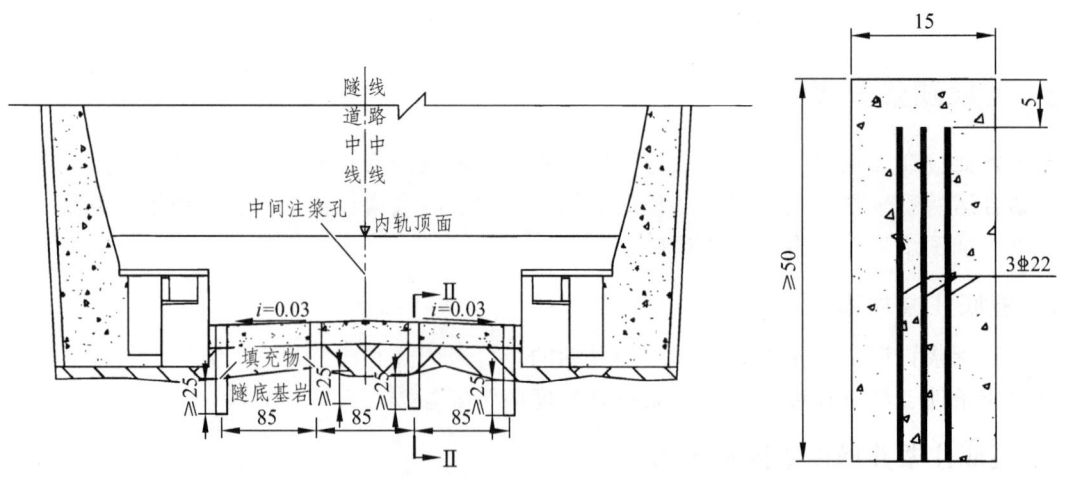

图 4.46　隧道基底锚固桩断面图（单位：cm）

3)重铺钢筋混凝土底板

对素混凝土底板已严重破损,难以通过嵌缝修补或局部补强的,或引起行车晃动危及行车安全的,应采取拆除裂损底板,重铺 C35 钢筋混凝土底板措施。施工时尽量停运股道或利用二线隧道过渡;否则,应进行线路加固。线路加固以前可采用扣轨的方法,但随着运营密度的加大以及铁路运营部门加强运营安全的管控,现在已不准采用扣轨的方法进行线路加固。

中国铁路成都局在隧底整治时采用 4.76 m 路基施工便梁,对线路进行临时加固,取得了较好效果。便梁基础采用 C35 钢筋混凝土支墩,单组便梁支墩尺寸:纵向×横向×高度=750 mm×400 mm×300 mm;两组便梁共用时,纵向×横向×高度=1 500 mm×400 mm×300 mm。重铺底板采用 30 cm 厚的 C35 钢筋混凝土底板。隧道重构底板断面如图 4.47 所示。

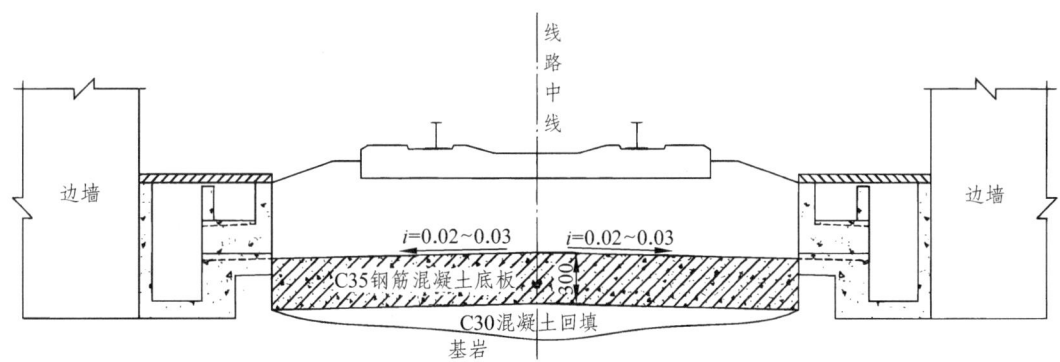

图 4.47　隧道重构底板断面(单位:cm)

施工工艺流程如下:

(1)确定钢筋混凝土支墩位置及支墩顶面标高,在曲线地段要考虑曲线超高。

(2)开挖支墩。在天窗点内凿除混凝土至设计混凝土支墩底面标高,先确认基底承载力要求(不小于 300 MPa,对达不到承载力要求的,应超挖处理),再立模浇筑 C35 钢筋混凝土支墩。钢筋混凝土支墩作为底板的一部分,不予拆除。

施工便梁架设平面图如图 4.48 所示,施工便梁架设纵剖面图如图 4.49 所示,施工便梁架设断面图如图 4.50 所示。

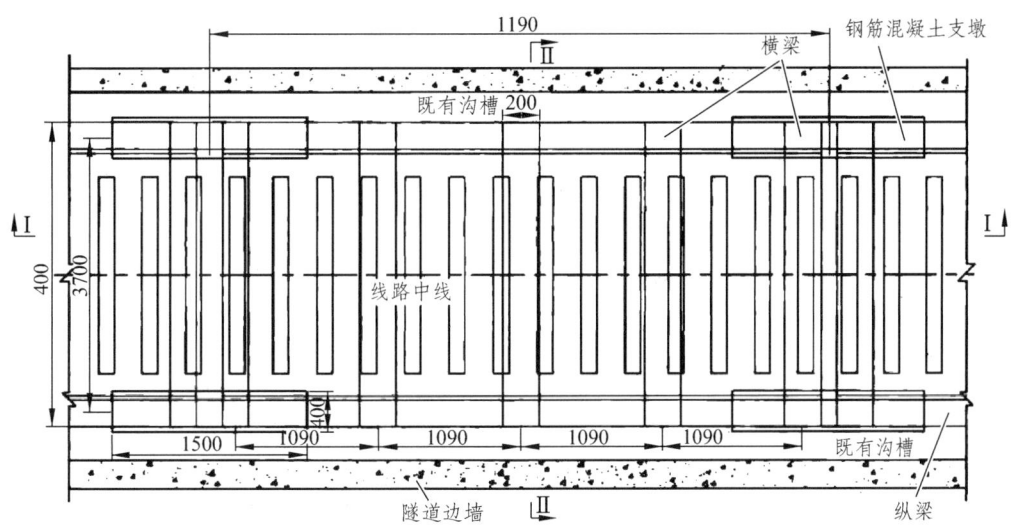

图 4.48　施工便梁架设平面图(单位:cm)

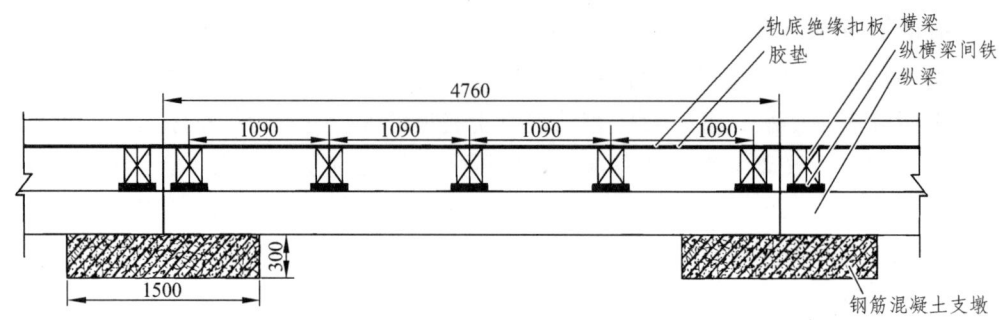

图 4.49 施工便梁架设纵剖面图（单位：cm）

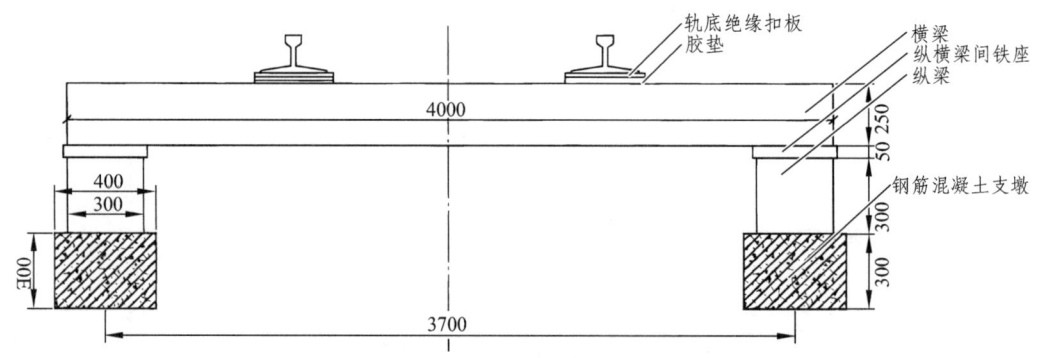

图 4.50 施工便梁架设断面图（单位：cm）

（3）支墩混凝土养护。支墩混凝土强度达到设计强度的 80% 后，方可开始扣梁作业。

（4）线路切边。利用慢行条件，沿水沟边切边至支墩混凝土顶面，凿除沿纵梁方向的既有混凝土至设计铺底混凝土底面标高。

（5）摆放纵梁。先复核支墩顶面标高，然后将两片纵梁就位。两纵梁中心距为 3.7 m，其对角线差不得大于 15 mm。

（6）穿设横梁。利用天窗时间，跳槽开挖横梁位置的道砟及混凝土，抽拿混凝土枕，穿设横梁，上好螺栓及扣件，其中有一根钢轨下需要垫大块绝缘橡胶板，以防轨道电路短路。横梁中对中距离为 1.09 m，由纵梁两端向中心排列抽换，穿设横梁时要对准纵梁肋板，将铁座置于纵梁与横梁间，并将四孔对正，每隔一根横梁拉紧一根绝缘轨距拉杆。

（7）全面检查。便梁架设完毕后，将架设地段线路各种几何尺寸、便梁连接件、枕木垛、垫块等进行全面检查和整理，对不良处必须立即处理，保证整个框架的整体稳定性，并经常检查，确保列车安全运行。线路加固地段列车应限速至 25 km/h。

（8）隧底施工。采用机械（风镐）和人力开挖既有开裂底板和基岩，开挖至设计深度后，清除土石并清洗干净，对连接处所的既有混凝土面要凿毛并清洗干净，方可浇筑 C35 钢筋混凝土底板。混凝土养护达到设计强度的 80% 后方可回填道砟。

（9）拆除便梁。先拆横梁，穿入混凝土枕后再拆纵梁，回填道砟，对线路进行整理，进入下一循环。

施工注意事项：

（1）曲线上使用时应在曲线上股纵梁加横撑，增加其横向阻力，以防胀轨。

（2）施工前应对施工段走行轨进行探伤检测，发现伤损钢轨和伤损夹板立即更换，对无缝线路地段，进行应力发散。

（3）便梁为钢制定型产品，施工采用铁路"建限-Ⅰ"限界，相邻便梁的施工距离不得与列车轮对距离相等。

（4）支墩占用水沟对排水系统及水沟造成破坏的，采用潜水泵等措施重新连接排水系统，底板施工完成后要对水沟进行修复。

（5）施工前应遵照《铁路工务安全规则》《铁路技术管理规程》《改建既有线和增建第二线铁路工程施工技术暂行规定》等规定的要求，向相关部门上报施工组织设计方案及要点计划，经批准后方可进行施工。

4）密井暗沟法

对一些修建年限已久的老隧道，由于当时的运营密度小，设计标准低，Ⅱ、Ⅳ级围岩地段仍采用直墙底板、单侧沟结构。在地下水发育的软弱围岩地段，通过隧底注浆、更换底板等措施，难有成效。中国铁路西安局等单位对一些老隧道通过加深水沟，疏干隧底积水也获得了较好的效果，俗称"密井暗沟法"。由于水沟加深到隧底以下，在有仰拱地段，还要破坏仰拱结构，对结构受力有一定影响，通过增设钢筋混凝土横撑来增加结构受力整体性，克服仰拱破坏的不足。若先进行隧底注浆锚固后再进行密井暗沟，效果会更优。

（1）施工方法。

①分段跳槽拆除两侧既有沟槽，对两侧水沟进行全面加深，全面收集、疏干道床、隧底积水，有效防止基岩遇水软化。

②为保持隧底结构的稳定性及保留电缆槽的需要，两侧水沟每1.5 m设一道C30钢筋混凝土横撑，横撑高度为40 cm，横撑上方为电缆槽；对仰拱地段，采用植筋措施连接隧底与新建水沟，植入ϕ16 mm钢筋，其植入隧底和仰拱深度不小于20 cm，钢筋竖向间距40～50 cm，沿隧道纵向间距120～150 cm，植筋采用A级锚固胶，但植筋难度大。密井暗沟设置图如图4.51所示。

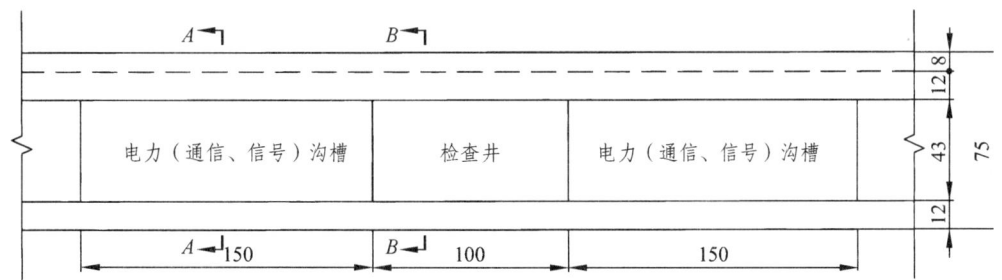

(a) 密井暗沟平面图

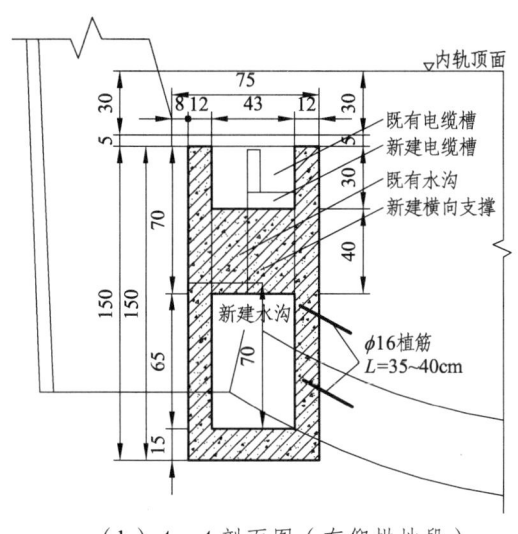

(b) A—A剖面图（有仰拱地段）　　(c) A—A剖面图（底板地段）

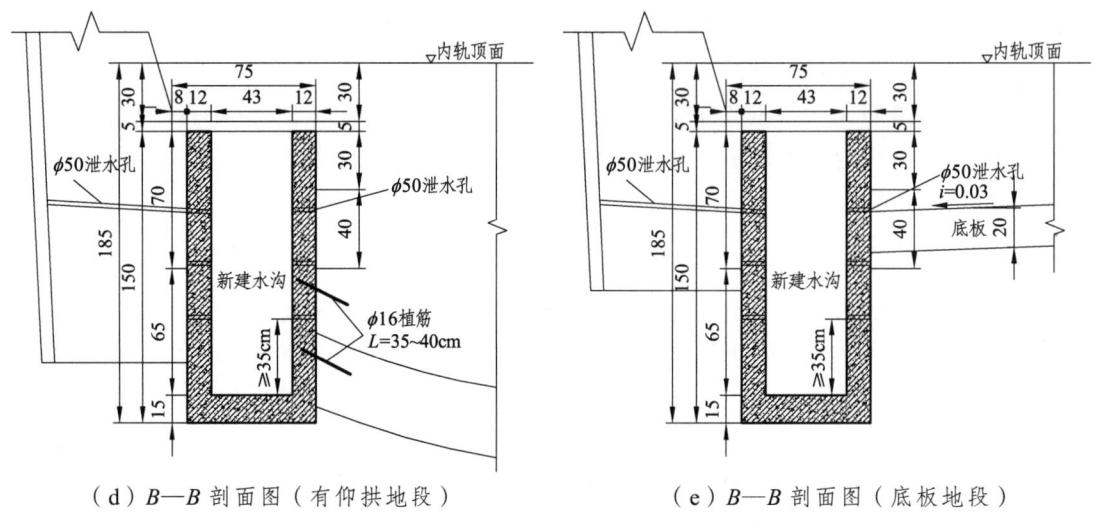

(d) B—B 剖面图（有仰拱地段）　　　(e) B—B 剖面图（底板地段）

图 4.51　密井暗沟设置图（单位：cm）

③设置横撑后，明沟变成了暗沟，为方便检查、维修，暗沟每 1.5 m 设一处检查井，其平面尺寸为 100 cm×43 cm，检查井靠边墙及道床两侧增设直径 50 mm 泄水管（PVC 管，外包土工布），将衬砌背后、道床积水及隧底地下水引至检查井，沟底坡度顺线路坡度，对洞外水沟同步进行加深改造、顺接，确保水流畅通。

（2）施工注意事项。

①密井暗沟施工前应对隧道构筑物及管线进行调查，经主管部门同意后进行迁移。

②施工时，要对线路挡渣支护、开挖坑壁进行板壁支护。

③采用人工或机械跳槽开挖，遵循"短开挖、强支撑、早灌注"的原则；边墙底部禁止超挖，若超挖，须采用 C30 混凝土回填。每作业段开挖长度不得大于 5 m，段与段之间不得少于 15 m。

④水沟拆除期间，对两端水沟进行封堵，中间采用潜水泵连接排水系统，以防止水沟里的水浸漫道床。

⑤暗沟沟底坡度与线路坡度保持一致，洞外水沟与加深水沟保持顺接，确保水流畅通。

⑥既有水沟盖板要轻拿轻放，以免损坏，水沟完成后，恢复既有水沟盖板。

⑦沟槽后浇段与前浇段施工缝采用混凝土凿毛、刷涂混凝土界面剂进行处理，以免混凝土收缩形成裂缝。

5）水沟破损整治

水沟破损，不能正常排水，也是影响隧底稳定的主要因素。隧底脱空，留有虚渣，这些松散体与基床混凝土不可能结合形成稳固的一体，在列车长期振动及地下水作用下，易造成底板破损、下沉、道床积水、沟槽破损、沟帮外倾线路状态不稳等病害，水沟底板破损、沟帮开裂后，又加剧了地下水倒灌道床，对道床病害形成一个不良循环。因此整治隧底时，必须对破损水沟一并整治。整治程序如下：

（1）隧道侧沟病害整治施工前，应预先清理干净沟槽内虚渣、疏通侧沟各排水管路。

（2）侧墙泄水孔和道床流水槽堵塞的应予以清孔，数量不满足设计要求的，应增设泄水孔、流水槽。

（3）侧沟沟底达不到设计标高或沟底破损的地段，在凿除沟底混凝土至设计标高以下 5 cm 处，铺 ⌀12 mm 钢筋网（网格间距 10 cm×10 cm），采用 C35 混凝土浇筑，且新浇混凝土与侧沟沟壁间涂刷混凝土界面剂。水沟沟底两侧采取凿毛后用 M10 水泥砂浆勾缝的方法处理。

（4）对隧道侧沟沟帮开裂、倒塌地段，拆除既有沟帮，沿侧沟周边铺 ⌀12 mm 钢筋网（网格间距 10 cm×10 cm），采用 C35 混凝土整体浇筑，且新旧混凝土接触面凿毛后涂刷混凝土界面剂。

（5）重新施作水沟外鼓变形及水沟沟底冒泥地段时，应对基础承载力按不小于 200 kPa 进行检查，达不到要求的采用 C20 混凝土进行换填。

6）隧底水害整治

在运营期隧道病害中，基底水害危害较大。当排水系统不完善或堵塞时，会造成隧道内大量积水，影响铁路或公路的正常运营。其治理主要靠引流和降低水位法来解决。

（1）引流。

①适用范围。

对于从墙脚向上的大面积渗水，可能由于衬砌后面防水板被破坏，而底板泄水管堵塞，致使水位上升形成，可以采用水沟内打孔引流处理。

②施作工序。

a. 图 4.52 适用于隧道渗漏水严重及排水系统失效段落，排水孔纵向间距不宜大于 4 m。

b. 在电缆槽底下方水平向围岩侧钻孔，孔径 100 mm，钻孔穿过初期支护后进入围岩长度不小于 100 cm。为避免钻孔后水沿仰拱面流至仰拱填充面下造成道床水害，泄水孔内埋入直径 100 mm 的 WG 管将水引至侧沟。

c. 靠道床侧电缆槽底部钻孔采用 C35 环氧水泥砂浆封堵。

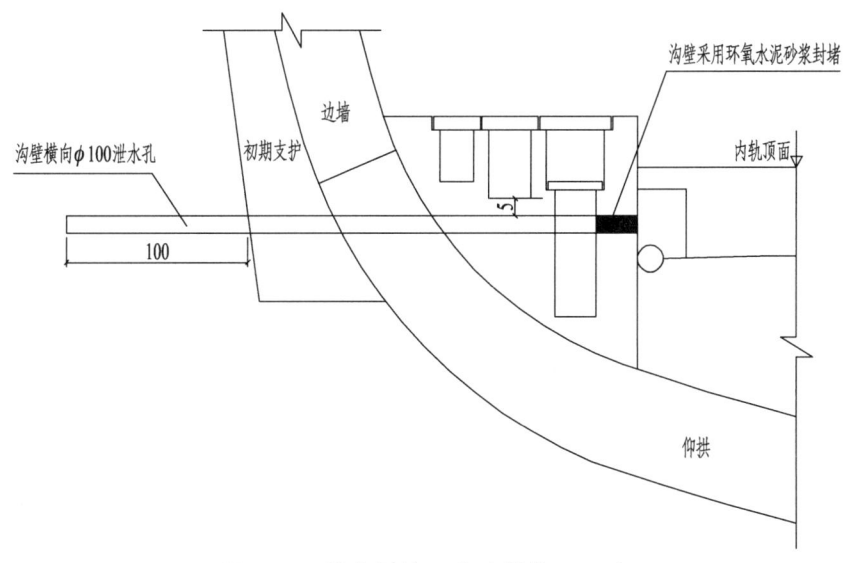

图 4.52　隧底引流示意（单位：cm）

（2）降低水位法。

降低水位法是把隧道基底水害段附近的地下水位降低，防止漏水和土砂流入的方法。该法适用于漏水范围广、漏水量大、地下水位高，列车运行和漏水使土砂流失及隧道结构产生问题时。

①适用范围。

地下水位比底板、仰拱高，在列车运行的反复作用下会使土砂流入，可降低既有排水沟（密井暗管）。暗管排水可降低基底地下水水位，改善全隧道的疏导排水系统，从而消除因地下水而引起的基底水害。

基本做法是将两侧既有水沟加深至基底底部以下，布设排水暗管，间隔一定距离设置检查井，如图 4.53 所示。

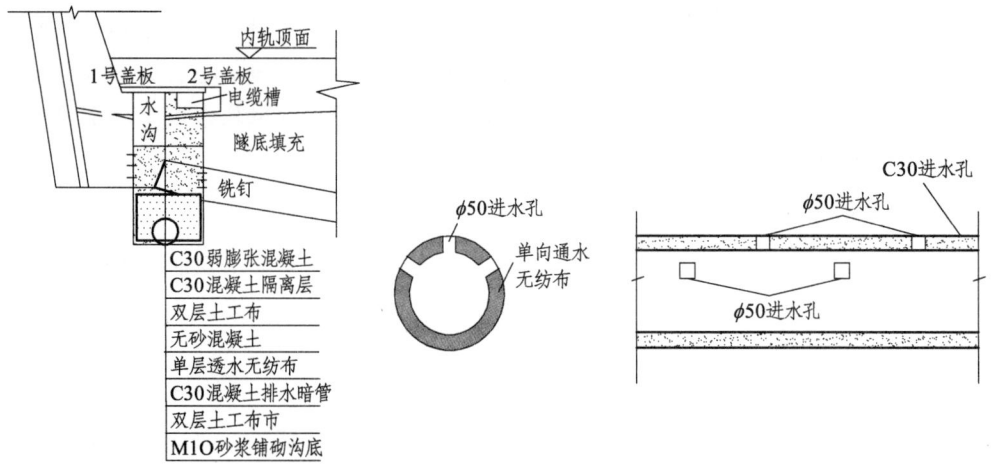

图 4.53 密井暗管降水示意（单位：cm）

② 注意事项。

a. 降低排水沟时，要在充分调查地下水位、漏水量、流入土砂量、既有排水沟的状况等基础上，决定位置、构造、断面尺寸等。

b. 为降低排水沟，破坏了隧道结构的整体性，进而影响对侧压的抵抗能力，必要时需用型钢等事先补强。此外，也要研究施工时的列车防护对策。

c. 在密井采用暗管法施工时，必须对隧道边墙脚进行锁脚处理，防止上部衬砌结构整体沉降。

（十一）隧道震害病害整治

地震发生后，隧道所处的路段可能就是唯一一条紧急救援通道，那么当隧道在地震中发生严重病害时，就需要进行紧急加固，满足救援的需要，故震害加固分为应急加固和永久加固两种。应急加固具有时间紧、公路可能不通，大型机械、加固材料不易进场的特点，因此应急加固遵循方便、快捷的原则，加固材料通常就近取材，还需考虑与永久加固方案的协调性，使已实施措施在永久加固阶段能继续利用。衬砌震害各阶段加固措施可参照表 4.9。

表 4.9 衬砌震害各阶段加固措施

病害特征	应急加固		永久加固
	抢通阶段	保通阶段	
情况正常（无异常情况）	—	—	—
衬砌有少量裂缝，且裂缝以环向为主，裂缝宽度小于 1 mm	观测	观测	裂缝修补
二次衬砌有少量纵、斜向离散裂缝，且裂缝宽度小于 1 mm 或环向裂缝宽度大于 1 mm	观测	钢架支撑	裂缝修补、锚杆加固、粘贴钢板
二次衬砌为素混凝土时有少量纵、斜向裂缝，但裂缝延展长、宽度大、深入衬砌内部，甚至为贯通裂缝；二次衬砌为钢筋混凝土结构时，裂缝较多，纵横交织，呈网状	钢架支撑	钢架支撑、锚杆	围岩注浆、套拱
素混凝土二次衬砌裂缝纵横交织呈网状；衬砌混凝土剥落、掉块、局部坍塌；衬砌大面积垮塌；钢筋混凝土衬砌剥落、掉块、钢筋弯曲外露	钢架支撑、局部支顶	钢架支撑、锚杆、喷射混凝土、破损二次衬砌和初期支护局部恢复	围岩注浆、套拱、换拱

1. 应急加固设计

（1）抢通阶段宜采用型钢钢架全断面环向支撑，间距宜为 0.5~1.5 m，相邻钢架应采用纵向筋连接，必要时局部配合钢管、圆木等支顶，通行期间应加强安全巡查。

（2）保通阶段应在抢通加固的基础上采用加密钢架、喷射混凝土、增设锚杆、二次衬砌与初期支护局部恢复等加固措施。

（3）隧道塌方段应结合塌方规模、整治难度等，对原址通过、侧洞绕避进行评估论证，并制订专项方案。

2. 永久加固设计

（1）对二次衬砌错台、侵入隧道建筑限界，宜进行局部衬砌更换或整体换拱。

（2）对通过活动性断层震后重建的衬砌结构，考虑地震以后还可能发生，该段衬砌再次破坏，宜适当加大净空富余量，采用圆形或近圆形断面。

（3）修复中宜考虑"初期支护+二衬双节段"设计理念，初期支护节段与二衬节段相匹配，同时合理设置断层带及其影响带节段长度，加密断层边界错断处变形缝布置，加大节段间变形缝宽度，以使其适应结构变形，及时释放应力，避免结构整体破坏。

（4）衬砌或套衬宜采用纤维混凝土，以提高衬砌混凝土抗开裂性能。

（5）宜加强抗震运营监测，在断裂带附近设置相应的结构健康监测系统，监测围岩和衬砌结构的变形及受力情况，发现异常，及时报警，以便采取应急措施，确保行车安全。

（6）隧底永久加固措施按路面隆起破坏程度，并考虑破坏程度与地质条件的对应特点而确定，宜符合表 4.10 规定。

表 4.10 隧道隧底永久加固措施

病害特征	加固措施
路面开裂、隆起幅度小于 50 mm	灌缝路面局部拆换、隧底注浆
隆起幅度 50~150 mm	路面结构上部 500~600 mm 拆换、隧底注浆
隆起幅度在 150~300 mm	路面结构及底部排水沟、仰拱填充拆除新建，仰拱补强
隆起幅度大于 300 mm 或断裂错台	路面及仰拱结构拆除新建，仰拱应采用钢筋混凝土

（十二）洞口工程加固

洞口工程包括洞门结构、洞口边仰坡、洞口安全影响区等范围。洞门结构一般包括洞门墙、洞口翼墙、明洞、棚洞等；洞口边仰坡通常指隧道开挖洞口时，形成的洞口两侧边坡和洞顶仰坡；洞口安全影响区是指隧道洞顶边仰坡以上，存在落石、滚石、崩塌、滑坡、泥石流、雪崩、水害等现象，可能危及隧道洞口安全的区域。

洞口工程加固应根据洞口病害特征、地形、地质及环境等因素，遵循"运营安全、环境协调、实用美观"的原则，确定洞口加固方案，并符合以下要求：

（1）隧道洞口段是行车安全的重要位置，存在光过渡、横断面过渡等情况，加固后需保持洞口的整体和谐、美观，恢复洞口生态绿化，有益行车安全。洞口装饰不采用反光炫目的装饰材料，洞口工程加固后不影响洞口行车视距等。

（2）新增洞口明洞、棚洞等工程时，新增工程与原结构应合理衔接，并应完善洞口工程防排水系统。

（3）洞门结构加固应符合以下规定：

①洞门结构加固应根据病害特征、洞门形式确定加固方法，可按表4.11选用。

表4.11 洞门结构加固方法一览

病害特征	加固措施	备注
洞门墙墙体局部有裂缝，无明显发展，整体稳定；装饰板材局部劣化、剥落，可能会危及行车（人）安全	裂缝修补、装饰修复	
洞门墙墙体有竖、横、斜向裂缝，并有发展迹象；墙体局部有轻微沉陷或倾斜；墙面装饰板材大面积劣化、剥落，已危及行车（人）安全	基底加固、肋柱式扶墙、裂缝修补装饰修复	
墙体局部倾斜，整体稳定较差；墙体有错台开裂现象，大量纵斜向裂缝；局部可能有倾覆危险，已严重危及行车（人）安全	洞顶清方减载，洞门墙背注浆、基底加固、洞门正面锚固、设置抗滑桩、增大洞门墙截面、接长明洞、棚洞、裂缝修补、墙体局部更换	
墙体严重倾斜，结构严重破坏，整体有倾覆危险；墙体大面积开裂错台，已严重危及行车（人）安全；洞口被掩埋、洞门墙倒塌、洞口整体破坏损毁，已无法通行	洞顶清方减载、洞口段地表注浆加固、接长明洞、棚洞拆除、重建洞门	多发生在强烈地震后

②当洞门墙体有裂缝、渗漏水等轻微病害时，宜采取裂缝整治、墙体下部增设泄水孔、集中漏水点埋管引排、墙背注浆等措施整治。

③当墙体大面积开裂、错台、剥落时，应对墙体采取增大截面加固或拆除重建措施。增大截面加固时，墙体新增部分应采用现浇混凝土结构，混凝土强度等级不应低于C25，新旧结构间应植筋连接。局部拆除重建时，新建墙体应与既有墙体采用植筋等方式有效衔接。

④因冻胀引起洞门墙结构破损时，应采取防冻胀及防排水措施，并对破损处进行修复；重新施作的洞门墙宜采用钢筋混凝土结构，其基础应置于冻结线以下。

⑤因地基承载力不足导致洞门墙沉降、倾斜、开裂时，应对基底采取加固措施，宜采用注浆、扩大基础、树根桩、钢管桩等加固措施。

（4）洞口边仰坡加固适用于坡面破损、局部垮塌和坡体失稳等病害的整治，并应符合以下规定：

①应根据坡体破坏原因、破坏程度、地质、地形及环境条件选择加固方法，可采用清方、坡面防护挡土墙、坡体锚固、抗滑桩、接长明洞等措施。

②坡面防护可选择植物、骨架植物、圬工等防护形式，宜选用生态防护，局部受损坡面修复和加固后宜与周边环境相协调。

③地震多发区的隧道洞口宜采取接长明洞、棚洞等措施，不宜设置重力式支挡结构物，洞口新建洞门墙宜采用轻型钢筋混凝土结构。

④隧道洞口接长明洞或棚洞时，长度不宜小于5 m，长度过小整治效果不明显，同时也不利于洞口的纵向稳定。

（5）洞口安全影响区加固包括落石、滚石、崩塌、滑坡、泥石流、雪崩、风吹雪、水害等危及洞口安全的病害整治，相应的整治加固方法可按表4.12选用。

表 4.12 洞口安全影响区加固方法

病害特征	加固措施
危及洞口安全的因素	整治加固方法
落石、滚石	清除危石、锚固危石、主动防护网、被动防护网,拦石墙、隔离沟、接长明洞、棚洞
坍塌	清除崩塌体、主动防护网、被动防护网拦石墙、隔离沟、预应力锚索,接长明洞、棚洞
滑坡	清方减载、反压护坡抗滑桩、预应力锚索
泥石流	泥石流渡槽,导流槽、挡墙、接长明洞、棚洞
雪崩、风吹雪	洞口防雪棚、防护墙接长明洞、棚洞
水害	拦水墙、修复洞口排水系统改沟,防护

（6）修复、增设洞口截排水沟应符合下列规定：

①根据洞口地形、汇水面积及流量等因素校核洞外原截、排水沟的排水能力,不足时应增设或扩大截排水沟。

②原截排水沟破损时应进行修复,延长或局部重做截排水沟时,应做好接缝处的防渗处理。

③截水沟基础应置于稳定地层上,当不满足承载力要求时,应进行地基处理。

④洞口截、排水沟出水口应引入自然冲沟或路基边沟,不得冲刷隧道基础、路基坡面及桥涵锥坡等设施。

（7）当隧道洞口存在风吹雪现象,影响行车安全时,宜采用防、雪棚、防雪板等措施,并符合下列要求：

①防雪棚应根据洞口地形、风向、积雪厚度确定合理的设置长度。

②防雪棚结构应考虑承受雪荷载的作用,可采用钢筋混凝土结构、钢结构。

③防雪棚上部宜采用半圆形或斜坡状。

三、加固材料

1. 一般规定

（1）加固材料的品种规格和性能指标,应符合国家、行业现行相关标准的规定,并满足设计要求。

（2）加固材料应满足安全、环保、强度、耐久性的要求。

2. 水泥与混凝土

（1）衬砌加固用水泥应采用强度等级不低于 42.5 级硅酸盐水泥、普通硅酸盐水泥或快硬硅酸盐水泥；在腐蚀环境下,应采用满足要求的特种水泥。

（2）模筑混凝土强度等级宜比原结构强度提高一级,且不应低于 C30；补偿收缩混凝土强度等级不得低于 C30,膨胀剂用量宜为 $30 \sim 60 \text{ kg/m}^3$。

（3）衬砌加固用喷射混凝土强度等级不应低于 C25。

（4）喷射纤维混凝土除应符合现行《岩土锚杆与喷射混凝土支护工程技术规范》（GB 50086）外，尚应符合下列规定：

①粗集料粒径不应大于 10 mm，宜采用连续级配。

②钢纤维宜采用等效直径为 0.3~0.5 mm 的方形或圆形断面，长度宜为 20~25 mm，长度直径比宜为 40~60，掺量的体积率宜为 0.35%~1.5%。

③合成纤维可采用聚丙烯腈纤维、聚丙烯纤维、聚酰胺纤维或聚乙烯纤维等，掺量的体积率宜为 0.06%~0.25%。

3. 钢 材

（1）钢筋、锚杆品种应符合下列规定：

①钢筋混凝土中的钢筋技术条件，应符合现行《钢筋混凝土用钢 第 1 部分：热轧光圆钢筋》（GB 1499.1）、《钢筋混凝土用钢 第 2 部分：热轧带肋钢筋》（GB 1499.2）的规定。

②锚杆预应力筋宜采用预应力螺纹钢筋。

③植筋应采用热轧带肋钢筋，不得使用光圆钢筋。

（2）钢板、钢带、型钢、钢管应符合下列规定：

①粘贴钢板、钢带宜采用 Q345 级钢材，型钢、钢管宜采用 Q235 级、Q345 级钢材，钢材的性能应符合现行《碳素结构钢》（GB/T 700）和《低合金高强度结构钢》（GB/T 1591）的规定。

②钢材的性能设计值应按现行《钢结构设计标准》（GB 50017）的规定采用。

③重要结构的焊接构件，应采用 Q235-B 级、Q345-C 级钢材。

4. 注浆材料

注浆材料可采用水泥（砂）浆、微膨胀水泥浆、水泥-水玻璃浆、超细水泥浆、TGRM 水泥浆、水溶性聚氨酯浆液、丙烯酸浆液等。

（1）微膨胀水泥浆力学性能详见表 4.13。

表 4.13 微膨胀水泥浆力学性能

项目	技术指标
90 min 流动度保留值/mm	≥320
塑性体积膨胀率/%	0.5~2
抗压强度/MPa	≥50.0
抗渗性/MPa	≥1.5
拉伸黏结强度（湿基面）/MPa	≥1.0
拉伸黏接强度（干基面）/MPa	≥1.5

（2）水泥-水玻璃浆液中的水泥浆应选用普通硅酸盐水泥配制；水玻璃模数宜为 2.4~3.2，浓度不宜小于 40°Bé（波美度）。

（3）超细水泥浆中水泥平均粒径不宜大于 4 μm，最大粒径不宜大于 20 μm，比表面积不宜小于 850 m²/kg。

（4）TGRM 水泥基特种灌浆料是以水泥基为主的高性能复合材料，无毒、无污染，主要特点如下：

①防水型：具有水下不分散、抗渗性好、微膨胀等特点。适用于隧道衬砌与围岩的防水帷幕注浆和开挖隧道的超前预注浆，是替代水泥-水玻璃的首选材料。

②超细型：具有超细粒径（98%以上的粒径≤8 μm）可满足对细小裂缝（一般认为是粒径的3倍）的可灌性要求，适用于围岩二次帷幕灌浆和衬砌体加固灌浆，对有阻水要求的，超细型TGRM水泥基特种灌浆料也可以具有水中抗分散性。

③加固型：具有突出的超早强施工性能，适用于隧道基床、路基加固灌浆、锚杆加固注浆等。

④双液型：具有突出的超早强施工性能，适用于砂土层隧道开挖加固、断层强涌水及岩溶突水地质的隧道帷幕灌浆、围岩加固灌浆等。

（5）水溶性聚氨酯浆液性能指标应符合表4.14的规定。

表4.14　水溶性聚氨酯浆液性能指标

性能项目		性能要求
浆体性能	黏度/(MPa·s)	<1 000
	抗渗指标/MPa	>0.9
	遇水膨胀率/%	≥20
与混凝土黏结强度/MPa		≥1.1
结石抗压强度/MPa		<1.5

（6）丙烯酸盐浆液按固化物理性能分为Ⅰ型和Ⅱ型，主要性能指标应符合表4.15的规定。

表4.15　丙烯酸盐浆液性能指标

性能项目		性能要求	
		Ⅰ型	Ⅱ型
浆体性能	黏度/(MPa·s)	≤10	
	渗透系数/(cm/s)	≤1.0×10^{-6}	≤1.0×10^{-7}
	遇水膨胀率/%	≥30	
固砂体抗压强度/MPa		≥0.2	≥0.4

5. 聚合物改性水泥砂浆

（1）加固用聚合物改性水泥砂浆分为Ⅰ级和Ⅱ级，安全性能指标应符合表4.16的规定。

表4.16　聚合物改性水泥砂浆安全性能指标

性能项目			性能要求	
			Ⅰ型	Ⅱ型
浆体性能	劈裂抗拉强度/MPa		≥7	≥5.5
	抗折强度/MPa		≥12	≥10
	抗压强度/MPa	7 d	≥40	≥30
		28 d	≥55	≥45
黏结能力	与钢丝绳的黏结抗剪强度/MPa	标准值	≥9	≥5
	与混凝土正拉黏结强度/MPa		≥2.5，且为混凝土内聚破坏	

（2）衬砌混凝土强度等级高于 C25 时，加固用聚合物改性水泥砂浆应采用Ⅰ级聚合物砂浆；衬砌混凝土强度等级不高于 C25 时，可采用Ⅰ级或Ⅱ级聚合物砂浆。

（3）加固用聚合物改性水泥砂浆宜选用改性环氧类、改性丙烯酸酯类、改性丁苯类或改性氯丁类聚合物乳液配制，不得使用聚乙烯醇类、氯偏类、苯丙类聚合物以及乙烯-乙酸乙烯共聚物配制。

（4）聚合物改性水泥砂浆的黏结抗剪性能应经湿热老化检验合格，检验应按现行《混凝土结构加固设计规范》（GB 50367）的规定进行。经湿热老化后的试件，应在常温条件下进行钢-钢拉伸抗剪试验，Ⅰ级聚合物砂浆的抗剪强度降低应不大于 10%，Ⅱ级聚合物砂浆的抗剪强度降低应不大于 15%。

（5）寒冷地区隧道加固使用聚合物改性水泥砂浆，应通过耐冻融性能试验。冻融环境温度应为 −25~35 ℃；循环次数不应少于 50 次；每次循环时间应为 8 h；试验结束后，在常温条件下进行钢丝绳与浆体黏结试验，Ⅰ级聚合物砂浆的抗剪强度降低应不大于 5%，Ⅱ级聚合物砂浆的抗剪强度降低应不大于 10%。

6. 纤维复合材料

（1）纤维复合材料可采用碳纤维、玻璃纤维及芳纶纤维，其品种和性能应符合下列规定：

①应采用连续纤维。

②碳纤维应采用不大于 12K（K=1 000）小丝束的聚丙烯腈基（PAN 基）纤维，不得使用大丝束纤维。

③应采用高强度玻璃纤维或含碱量低于 0.8%的无碱玻璃纤维，不得使用高碱或中碱的玻璃纤维。

④碳纤维、玻璃纤维及芳纶纤维复合材料的主要力学性能指标，应符合表 4.17 的规定。

表 4.17　纤维复合材料主要力学性能指标

纤维类别		性能项目					
		抗拉强度标准值/MPa	弹性模量/MPa	断裂伸长率/%	弯曲强度/MPa	纤维复合材料-混凝土正拉黏结强度/MPa	层间剪切强度/MPa
碳纤维	高强度Ⅰ级	≥3 400	≥2.4×10^5	≥1.6	≥700	≥2.5，且为混凝土内聚破坏	≥45
	高强度Ⅱ级	≥3 000	≥2.0×10^5	≥1.5	≥600		≥35
玻璃纤维	S 型（高强）	≥2 200	≥1.0×10^5	≥2.5	≥600		≥40
	E 型（无碱）	≥1 500	≥7.2×10^4	≥1.8	≥500		≥35
芳纶纤维	高强度Ⅰ级	≥2 100	≥1.1×10^5	≥2.2	≥400		≥40
	高强度Ⅱ级	≥1 800	≥0.8×10^5	≥2.6	≥300		≥30

（2）纤维复合材料与其他结构胶黏剂配套使用时，应对其抗拉强度标准值、纤维复合材料-混凝土正拉黏结强度、层间剪切强度重新做适配性试验。

（3）纤维复合材料的单位面积纤维质量应符合下列规定：

①单层纤维布材的单位面积纤维质量不宜高于 300 g/m^2。

②单层芳纶纤维布材的单位面积纤维质量不宜高于 450 g/m^2。

③玻璃纤维布材的单位面积纤维质量不宜高于 600 g/m^2。

7. 胶黏剂

（1）加固用结构胶应采用 A 级胶，其设计使用年限不应低于 30 年。
（2）粘贴纤维复合材料用结构胶的安全性能指标应符合表 4.18 的规定。

表 4.18　纤维复合材料主要力学性能指标

性能项目		性能要求
胶体性能	抗拉强度/MPa	≥38
	抗拉弹性模量/MPa	≥2 400
	抗弯强度/MPa	≥50，且不得呈碎裂状破坏
	抗压强度/MPa	≥70
	伸长率/%	≥1.5
黏结能力	钢-钢拉伸抗剪强度标准值/MPa	≥14
	钢-钢粘贴抗拉强度/MPa	≥40
	钢-C45 混凝土的正拉黏结强度/MPa	≥2.5，且为混凝土内聚破坏
	不挥发物含量（固体含量）/%	≥99

（3）粘贴钢板用结构胶的安全性能指标应符合表 4.19 的规定。

表 4.19　粘贴钢板用结构胶的安全性能指标

性能项目		性能要求
胶体性能	抗拉强度/MPa	≥30
	抗拉弹性模量/MPa	≥3 200（2 500）
	抗弯强度/MPa	≥45，且不得呈碎裂状破坏
	抗压强度/MPa	≥65
	伸长率/%	≥1.2
黏结能力	钢-钢拉伸抗剪强度标准值/MPa	≥15
	钢-钢粘贴抗拉强度/MPa	≥40
	钢-C45 混凝土的正拉黏结强度/MPa	≥2.5，且为混凝土内聚破坏
	不挥发物含量（固体含量）/%	≥99

注：表中括号内的抗拉弹性模量指标仅用于灌注黏结型胶黏剂。

（4）加固用的底胶应与结构胶相适配，其安全性能应符合表 4.20 的规定。

表 4.20　底胶的安全性能指标

性能项目		性能要求
底胶	钢-钢拉伸抗剪强度标准值/MPa	≥20，且为结构胶的胶层内聚破坏
	与混凝土的正拉黏结强度/MPa	≥2.5，且为混凝土内聚破坏
	不挥发物含量（固体含量）/%	≥99

（5）加固用修补胶的安全性能指标应按配套结构胶的要求确定。

（6）植筋、钢板（带）锚栓用胶黏剂宜采用快固结构胶，其安全性能指标应符合表4.21的规定。

表4.21 植筋、钢板（带）锚栓用胶黏剂安全性能指标

性能项目		性能要求
胶体性能	劈裂抗拉强度/MPa	≥8.5
	抗弯强度/MPa	≥50，且不得呈碎裂状破坏
	抗压强度/MPa	≥60
黏结能力	钢-钢（钢套筒法）拉伸抗剪强度标准值/MPa	≥16
	约束抗拔条件下带肋钢筋与混凝土的黏结强度/MPa（C30，⌀25 mm 埋深150 mm）	≥12
	约束抗拔条件下带肋钢筋与混凝土的黏结强度/MPa（C60，⌀25 mm 埋深125 mm）	≥18

（7）胶黏剂的黏结抗剪性能应经湿热老化检验合格，检验应按现行《混凝土结构加固设计规范》（GB 50367）的规定进行。经湿热老化后的试件，应在常温条件下进行钢-钢拉伸抗剪试验，其强度降低应不大于12%。

（8）胶黏剂必须通过毒性检验。严禁使用乙二胺作为环氧树脂的固化剂，严禁掺入挥发性有毒溶剂和非反应性稀释剂。

（9）寒冷地区隧道用胶黏剂应通过耐冻融性能试验。冻融环境温度应为 -25~35 ℃；循环次数不应小于50次；每次循环时间应为8 h；试验结束后，应在常温条件下进行试件的钢-钢黏结拉伸抗剪试验，其抗剪强度降低率不应大于5%。

8. 裂缝修补材料

（1）裂缝压注胶可分为裂缝封闭胶和裂缝修复胶两类，分别适用于裂缝的封闭和补强。

（2）裂缝封闭胶安全性能指标应符合粘贴纤维复合材料A级胶的相关规定。

（3）裂缝修复胶适用于注射法施工，应满足灌浆工艺简便、可灌注性好、固化时间可控、固化后收缩性小的要求，其安全性能指标应符合表4.22的规定。

表4.22 裂缝修复胶安全性能指标

性能项目		性能要求
胶体性能	抗拉强度/MPa	≥25
	抗拉弹性模量/MPa	≥1 500
	抗压强度/MPa	≥50
	抗弯强度/MPa	≥30，且不得呈碎裂破坏
黏结能力	钢-钢拉伸抗剪强度标准值/MPa	≥15
	钢-干态混凝土正拉黏结强度/MPa	≥2.5，且为混凝土内聚破坏
	钢-湿态混凝土正拉黏结强度/MPa	≥1.8，且为混凝土内聚破坏
	不挥发物含量（固体含量）/%	≥99
	耐湿热老化性能	通过耐湿热老化性能试验，与室温下短期试验结果相比其抗剪强度降低率不大于12%

（4）裂缝注浆料按其所使用的黏结材料的不同，可分为改性环氧基注浆料和改性水泥基注浆料。

（5）改性环氧基裂缝注浆料安全性能指标应符合表 4.23 的规定。

表 4.23　改性环氧基裂缝注浆料安全性能指标

性能项目		性能要求
浆体性能	劈裂抗拉强度/MPa	≥7.0
	抗弯强度/MPa	≥25，且不得呈碎裂状破坏
	抗压强度/MPa	≥60
黏结能力	钢-钢拉伸抗剪强度标准值/MPa	≥7.0
	钢-钢黏结抗拉强度/MPa	≥15
	钢-混凝土正拉黏结强度/MPa	≥2.5，且为混凝土内聚破坏
耐湿热老化性能		通过耐湿热老化性能试验，其抗剪强度平均降低率不大于20%

（6）改性水泥基裂缝注浆料安全性能指标应符合表 4.24 的规定。

表 4.24　改性水泥基裂缝注浆料安全性能指标

性能项目	性能要求
劈裂抗拉强度/MPa	≥4.0
抗压强度/MPa	≥55
抗折强度/MPa	≥8.0
与混凝土正拉黏结强度/MPa	≥1.5

注：表中强度均为养护龄期 28 d 所测强度。

9. 锚　杆

锚杆可采用普通中空锚杆（图 4.54）、组合中空锚杆（图 4.55）、自进式中空锚杆（图 4.56）、预应力锚杆等，对孔壁不能自稳或在软弱围岩中，应采用自进式中空锚杆。

普通中空锚杆由堵头、螺母、垫板、止浆塞、中空锚杆体、锚头组成；组合中空锚杆由排气管、堵头、螺母、止浆塞、中空锚杆体、连接套、排气管、钢筋、锚头组成；自进式中空锚杆由螺母、垫板、止浆塞、中空锚杆体、连接套、钻头组成。

锚杆抗拔力不小于 50 kN，施工抽检数量不小于 5%，每组不少于 3 根。

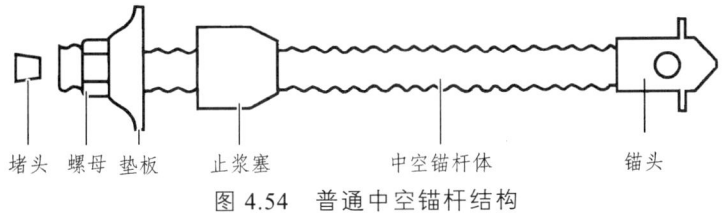

图 4.54　普通中空锚杆结构

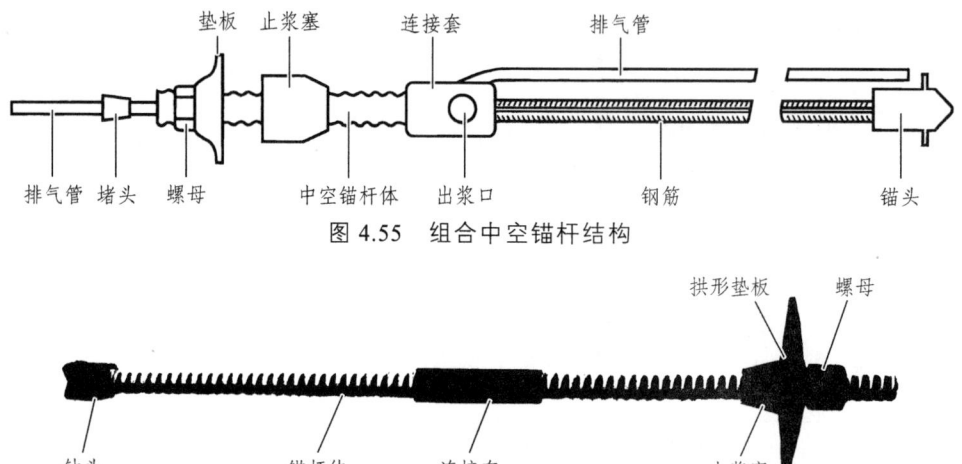

图 4.55 组合中空锚杆结构

图 4.56 自进式锚杆结构

中空锚杆体直径一般有 25 mm、28 mm、32 mm，采用牌号为 Q345 的结构用无缝钢管，其力学性能参数见表 4.25；组合钢筋采用牌号为 HRB335 或 HRB400 热轧带肋钢筋，其力学性能参数见表 4.26。

表 4.25 中空锚杆体的屈服力、最大力和断后伸长率

普通中空锚杆产品规格 /mm	牌号	屈服强度 R_{cL} /MPa	抗拉强度 R_m /MPa	屈服力/kN	最大力/kN	段后伸长率 A/%
				不小于		
$\phi25 \times 5$	Q345	325	490	102	153	21
$\phi25 \times 7$				128	193	
$\phi28 \times 5.5$				126	190	
$\phi32 \times 6$				159	240	

注：1. 屈服力是指纵向拉伸的中空锚杆体在屈服期间，不计初始瞬时效应时所测得的最小拉应力。
　　2. 最大拉力是指拉断中空锚杆体时所测得的最大拉应力。

表 4.26 组合锚杆体的屈服力、最大力和断后伸长率

组合中空锚杆产品规格/mm	钢筋						中空锚杆体（牌号 Q345）				
	牌号	屈服强度 R_{cL} /MPa	极限强度 R_m /MPa	屈服力 /kN	最大力 /kN	断后伸长率 A/%	屈服强度 R_{cL} /MPa	抗拉强度 R_m /MPa	屈服力 /kN	最大力 /kN	断后伸长率 A/%
				不小于					不小于		
$\phi20$	HRB335	335	455	105	142	17	325	490	106	160	21
$\phi22$	HRB335	400	540	126	170	16			127	192	
$\phi28 \times 5.5$	HRB400	335	455	127	172	17			127	192	
$\phi25$	HRB335	335	455	164	223	17			159	240	

10. 保温隔热材料

（1）保温隔热材料根据材质和成型工艺，可分为软质模塑、软质挤塑、硬质模塑、硬质挤塑 4 种类型。

（2）保温隔热材料应符合防水性、抗渗透性、防火性、耐久性和防腐性要求，主要技术性能指标应符合表 4.27 的规定。

表 4.27　保温隔热材料的技术性能指标

性能项目	技术性能指标	
	软质	硬质
导热系数/[W/（m·K）]	≤0.05	≤0.05
抗压强度（变形 10%）/MPa	≥0.2	≥0.3
燃烧性能	不低于 B2 级	不低于 B2 级
温度稳定性/%	≤4	≤4
浸水 96 h 吸水率/%	≤1.5	≤1.0
工作温度/℃	−40～70	−50～70
耐静水压力/MPa	≥0.2	≥0.2
垂直渗透系数/（cm/s）	≤10^{-7}	≤10^{-11}

四、施工监测

1. 一般规定

（1）加固施工过程中存在结构不稳、结构拆除（包括局部拆除）、爆破及桩基施工振动、注浆加固等情况时，应进行施工监控量测。

（2）施工监控量测包括地质监测、结构状况观测、变形监测、振动监测等，应根据病害原因及整治措施选择监测项目。

（3）应根据隧道病害情况、地质条件、原结构技术状况、加固方案及设计要求编制监控量测方案。监控量测方案应包括监测目的、监测项目、监测方法、监测仪器、测点布置、量测频率、监测管理标准等内容。

（4）施工监控量测数据应准确、分析方法应得当、信息反馈应及时，数据变化异常区应加强监测，并提出相应的整治对策。

2. 监测要求

（1）地质原因引起的隧道结构病害，加固施工中应按设计要求进行地质监测。

（2）施工前要收集隧道施工图设计文件、竣工文件、并结合加固设计文件开展地质调查，掌握隧址区地质条件。

（3）当结构存在坍塌、掉块风险或进行注浆加固、结构拆除、隧底开挖、桩基等施工时，应对结构状况进行监测。监测内容主要有拱顶下沉、周边收敛、底鼓及洞口段或浅埋段地表下沉等。

通常每 10 m 应设置一个监测断面（一般考虑一模衬砌一个监测断面，原衬砌为小模板浇筑时，需加密监测断面），病害严重时，可视情况增大监测范围，加密监测断面；监测范围应在加固施工段落基础上向未加固段延伸 20～30 m。

(4）应结合病害程度、加固方案确定监测频率。一般可参照 0~7 d，1 次/d；7~15 d，2 次/3 d；15~30 d，2 次/7 d；30~45 d，2 次/7 d；以后按 1 次/7 d，直至数据达到稳定为止或根据视情况由参建各方商定。当量测数据相对稳定时，可适当降低频率；当量测数据出现异常变化时，应加密监测频率。加固施工完成后，可根据监测数据变化趋势结束监测，结构变形控制标准可参考《邻近铁路营业线施工安全监测技术规程》（TB 10314—2021）。隧道位移变形监测预警值、报警值和控制值，见表 4.28；轨道位移变形监测预警值、报警值和控制值，见表 4.29。

表 4.28 隧道位移变形监测预警值、报警值和控制值（单位：mm）

监测项目	监测项目	控制标准		
		累计量预警值	累计量报警值	控制值
高速铁路	隧道结构竖向位移	±3	±4	±5
	隧道结构水平位移	±3	±4	±5
普速铁路	隧道结构竖向位移	±4.8	±6.4	±8
	隧道结构水平位移	±4.8	±6.4	±8

表 4.29 轨道位移变形监测预警值、报警值和控制值（单位：mm）

监测项目		控制标准		
		累计量预警值	累计量报警值	控制值
高速铁路	轨道竖向位移	±1.2	±1.6	±2
	轨道水平位移	±1.2	±1.6	±2
普速铁路	轨道竖向位移	+1.2 -4.8	+2.4 -6.4	+3 -8
	轨道水平位移	±4.2	±5.6	±7

（5）当采用静态爆破、控制爆破或桩基施工施工时，为防止施工中操作不规范，对隧道内构筑物造成影响，施工时宜对振动进行监测。监测控制标准可结合《爆破安全规程》（GB 6722—2014）、《铁路工程爆破振动安全技术规程》（TB 10313—2019）及《爆破安全监测技术标准》（T/CECS 986—2021）针对不同的构筑物类型制定安全、合理可行的振速控制值。

①《爆破安全规程》（GB 6722—2014）对爆破振动安全规定见表 4.30。

表 4.30 爆破振动安全允许标准

序号	保护对象类别	安全允许质点振动速度 v/（cm/s）		
		$f \leqslant 10$ Hz	10 Hz$<f \leqslant$50 Hz	$f>$50 Hz
1	土窑洞、土坯房、毛石房屋	0.15~0.45	0.45~0.9	0.9~1.5
2	一般民用建筑物	1.5~2.0	2.0~2.5	2.5~3.0
3	工业和商业建筑物	2.5~3.5	3.5~4.5	4.2~5.0
4	一般古建筑与古迹	0.1~0.2	0.2~0.3	0.3~0.5
5	运行中的水电站及发电厂中心控制室设备	0.5~0.6	0.6~0.7	0.7~0.9
6	水工隧洞	7~8	8~10	10~15
7	交通隧道	10~12	12~15	15~20
8	矿山巷道	15~18	18~25	20~30
9	永久性岩石高边坡	5~9	8~12	10~15

注：1. 表中质点振动速度为三个分量中的最大值，振动频率为主振频率；
2. 频率范围根据现场实测波形确定或按如下数据选取：硐室爆破 f 小于 20 Hz，露天深孔爆破 f 在 10~60 Hz，露天浅孔爆破 f 在 40~100 Hz；地下深孔爆破 f 在 30~100 Hz，地下浅孔爆破 f 在 60~300 Hz。

② 《铁路工程爆破振动安全技术规程》(TB 10313—2019)对爆破振动安全规定如下：

a. 隧道结构爆破振动安全控制值见表 4.31。

表 4.31　隧道结构爆破振动安全控制值

类别	质点振动速度安全允许值[v] (cm/s)		
	$f \leqslant 10$ Hz	10 Hz$<f \leqslant$ 50 Hz	$f>$ 50 Hz
单线隧道	6～7	7～8	8～9
双线隧道	5～6	6～7	7～8

注：高速铁路、城际铁路隧道其爆破振动速度允许值应减小 10%。

b. 接触网支柱基座爆破振动安全控制值见表 4.32。

表 4.32　接触网支柱基座爆破振动安全控制值

类别	质点振动速度安全允许值[v]/(cm/s)		
	$f \leqslant 10$ Hz	10 Hz$<f \leqslant$ 50 Hz	$f>$ 50 Hz
钢支柱	6～7	7～8	8～9
钢筋混凝土支柱	4～5	5～6	6～7

c. 岩石边坡爆破振动安全控制值见表 4.33。

表 4.33　岩石边坡爆破振动安全控制值

类别	质点振动速度安全允许值[v]/(cm/s)		
	$f \leqslant 10$ Hz	10 Hz$<f \leqslant$ 50 Hz	$f>$ 50 Hz
高度大于 8 m	3～4	4～5	5～6
高度小于等于 8 m	4～5	5～6	6～7

d. 站房爆破振动安全控制值见表 4.34。

表 4.34　站房爆破振动安全控制值

类别	质点振动速度安全允许值[v]/(cm/s)		
	$f \leqslant 10$ Hz	10 Hz$<f \leqslant$ 50 Hz	$f>$ 50 Hz
一般砖房、非抗震的大型砌块站房	1～1.5	1.5～2	2～2.5
钢筋混凝土结构站房	1.5～2	2～3	3～3.5
钢结构站房	2～3	3～4	4～5
有大面积玻璃幕墙和粘贴板装饰的站房	0.5～1.5		

注：铁路站房的爆破振动安全不仅指站房结构的安全性，更需要考虑内部装饰、重要仪器仪表的抗振能力及内部人员心理感受，因此站房的爆破振动安全指标要偏严格。

③《爆破安全监测技术标准》(T/CECS 986—2021)对爆破振动安全规定见表4.35。

表4.35 爆破振动安全允许标准

序号	保护对象类别		安全允许质点振动速度 v/(cm/s)		
			$f \leq 10$ Hz	10 Hz$<f\leq$50 Hz	$f>50$ Hz
1	土窑洞、土坯房、毛石房屋		0.15~0.45	0.45~0.9	0.9~1.5
2	一般民用建筑物		1.5~2.0	2.0~2.5	2.5~3.0
3	工业和商业建筑物		2.5~3.5	3.5~4.5	4.2~5.0
4	一般古建筑与古迹		0.1~0.2	0.2~0.3	0.3~0.5
5	运行中的水电站及发电厂中心控制室设备		0.5~0.6	0.6~0.7	0.7~0.9
6	水工隧洞		7~8	8~10	10~15
7	交通隧道		10~12	12~15	15~20
8	矿山巷道		15~18	18~25	20~30
9	永久性岩石高边坡		5~9	8~12	10~15
10	新浇大体积混凝土临期/d	初凝~3	1.5~2.0	2.0~2.5	2.5~3.0
		3~7	3.0~4.0	4.0~5.0	5.0~7.0
		7~28	7.0~8.0	8.0~10.0	10.0~12.0
11	钢筋混凝土结构房屋		3.0~5.0		
12	石油、天然气管道		2.5		
13	边坡面		10		
14	排水洞基础或壁面		10		
15	输水洞竖井基础或壁面		10		
16	已灌浆部位		1.2~1.5		
17	已锚固部位		1.2~1.5		

注:1. 表中质点振动速度为三个分量中的最大值,振动频率为主振频率;
　　2. 频率范围根据现场实测波形确定或按如下数据选取:洞室爆破 $f<10$ Hz,露天深孔爆破 $f=10$~60 Hz,露天浅孔爆破 $f=40$~100 Hz,地下深孔爆破 $f=30$~100 Hz;地下浅孔爆破 $f=60$~300 Hz。

监测点应设置在震源附近的衬砌断面上,测点不宜少于3个。传感器应与衬砌密贴,监测仪器宜具有自动记录功能。

五、四电相关要求

1. 综合接地要求

隧道整治段的锚杆、钢筋应与既有隧道的综合接地系统可靠焊接,保证综合接地系统的接地性能。具体要做到以下几点:

（1）每个作业段内的环向接地与两侧通信信号电缆槽靠线路侧外缘的纵向接地钢筋连接。

（2）接地钢筋均应优先利用结构物中的非预应力结构钢筋，原则上不再增加专用的接地钢筋。接地钢筋应满足接触网最大短路电流要求。施工时应对接地钢筋做出标识，便于检查。

（3）所有接地钢筋间的联接均应保证焊接质量，施作时应根据具体的钢筋配筋，采用搭接焊或 L 形焊接。

（4）利用套衬的内层纵、环向结构钢筋作为接触网断线保护接地钢筋。

（5）接触网线垂直向上在拱顶的投影线两侧以 0.5 m 为间隔，各选 3 根纵向结构钢筋作为接地钢筋。

（6）上述投影线两侧各 1.5 m 处的其他位置，以 1 m 为间隔，选择纵向结构钢筋作为接地钢筋。

（7）在每个台车位（作业段）中部选一根环向结构钢筋作为环向接地钢筋，环、纵向接地钢筋间可靠焊接；纵向接地钢筋在作业段间可不连接。

2. 接触网相关要求

（1）为确保整治施工过程中接触网运行安全，对所涉及的接触网吊柱、附加导线等设施的改移过渡措施进行说明，以指导接触网施工单位施工：

①如遇整治范围内有腕臂吊柱或回流线肩架，以避开为主，只整治加固其两侧，若无法避开，需采取化学锚栓临时改移过渡处理；根据隧道衬砌的长度，可在顺线路方向 5 m 范围内进行调整，将影响的腕臂吊柱、回流线肩架改移至新植入的化学锚栓处，以满足整治施工需求。

②如遇施工范围内为隧道两侧通过下锚支接触悬挂，对承力索和接触线下锚支绝缘子前移处理，以满足带电部分对隧道壁衬砌绝缘距离≥500 mm。

（2）吊柱底座及附加导线底座采用后植化学锚栓固定，重新安装悬挂定位装置，调整更换相邻两跨接触吊弦，待整治施工完成后在原位设置接触网支持结构，吊柱底座采用 M24 后植化学锚栓固定，锚固深度≥180 mm。

（3）隧道整治施工过程中应将施工影响范围内接触网各类线材进行包裹防护。接触线、承力索、回流线套阻燃泡沫软管并用绑扎条进行绑扎，每次施工前后均需安装及拆除。施工人员禁止碰触、踩踏接触网设施，应注意防止施工器具掉落砸伤接触网设施，避免造成接触网损伤；每次施工完成后均应检查施工设备、器具清理完毕，避免影响接触网供电及正常运行。

3. 漏缆要求

漏泄电缆在中间接头处加长漏缆长度，按照施工范围调整漏缆固定方式。施工范围内按施工方案采用上弧线和下弧线方式固定以避让隧道壁整治施工，同区段漏缆按照施工进度调整弧线固定位置，每个区段仅按照隧道整治方案增加一段漏缆。

4. 信号要求

对于隧道内设置的区间通过信号机，隧道整治施工前，用防护箱罩住信号机，并在防护箱外贴反光警示带，严禁施工过程中碰撞防护箱，隧道"天窗"点内施工完毕后，撤掉防护箱，确保信号机不被遮挡。

5. 照明要求

整治过程中，由于施工导致悬挂于隧道壁上的隧道照明灯具及其供电干线电缆受到影响。为保证隧道照明灯具正常使用，在施工中具体方案为：将施工范围内隧道灯具及电缆挂架拆除，从施工范围边界处将电缆挑起，待施工完成后，在原灯具及挂架位置打孔安装，电缆重新敷设于隧道电缆挂架内。

六、施工质量控制

（1）临时钢拱架施工质量控制措施。

①钢架质量：钢架按设计要求加工成型，并妥善保管，防止钢架变形及锈蚀。钢拱架尺寸应根据现场实际量测尺寸制作，钢拱架与衬砌之间预留 5~10 cm 空隙，中间要用板铺砌填塞，孔隙用木楔楔紧。

②钢拱架材料采用工字钢。钢拱架由 A 单元一件，B 单元、C 单元各两件组成，各单元通过连接构件（钢板、螺栓）连接。接头处焊缝厚度 h=10 mm。钢拱架之间采用纵向连接钢筋连接，环向间距一般为 1 m。

③钢拱架采用砂浆锚杆作为定位系筋，安装时将钢拱架双面焊接固定于锚杆尾部，钢拱架架立在水沟底，不得立于水沟盖板上，若架立时对水沟沟槽和电缆槽造成破坏的应采用 C25 混凝土予以修复。

④钢拱架间距一般 1 m/榀，在衬砌薄弱或衬砌开裂极严重地段，钢拱架之间的间距可采用 0.5~0.8 m。钢架在临时支护完成后即可拆除，交替使用。

⑤临时钢拱架采用钢筋与既有接地端子连接接地。

⑥拆除。钢拱架拆除作业应设专人指挥，当有多人同时操作时，应明确分工、统一行动，且应具有足够的操作面。

拆除顺序为从上到下，先切割 A 单元与定位系钢筋的焊缝，松解连接螺栓拆卸 A 单元；之后依次拆除 B、C 单元钢架。

拆卸时严禁将各构配件抛掷至地面，将各构件拆解后利用人工或卷扬机输送到作业平台上。

（2）嵌补混凝土施工质量控制措施。

①在两榀临时拱架中间沿衬砌环向凿梯形槽时，严禁同一加固段落中相邻的两个槽同时开凿。

②在混凝土达到一定强度后才允许开凿相邻的槽。

③钢拱架在加工厂根据现场实际量测尺寸加工，经检查合格后方可运至安装现场。按设计间距和测量的点位架立及安装。拱架连接处经螺栓拼接，所有焊缝都应焊接饱满，不得有虚焊、砂眼。按设计将钢拱架与 Φ22 mm 定位系筋及纵向连接筋（环向间距 1.0 m）焊接，确保安装质量。

（3）裂缝处理施工质量控制措施。

①裂缝周围必须清除所有灰尘、油垢和松动的杂物，清洗干净。

②使用灌浆树脂的环境温度为 5~32 ℃。

③灌浆树脂 AB 组分的配比必须严格按照规定进行操作。

④远离明火，储存温度不得高于 40 ℃。

（4）中空锚杆施工质量控制措施。

①将液压凿岩机进行调试，确保工作正常。

②根据设计确定锚杆钻进的角度和方向、长度，浆液的配合比（如掺水玻璃、速凝剂），钻头的形式（十字钻头或一字钻头）。

③锚杆安装时将锚杆外露 10 cm，便于安装碗形垫板和球形螺母以增大锚杆抗拔力和黏结力，以使锚杆更好地发挥锚固作用，但外露长度切不可过长或过短。

④注浆程度根据注浆饱满且压力达到设计值，注意注浆质量。一般情况下浆液扩散半径为 0.6~0.7 m，注浆压力可控制在 1.0 MPa。

⑤安装止浆塞时，应将其安装在锚孔内离孔口 25 cm 处，特殊情况如注浆压力较大或围岩破碎，也可用锚固剂封孔。

（5）钢带施工质量控制措施。

①钢带加固前先对裂缝、脱落掉块处进行处理。

②钢带采用镀锌钢带，镀锌层平均厚度不应小于 0.061 mm。施工完成后，对孔口部位的螺栓及锚杆头采用环氧富锌防锈漆，防锈漆含锌量不小于 65%，防锈漆干膜厚度 ≥250 μm；调色环氧磁漆为面漆时，干膜厚度 ≥150 μm。

③钢带布置区域有渗漏水的，应先进行整治，确保钢带区域不渗水。

④钢带与接触网带电体安全距离不少于 500 mm。

⑤施工期间注意对镀锌钢带的保护，不得损坏镀锌层。运营期间，工务部门应加强巡检，定期对钢带锚杆头、螺栓进行除锈处理。

（6）湿喷混凝土施工质量控制措施。

①混合料应随拌随喷。

②喷射作业应分段分片、分层，由下而上，依次进行。

③喷混凝土作业前，使岩面保持一定湿度。

④速凝剂掺量准确，添加要均匀，不得随意增加或减少。

⑤混凝土分 2~4 次喷射，拱部一次喷射厚度 5~6 cm，边墙一次喷射厚度 7~10 cm，分层喷射的间隔时间一般为 15~20 min。

⑥严格控制拌和物水灰比，经常检查速凝剂注入环的工作情况，发现问题及时处理。

（7）排水槽施工质量控制措施。

①排水槽一般应设在环向施工缝处，现场结合实际漏水情况可予以调整。

②引排水流统一通过引排管进入隧道内侧沟，排出洞外。

③排水槽应凿成楔形，同时应严格控制好宽度和深度，确保排水作用和封闭层的厚度。

④安排水槽时应注意与衬砌开凿面的空间，槽中间不得过于用力压，但两侧必须密贴。

⑤排水槽应设至排水沟，不得只做到水沟盖板。

七、施工注意事项及安全施工要求

1. 施工注意事项

（1）衬砌"开窗"、凿除、植筋锚固等过程中，会对脱空、欠厚衬砌造成一定破坏，应在通车前找顶检查，确保无松动体对运行列车造成影响。

（2）施工前施工单位应根据。

监控量测规范及相关规定要求，严格制定三级预警管理体制，监测中如发现异常，及时预警并通知相关部门，制定相应处理措施。测量过程中如发现异常现象或与设计不符时，应及时提出，以便制定相应措施。

（3）要严格复核衬砌脱空、欠厚范围，根据复核结果准确划定加固范围。

（4）建筑材料使用前，须经相关监管部门审批。

（5）注浆材料应根据通过现场试验进行调整，配制好的浆液随拌随用，严禁使用停滞时间过长的浆液，注浆以密实为控制标准，具体控制方法如下：

①注浆前应尽可能准确计算需要的浆液体积。

②注浆量达到预算体积且注浆压力达到设计值（以注浆孔口压力为主），为防止造成结构性破坏，堵塞二衬背后防水体系，必须果断终止注浆。

③当注浆量明显高于预算吃浆量，且不起压力，应该停止注浆，检查原因，采用分层多次注浆。

（6）注浆过程中应严密观察衬砌状况，若发现衬砌有异常、变形、开裂或已有裂纹有加速发育趋势等，应立即停止注浆，并向上级领导汇报。

（7）套衬应设计厚度要求浇筑，确保不侵入既有隧道建筑限界，不超出工程技术作业空间。

（8）裂缝整治后应设置观测点长期观测，如裂缝持续发展，应及时会同铁路运营管理部门确定整治方案。

（9）加固过程中，必须对隧道内的既有设施、设备加以保护并保持不小于500 mm的安全距离，不得损坏轨道、接触网线、电缆、通信、信号等设备，杜绝安全事故。

（10）本着永临结合的原则，套衬加固前先架设格栅钢架作为临时钢架。

（11）套衬加固前，应对病害段及周边进行详细的检查，若在整治过程中，发现新的情况，应及时提出，一并出处理，以策安全。

（12）套衬施作前应核实是否有综合洞室，套衬不得侵入洞室净空。

（13）整治施工前应先核查病害范围内易脱落体，对其敲除或加固，防止施工扰动坠落，发生事故。

（14）施工组织时按缺陷分段落、分部位、建立详细缺陷台账明细，留下施工影像资料，报送业主、监理单位备案。

2. 既有线安全施工要求

（1）隧道内施工期间应与运营部门办理"天窗"时间的手续，并由专人统一负责管理，以确保施工及运营安全。

（2）既有线施工必须严格执行现行《铁路运输安全保护条例》《铁路技术管理规程》《铁路工务安全规则》《改建既有线和增建第二线铁路工程施工技术暂行规定》《铁路营业线施工安全管理办法》等的有关规定。

（3）隧道内套衬加固为既有线作业施工，施工单位必须结合既有线作业的具体情况，编制专项施组方案，并与相关单位签订好施工安全协议。严格按照批准的施工方案组织施工，严格按与各设备管理单位签订的安全协议和划定的界限施工，严禁私自扩大施工范围，以确保工程质量及施工运营的安全。

(4)施工现场使用的各种安全标志(牌),应符合相关规定。安全防护设施应遵守先验收后启用制度。

(5)施工单位应建立健全的安全保证体系,按规定设置安全生产管理机构。

(6)开工前,施工单位应对施工场地影响范围内的危险源、危害因素进行辨识、排查。对已经辨识、危害因素,应进行风险综合分析和评估,确定其风险级别,制定有效应对措施和应急预案。

(7)施工期间,要与供电、通信、信号等单位积极配合,查清电缆埋设位置,必要时预先探查,确保行车安全。

(8)施工期间采取安全可靠的防护措施,施工脚手架、器具、工具等必须在最大超限限界外加 150 mm 富余量,以确保施工及行车安全,施工要安排专人检查,发现异常立即处理。

(9)天窗点结束前,施工负责人应会同设备管理单位的安全监督员全面检查行车设备是否达到开通条件,材料、机具是否撤除限界之外并且不侵入邻线,工程列车是否全部撤离封锁区间,然后先下达撤除停车防护措施的命令,再下达开通区间的命令。

(10)施工作业人员应遵守下列规定:

①不得在铁路道心、轨枕头和线间距小于 5 m 的两线间行走,所持料具不得侵入建筑限界;

②严禁随意横越铁路。确因施工需要,横越铁路时,应按现行《铁路工务安全规则》进行防护;

③不得钻车、扒车、跳车、从通过车底部或车辆连接处传递轨料具;

④严禁在车下和车辆两侧线路上或有塌方落石危险处坐卧休息。

⑤隧道缺陷整治的技术难度和专业性要求很高,施工单位需配备结构加固、缺陷整治专业人员及设备,且应有类似工程的施工经验。

(11)模板支撑体系应经过验算,保证安全稳定。

(12)针对隧道缺陷整治及运营管理单位要求,施工方应预先做好指导性施工组织设计,对人员、机械和材料等做出系统的安排,以保证施工安全和质量要求。

(13)施工前应先对病害类型、位置、规模进行再次确认,然后采用对应处理措施。

(14)施工组织时按缺陷分段落、分部位、建立详细缺陷台账明细,留下施工影像资料,报送业主、监理单位备案。

(15)施工方应建立严格的质量保证体系,每道工序须经过检查、记录并认可,方可进行下一道工序。

(16)施工过程应进行详细的施工记录,对关键工序应以照片、影像方式留存,施工完成后应提交完整的竣工资料,为后续养护维修提供依据。

(17)隧道质量缺陷整治完成后,应当组织相关方进行验收,保证整治效果。

(18)隧道质量缺陷整治整治过程中,应当加强隧道监控量测,特别是对于缺陷严重地段,做好临时钢架支护等应急措施。

(19)施工前应做好"四电"的相关保护和临时迁改,施工期应严格控制施工设备、物资、脚手架在建筑限界以外,"天窗"结束前对可能坠落物严格排查,不得对行车安全造成影响。

(20)整治实施后至交付运营后一年内须对衬砌结构进行监测,无异常后,方可结束整治工作。

参考文献

[1] 戴志仁. 地裂缝区域隧道工程关键技术研究与探讨[J]. 铁道工程学报, 2018, 35（10）: 53-58.

[2] 丁浩, 邓实强, 刘帅, 等. 公路隧道运营韧性研究进展[J]. 隧道建设（中英文）, 2024, 44（9）: 1723-1735.

[3] 曹彦国, 郭胜, 陈娟. 利用热管技术和地源热泵技术防治隧道冻害的研究[J]. 铁道标准设计, 2014, 58（10）: 97-101.

[4] 马德礼, 王光建, 冯汉卿, 等. 既有线隧道基床病害综合整治[J]. 中国铁路, 2011（4）: 28-30.

[5] 王志伟, 杨超. 高速公路隧道监控系统的现状与发展[J]. 现代隧道技术, 2009, 46（6）: 8-16.

[6] SUN K, JIA J, XIONG Z, et al. Investigation of hydro-thermal variations and mechanical properties in cold region tunnels under long-term freeze–thaw cycles[J]. Tunnelling and Underground Space Technology, 2024, 143: 105469.

[7] WANG L, ZHANG C, CUI G, et al. Study on the performance of the new composite thermal insulation lining for the railway operational tunnel in cold regions[J]. Case Studies in Thermal Engineering, 2022, 36: 102098.

[8] 国家铁路局. 铁路营业线施工安全管理办法: 国铁运输监〔2021〕31 号[R/OL]. https://www.gov.cn/gongbao/content/2021/content_5662018.htm.

[9] 中华人民共和国交通运输部. 公路隧道维修加固实例集[S]. 北京: 人民交通出版社, 2019.

[10] 中国铁道科学研究院集团有限公司. 道路混凝土结构耐久性设计规范: TB 10005—2010[S]. 北京: 中国铁道出版社, 2010.

[11] 中华人民共和国住房和城乡建设部. 既有混凝土结构耐久性评定标准: GB/T 51355—2019[S]. 北京: 中国建筑工业出版社, 2019.

[12] 中华人民共和国铁道部. 铁路混凝土结构耐久性设计规范: TB 10005—2010[S]. 北京: 中国铁道出版社, 2010.

[13] 中华人民共和国住房和城乡建设部. 混凝土结构设计规范: GB 50010—2010[S]. 北京: 中国建筑工业出版社, 2010.

[14] 中华人民共和国交通运输部. 公路工程混凝土结构耐久性设计规范: JTG/T 3310—2019[S]. 北京: 人民交通出版社, 2019.

[15] 中华人民共和国交通运输部. 公路隧道设计细则: JTG/T D70—2010[S]. 北京: 人民交通出版社, 2010.

[16] 中华人民共和国交通运输部. 公路隧道施工技术规范: JTG/T 3660—2020[S]. 北京: 人民交通出版社, 2020.

[17] 中国铁路总公司. 高速铁路隧道工程施工技术规程: Q/CR 9604—2015[S]. 北京: 中国铁道出版社, 2015.

[18] 中国铁路总公司. 高速铁路隧道工程施工质量验收标准: TB 10753—2018[S]. 北京: 中国铁道出版社, 2018.

第五章

运营隧道病害整治施工组织及安全管理

一、运营铁路隧道整治施工组织及安全管理

运营铁路施工安全管理须遵守国家铁路局颁布的《铁路营业线施工安全管理办法》(国铁运输监〔2021〕31号)以及各铁路监管局、国铁集团制定的相应细则。

1. 基本原则

(1) 铁路营业线施工应当坚持人民至上、生命至上,把保护人民生命安全摆在首位,树牢安全发展理念,坚持安全第一、预防为主、综合治理的方针,从源头上防范化解安全风险。

(2) 营业线施工各参与单位应当牢固树立安全意识,全面落实安全生产主体责任,严格执行各项规章制度,建立健全安全责任制,加强从业人员教育和培训,保障安全投入,落实安全措施,正确处理施工与行车安全的关系,构建安全风险分级管控和隐患排查治理双重预防机制,健全风险防范化解机制,提高安全管理水平,确保安全生产。

(3) 严格执行天窗修制度。编制列车运行图应当明确各条线路天窗时间和位置。天窗时间和次数,应当满足施工和维修需要。安排施工和维修应当适应天窗条件,并满足安全生产、作业标准和质量要求。

天窗是指列车运行图中不铺画列车运行线或调整、抽减列车运行线为施工和维修作业预留的时间,按用途分为施工天窗和维修天窗。

(4) 铁路营业线施工是铁路运输组织的重要内容,应当统筹兼顾运输和营业线施工,加强营业线施工组织和营业线施工期间的运输组织,按计划、有组织地推进各项营业线施工。

(5) 按照"逐级负责,分工负责,岗位负责"的要求,对影响行车和施工安全的每个环节,都必须强化管理,确保行车人身和施工安全。

①逐级负责:就是按照项目部(决策管理层)、工区(管理执行层)、作业队(执行层)三级管理模式逐级负责。

②分工负责:就是按照生产安全、技术、物资供应、资金保障等管理系统进行分工负责。

③岗位负责:就是认真履行管理岗位与生产岗位的岗位职责。

(6) 营业线隧道施工必须按照规定的施工项目与施工等级组织实施,明确管理责任、落实监控制度。

施工等级:分为Ⅰ、Ⅱ、Ⅲ级,必须建立施工等级的概念,因为它涉及管理权限、管理要求、施工时间、审批流程等诸多事项。

2. 基本概念

(1) 铁路营业线施工。

动用或占用运营线路从而影响营业线设备稳定、使用和行车安全的各种施工作业。

(2) 铁路营业线分类。

①高速铁路:设计速度200 km/h以上的新建铁路。

②普速铁路:普速铁路分为繁忙干线、干线和其他线路。

(3) 天窗。

天窗是指列车运行图中不铺画列车运行线或调整、抽减列车运行线为施工和维修作业预留的时间。按用途分为施工天窗和维修天窗。

各条线路天窗时间和位置在编制列车运行图时确定，因施工、维修需要临时调整高速铁路、繁忙干线和影响跨局运输的干线天窗时，必须报中国国家铁路集团运输部批准。

（4）营业线施工项目。

①在规定的安全区域内实施爆破作业，在线路隐蔽工程上作业，影响路基稳定的各种施工。

②线路大中修，路基、桥隧涵大修及大型养路机械施工。

③高速铁路线路、路基、桥隧涵病害整治，更换轨枕及道岔主要部件等施工。

④其他影响营业线设备稳定、使用和行车安全的施工。

（5）高速铁路施工等级。

Ⅰ级施工：超出图定天窗时间且需要调整图定跨局旅客列车开行的大型施工。

Ⅱ级施工：不需要调整图定跨局旅客列车开行（含确认列车）的大型施工。

Ⅲ级施工：除Ⅰ级、Ⅱ级施工以外的各类施工。隧道整治一般属于Ⅲ级施工。

（6）普速铁路施工等级

Ⅰ级施工：繁忙干线施工封锁中断行车 5 h 及以上，干线施工封锁中断行车 6 h 及以上。

Ⅱ级施工：繁忙干线施工封锁中断行车 3 h 及以上，干线施工线封锁中断行车 4 h 及以上。

Ⅲ级施工：除Ⅰ级、Ⅱ级施工以外的各类施工。隧道整治一般属于Ⅲ级施工。

（7）施工例会。

营业线施工必须在施工前召开施工例会。

Ⅰ级施工例会：由施工协调小组负责召集，路局分管运输副局长主持。

Ⅱ级施工例会：由施工协调小组负责召集，施工协调小组主任主持。

Ⅲ级施工例会：可由车务段（直属站）召集并主持。

（8）营业线施工登销记。

①高速铁路施工登记：在调度所登记的施工作业，驻调度所防护员于开始前 60 min，在调度所调度台"行车设备施工登记簿"内登记，列车调度员负责签认；在车站登记的施工作业，驻站防护员于开始前 60 min，在车站"行车设备施工登记簿"内登记，车站值班员负责签认。

②普速铁路施工登记：由施工负责人于施工开始前 40 min 在车站"行车设备施工登记簿"内登记，通过车站值班员向路局列车调度员申请施工。

③施工销记：施工作业完成后，经施工、设备管理单位检查达到放行列车条件，应及时向车站值班员办理销记手续。销记时由施工单位负责人（驻站、驻调度所防护员）组织施工及配合单位分别进行销记签名，车站值班员（或列车调度员）核对签认无误后，按规定开通线路。

（9）施工限速。

施工单位应根据国家铁路局和国铁集团规定的限速标准，准确设置限速标志。施工影响需限制列车运行速度时，施工单位应于每日 8:00 前向所在工务段调度报告次日限速地点、起止时间和限制速度，速度 160 km/h（不含）以上区段还应注明施工地段邻线是否限速。

3. 运营线施工安全管理的相关手续

1）施工方案

（1）施工方案涵盖内容：施工项目及负责人、作业内容、地点和时间、影响及限速范围、设备变化、施工方式及流程、施工过渡方案、施工组织、施工安全和质量保障措施、施工防护办法、列车运行条件、验收安排、施工安全协议书等。同时还应提供施工图纸及审查意见等相关资料。

（2）施工方案报审程序：施工方案由施工单位制订，经相关设备管理单位会签后，按照施工等级管理权限报指挥部或公司进行预审，最后报铁路局主管业务处室。

（3）施工方案最终审定：施工方案由铁路局主管业务处负责组织审查，初步确定施工等级。Ⅰ、Ⅱ级施工分别报Ⅰ、Ⅱ级施工协调小组审定，Ⅲ级施工由主管业务处（室）把关、有关业务处（室）共同审定。

（4）危险性较大工程：对拆除及爆破等超过一定规模的危险性较大工程项目，施工单位要按规定编制施工专项方案，并组织专家组进行论证；对特殊设计，应由设计单位出具验算结果。施工专项方案未经专家组论证认定可行，不得进行施工方案审查。

2）施工安全协议

（1）施工安全协议报审程序：施工方案审核通过后，施工单位与设备管理单位和行车组织单位按施工项目分别签订施工安全协议，按照施工等级管理权限报指挥部或公司审核同意，最后报路局主管业务处审查批准，并加盖本部门公章。

（2）施工安全协议基本内容。

①工程概况（施工项目、作业内容、地点和时间、影响范围）。

②施工责任地段和期限。

③双方所遵循的技术标准、规程和规范。

④安全防护内容、措施及专业结合部的安全分工（根据施工地点、专业实际情况，由双方制定具体条款）。

⑤双方安全责任、权利和义务（包括共同安全职责和双方各自安全职责）。

⑥违约责任和经济赔偿办法（包括发生铁路交通责任事故时双方所承担的法律责任）。

⑦安全监督检查和基建、更新改造项目配合费用。

⑧法律法规规定的其他内容。

（3）施工计划。

①营业线施工计划编制与报审。施工计划由施工单位负责编制，按照施工等级管理权限报指挥部或公司预审同意，并经施工配合单位、设备管理单位及行车单位依次会签后，于每月5日前将会签完的次月施工计划上报局主管处室审查。

②月度施工计划的收摘。各单位收到月度施工计划（含电子版）后，须立即组织有关技术管理人员，对与本单位有关的施工计划电子版内容进行核对，确认无误后摘录下发至有关处所，发现问题及时向局主管处室和运输处反馈，并提出修改意见。

（4）防护员培训。

铁路局安全监察室负责培训防护员。

（5）施工机械、车辆准入手续。

凡施工机械、车辆进入站内或铁路线路安全保护区内施工作业，施工单位必须与行车和设备管理单位签订《施工安全协议》，并经车务段或安监室批准。

4. 营业线施工安全管理相关规定

1）制订风险控制措施，落实风险管理责任

营业线施工必须纳入施工、监理、设计、建设单位安全风险管理，加强风险研判与控制，针对不同的风险阶段、风险项目、风险工点、风险因素、风险等级，制订风险控制措施，落实风险管理责任。

2）施工负责人职责

（1）负责施工现场的组织指挥工作。
（2）负责检查施工前和开通前的各项准备工作，确认放行列车条件等。
（3）负责检查落实施工例会确定的各项事宜。
（4）负责协调解决施工中发生的问题。
（5）负责确保施工任务在规定的时间内完成。
（6）负责总结分析施工组织、进度和安全等情况。

3）施工现场监管监控

施工、监理、建设单位必须派驻得力干部现场跟班监控，明确监控部位、监控重点、监控要求，并形成监控记录。专业监理工程师必须进行全过程旁站。

4）施工现场作业防护

（1）施工单位要在车站（调度所）设驻站（调度所）防护员，施工地点设现场防护员，驻站（调度所）防护员和现场防护员应由经过考试合格的人员担当。驻站（调度所）及现场防护员不得临时调换，并按有关要求做好防护工作。

（2）作业过程中，驻站（调度所）防护员与现场防护员必须保持通信畅通并定时联系，确认通信良好，掌握施工现场和列车运行情况，做好本线及邻线通过列车时的安全防护。发现异常及联控通信中断，作业负责人应立即命令所有作业人员下道，并及时通知车站值班员（列车调度员）和施工负责人。

（3）铁路局各设备主管部门应制订驻站（调度所）、现场防护员及施工负责人之间的联控办法，明确通信设备管理要求，对联控时机、联控内容、联控对象、联控标准用语及复诵确认等环节进行规范。

（4）现场防护员在开始作业前必须佩戴齐全防护用具，在指定位置安设固定或指定的防护标志和防护设施。现场防护员应根据施工作业现场地形条件、列车运行特点、施工人员和机具布置等情况确定站位和移动路径，并做好自身防护。

（5）既有设备、设施核查与防护。

①设计单位在设计文件中，必须明确施工影响范围内各种行车设备的状况、防护措施，以及为确保行车安全必须采取的施工工艺和指导性施工安全方案。

②设备管理单位应积极协助设计和施工单位核查既有设备情况，提供地下管、线、光电缆等隐蔽设施的准确位置。无法提供准确位置时，由设计单位会同施工、设备管理单位共同探查、核实，划定防护范围。并在签订安全协议时，明确各方安全责任。

③施工单位对既有设施应采取可靠的防护措施，防止施工中造成损坏。

④施工单位和设备管理单位要经常监视既有设备，发现异常必须立即停工处理，确认对既有设备无影响后，方可继续施工。因施工造成的损坏，施工单位应负主要责任。

⑤因施工造成既有设备发生损坏时，施工单位应立即报告设备单位的现场防护员，并及时组织抢修，设备管理单位应积极配合，尽快恢复正常使用。

（6）施工过程管理。

施工单位要严格执行铁路安全生产各项规章制度，按照"不侵入、不破坏"的安全管理要求，针对以下问题制订安全制度，坚决杜绝下列问题发生：①施工前超范围准备；②施工中挖断光电缆；③爆破损坏行车设备；④作业车辆溜逸；⑤轨道车辆违章行驶；⑥施工后线路未达到放行列车条件违章放行列车；⑦开通后整修线路不及时；⑧机械和料具侵限；⑨使用封连线和违章使用手摇把。

（7）施工区域及施工机械、施工路料管理。

①站内施工区域必须与行车线路、旅客站台及通道进行物理隔离，作业人员、机具、材料禁止进入防护区域。

②施工便道必须与营业线和固定设备留有一定的安全防护距离，邻近时必须对接触网立柱、供电线杆等固定设备，并进行牢固的围挡防护。

③施工机械施工路料原则上不得在防护网内存放，施工结束后现场必须做到工完、场清、料净。

④严禁施工单位经未封锁的线路跨线搬运笨重路料和设备，两线间不准存放任何工具和材料。

⑤使用机械、机动车辆在站内作业时，必须按指定路径行驶，在指定范围内作业。施工时必须在既有线侧留出足够安全距离，靠近正线、到发线作业，安全距离必须保证 5 m 以上，设置安全警示绳。机械、车辆等在站内静态停留时，必须停在指定地点，留人看守。

⑥施工单位必须严格实行各类机械施工作业一机一人全程跟护制度。凡从停留地驶向施工地，或者在施工区域往返运行，必须经设备管理单位同意，由施工单位的防护人员随车监护。施工作业时，驾驶室要配备能听清防护员指令的对讲机。驻站防护员要及时向现场防护员通报两线（一侧时为邻线）列车运行情况；现场防护员接到来车通知后，必须立即通知司机停止作业；机动车辆必须停在安全可靠地点；起重机、挖掘机司机接到通知后，必须及时将吊臂（挖掘臂）转向至与邻线平行方向；现场防护人员、监控人员要检查确认，严防侵限。

⑦施工机械在站台作业时，必须留出足够保证旅客安全乘降的通道，在距站台边缘 2 m 处设立警示绳，在作业范围设立围挡和标有"此处施工，注意通行"的警示牌，必须有专职防护员防护，机械设备、车辆作业不能侵限。当日施工结束，移动式机械、车辆不得在站台停留。施工车辆在站台走行必须按车站指定路线行驶，速度不得超过 10 km/h。

（8）营业线施工安全专项检查。

①检查施工安全管理。包括施工方案、安全措施、安全协议、施工计划、施工签认、人员培训、持证上岗、应急预案、大型设备准入等管理要求是否按规定执行落实。

②检查"不侵入、不破坏"安全防控措施是否落实。重点包括线路监测、线路物理隔离，既有设备安全防护，跨越部位封闭防护，人员、机具、设备材料侵限等问题。

③检查施工作业监控是否到位。包括现场防护员、驻站防护员、监控干部、旁站监理等是否按规定落实。

5. 运营铁路隧道整治施工组织

1）运营隧道施工组织的特点

（1）对隧道缺陷或病害整治一般利用天窗进行整治，普速铁路施工天窗时间每天不超过 3 h，高速铁路夜间安排综合天窗，时间为 5 ~ 6 h。

（2）危及行车安全的隧道病害，封锁整治时，需 24 h 连续作业，投入的人员、机械设备较大，以便尽早开通线路，减少对铁路运营的影响。

（3）隧道整治一般按照综合整治方法，对一个区间隧道的所有缺陷及病害进行流水作业整治。

（4）整治涉及的单位和部门较多，需建设单位或工务部门牵头组织与协调。

（5）整治的质量和安全要求高，每个天窗点施工结束后均须达到铁路线路开通条件要求。

（6）整治施工主要有建设或工务、设计、施工和监理等整治责任单位，施工配合的主要部门和单位有调度、车务、工务、供电等。

2）施工组织设计编制原则

（1）施工组织：统筹安排施工，做到均衡生产，采用先进的组织管理技术，提高施工机械化程度，降低成本，提高劳动生产率，减轻劳动强度。

（2）管理人员和施工队伍：组织精干、高效的项目管理机构，选派具有运营铁路隧道施工经验的管理人员和工程技术人员组成强有力的项目领导班子。调集具有隧道病害工程施工经验的专业化施工队伍参加施工。

（3）机械设备配套：采用先进的机械设备，组成配套合理、高效的机械化作业线，充分发挥设备的生产能力。

（4）施工工艺：针对运营线路特点和病害类型，编制针对性的施工工艺，并严格按照各分项工程施工工艺、施工方法进行施工。

（5）在安全保证措施方面，建立安全岗位责任制，切实落实施工"三检制（施工前、施工中和施工后均要进行安全检查）"，严控所有施工项目在施工天窗点内施工，严禁施工延点，确保施工人员及行车安全。

3）整治方案的主要内容

（1）整治原则。

①隧道缺陷和病害整治应结合衬砌裂损，厚度不足、脱空、剥离、渗漏水等统筹考虑，按照综合治理，不留后患的原则进行。

②整治方案力求简单、有效，最大限度地减少对铁路运输生产的影响。

③整治后满足隧道结构安全及使用功能。

（2）封锁天窗。

①向路局提报施工天窗计划，每天施工天窗3h，电气化隧道接触网停电。

②隧道所有施工作业项目，全部安排在施工天窗内施工，严禁施工天窗点外作业。

（3）施工作业方法。

①隧道施工作业由轨道车为作业提供作业平台，全部作业项目均在作业台车上完成。

②轨道车作业台车由2台主机连挂3个平板车组成，作业台车为平板车上搭设脚手架、铺设工作平台构成，施工机具设备、材料均放置在轨道车平板上。

③施工作业严格按照区间封锁后台车进入，区间封锁结束做到工完、料清、人撤离、台车返回车站。

④作业点距离隧道口较近时，可采用现场搭设脚手架方式整治。

（4）整治措施。

①结构加固：对隧道衬砌空响、空洞、二次衬砌厚度不足、衬砌裂损等缺陷或病害，衬砌安全等级达到A1级、AA级的，根据缺陷或病害的部位、范围、严重程度进行综合整治，主要措施有：

a. 采用凿出、植筋、锚固、钢筋混凝土嵌补修复。

b. 采用W钢带、R25N自进式中空注浆锚杆结合喷混凝土进行加固修复。

c. 采用锚喷网进行结构加固。

d. 对隧道裂缝进行锚杆加固。

②衬砌背后空洞处理：对衬砌背后脱空或不密实地段采用回填注浆处理。

③裂缝处理：对衬砌裂缝采用贴嘴注环氧树脂方法进行裂缝嵌补。

④渗漏水处理：按照以排为主，排堵结合的原则进行引排和注浆治理。

4）整治进度安排

采用施工天窗施工需精确计算施工时间，按照施工天窗时间为 180 min，每天施工准备工作（包括从车站至施工现场、电力地线接挂、台架起升、接触网、漏缆等保护）30 min，结束前 30 min 开始撤场清理工作（包括接触网、通信漏缆保护拆除、接地线接地拆移、施工现场清理、人员撤场等工作），每个天窗点实际施工时间 120 min。单个天窗点施工作业循环时间分析见表 5.1。

表 5.1 单个天窗点施工作业循环时间分析

作业工作	施工准备	施工作业	撤离准备
作业内容	人员、施工台架运输、升高、机具、设备保护	按照施工作业计划进行每日的施工任务	拆除设备保护、人员、施工台架撤场
作业时间	30 min	2 h	30 min
累计循环时间	30 min	2.5 h	3 h

（1）开槽引水施工。

拱部开槽引到边墙底，开槽深度 10 cm，开口宽度采用切割机切割并剔除成内宽外窄倒梯形结构，外口宽 10 cm，开口完成后进行打设引水孔，每边 4 个引水孔，安装引水管，并埋设半圆形塑胶管，涂堵漏剂及防水涂层，最后抹砂浆。开槽引水施工作业循环时间分析见表 5.2。

表 5.2 每处开槽引水施工作业循环时间分析

作业名称	开槽	打设引水孔	安装引水管	埋设半圆形塑胶管	涂堵漏剂及防水涂层	抹砂浆
作业时间/h	3.5	0.5	0.5	1.5	5	2
累计循环时间/h	3.5	5.5	6	7.5	12.5	14.5

注：考虑到由于一个施工缝单边位置作业面较小，无法进行搭接施工，半边施工缝开槽引水循环时间共计 14.5 h，一天作业时间 2 h，一组作业人员施工一处施工缝的开槽引水工作需 8 个天窗点。

（2）自进式锚杆施工。

锚杆施工在引孔完成后进行，采用液压凿岩机械（配备锚杆与钎尾套）钻孔，至设计深度；锚杆安装完成后进行注浆作业，并进行锚杆锚固。锚杆施工作业循环时间见表 5.3。

表 5.3 锚杆施工作业循环时间分析（单根）

作业名称	钻孔机锚杆安装	注浆锚固
作业时间	15 min	0.5 h
累计循环时间	15 min	0.75 h

注：单根锚杆循环作业时间共计 0.75 h，一个天窗点实际有效时间为 2 h，每个点一组作业人员可施工 2.6 根锚杆。

（3）喷锚施工。

喷锚施工包含混凝土凿毛、挂网、喷射混凝土等作业。作业循环时间见表 5.4。

第五章 运营隧道病害整治施工组织及安全管理

表 5.4 锚喷施工作业循环时间分析（1 m²）

作业名称	混凝土凿毛	挂网	喷射混凝土	防水处理
作业时间	30 min	15 min	30 min	15 min
累计循环时间	30 min	45 min	75 min	1.5 h

注：一组作业人员 2 名，每小时可凿毛混凝土约 0.5 m²，每凿毛处可安排 8 名作业人员，累计循环时间 2.5 h，一个天窗点实际有效作业时间为 2 h，每个点一组作业人员可施工 0.8 m²。每平方米喷射混凝土施工约需 1.25 个天窗点。

（4）钢带施工。

钢带施工包含钢带安装、上螺母、刷防锈漆及接地处理等施工作业。如一处 W 型钢带工作量 7 根，3.2 m/根；平钢带 6 根，3.8 m/根。作业循环时间见表 5.5 和表 5.6。

表 5.5 W 钢带施工作业循环时间分析

作业名称	W 型钢带安装	连接与紧固	刷防锈漆	刷面漆	接地处理
作业时间/h	2	0.3	0.2	0.2	1
累计循环时间/h	2	2.3	2.5	2.7	3.7

表 5.6 平钢带施工作业循环时间分析

作业名称	平钢带安装	连接与紧固	刷防锈漆	刷面漆	接地处理
作业时间/h	1	0.3	0.2	0.2	1
累计循环时间/h	1	1.3	1.5	1.7	2.7

注：每组钢带按先安装平钢带、再安装 W 钢带施工，平钢带循环作业时间共计 2.7 h，W 钢带共需 3.7 h，一天作业时间为 2 h，每组钢带需 3.2 个天窗点。

（5）裂缝处理施工。

裂缝处理施工包含清理混凝土表面、封胶带、打孔、环氧树脂注浆、水泥基渗透结晶防水涂料涂刷、水泥砂浆抹面等作业。循环作业时间见表 5.7。

表 5.7 裂缝处理施工作业时间分析

作业名称	混凝土表面清理	封胶带	打孔、安装注浆嘴	环氧树脂注浆	清理及封堵注浆孔	刷水泥基渗透结晶型涂料
作业时间/h	0.2	0.1	1	1.7	0.3	0.2
累计循环时间/h	0.2	0.3	1.3	3	3.3	3.5

注：1 条裂缝平均长度 5 m，每条裂缝处理循环时间共计 3.5 h，考虑作业时间的搭接施工，一天作业时间为 2 h，每条裂缝需 1.75 个天窗点。

（6）不密实区域水泥砂浆注浆施工。

每处不密实区域施工至少 3 个注浆孔，不密实区域水泥注浆施工包含钻注浆孔、预埋注浆管、注浆、封堵注浆管等作业。作业循环时间分析见表 5.8。

表 5.8 单个注浆孔水泥注浆施工作业时间分析（不密实区）

作业名称	打注浆孔	预埋注浆管	注浆	封堵注浆管
作业时间/h	0.2	0.3	1	0.5
累计循环时间/h	0.2	0.5	1.5	2

注：每个不密实区施工需 1 个施工天窗点。

(7)混凝土嵌补施工。

混凝土嵌补施工分6项作业内容，包含凿除混凝土、防水板补焊、植筋、立模板、浇筑混凝土、补充注浆等作业。作业循环时间分析见表5.9。

表5.9 空洞灌混凝土施工作业循环时间分析（左右分块）

作业名称	凿除混凝土	防水板补焊	植筋	立模	浇筑混凝土	补充注浆
作业时间/h	5	2	3	3	3	2
累计循环时间/h	5	7	10	13	16	18

注：空洞分块施工循环时间共计18 h，一天作业时间为2 h，一组作业人员施一循环施工工作需9个天窗点。

5）整治施工安全防护方案

为保证运营铁路隧道整治施工安全，成立安全防护小组。施工负责人任施工安全防护组组长，施工中统一服从工务部门防护员的指挥。按规定设置施工防护，配备必要的通信联系器材。现场人员要做到"四到位"，即：人员到位、职务到位、责任到位、业务水平到位。

（1）对运营铁路施工作业人员要进行系统的行车知识和规章制度教育，制订和落实各岗位人员的安全生产责任制，做到分工明确，各司其职、各负其责。工班长、领工员、现场指挥和施工防护等关键岗位的人员，必须经考核合格后，方准上岗任职。严禁民工单独作业。

（2）施工防护、线路作业及所有在铁路路肩及以内作业的人员，一律穿黄色防护服。施工负责人、防护员，必须携带列车无线调度电话等通信设备。随时收听列车运行情况，发生异常情况时可直接通报车站值班员或列车司机。

（3）在车站行车室设驻站联络员，施工地点设现场防护员。驻站联络员与车站值班员办理施工封锁手续，使用通信设备向现场防护员传达调度命令，通报列车运行情况。施工现场负责人使用通信设备，下达设置或撤除防护、开始或停止施工作业、下道避车等命令。

（4）驻站联络员要随时与现场防护员保持联系，如联系中断，现场防护员应立即通知施工负责人停止作业，必要时将线路恢复到准许放行列车的状态。施工期间设专人加强对施工区段内既有线路的巡视检查，及时排除施工问题。下班前和轮班交接时，都要对现场进行检查清理，并认真做好记录。

（5）认真进行事故预想预测，针对可能发生的问题制订抢险、抢修、报警预案，做好思想、组织和人力、物力准备。遇有不测，积极果断采取措施，最大限度地减少影响和损失。发生事故和问题要立即上报，严禁拖延隐瞒。

（6）封锁线路要点施工安全步骤：

①封锁线路要点施工要严格履行计划、报批、登记、销记程序。项目负责人要亲自组织指挥。

②向车站派驻联络员，给予施工天窗前，项目负责人要亲自检查准备工作完成情况，接到列车调度员发出的施工命令后，办妥登记手续，确认封锁起止时间，供电防护员做好停电验电和接地防护后，进行停车防护，方可下达施工命令，严禁点前拆卸、动用既有设施。

③施工中，项目负责人要及时掌握各工序作业进展情况，调整人员，调配机具材料，快速解决问题，严格控制工序作业时间，确保点内或提前完成作业任务。

④作业任务完成后，项目负责人要对施工现场进行全面检查，确认符合开通条件后，方可通知驻地联络员办理开通销记手续，开通线路。

⑤线路开通后，项目负责人应对最先通过的三趟列车实施监护，确认可靠后，方准离开施工现场。

(7) 限速、慢行施工安全事项：

①限速、慢行施工应严格履行计划、报批程序。根据铁路局批准的慢行区段、时间、时速组织施工。

②慢行施工应按规定设好限速标志，配备测速仪，对行车速度实施监控并做好记录。遇有超速现象立即向有关运营部门通报。

③慢行施工要组织专门的力量，加强对线路的检查养护，并应专人负责、昼夜不停、轮班作业。

④遇有线路状态不良，不能确保慢行安全时，应及时拦停列车，进行紧急整治，不得盲目或冒险放行列车，并应认真做好记录，双方签认。

(8) 线路发生危及行车安全故障时的防护办法：

①立即使用无线调度电话等通信设备通知车站或运行列车，并在故障地点设置停车信号，如嘹望困难，遇降雾、暴风雨（雪）、扬沙等恶劣天气或夜间，还应点燃火炬。设有固定信号机时，应先使其显示停车信号。

②当一端先来车时，应先向该端，再向另一端放置响墩，然后返回故障地点。

③如不知道来车方向，应在故障地点注意倾听和瞭望，发现来车时，应急速奔向列车，用手信号旗（灯）或徒手显示停车信号，并将响墩放置在能赶到的地点，使列车在故障地点前停车。如嘹望困难，遇降雾暴风雨（雪）、扬沙等恶劣天气或夜间，发现来车后，奔向列车前，应在故障地点点燃第二支火炬。

二、运营公路隧道整治施工管理

1. 基本要求

1）基本原则

(1) 安全至上原则：落实施工作业安全管理职责，完善施工作业安全管理措施，确保高速公路交通安全和施工作业人员及设施设备安全。

(2) 畅通主导原则：在高速公路上进行施工作业应最大限度减小对车辆通行的影响，保障高速公路良好通行条件，维护高速公路良好通行秩序。

(3) 优质高效原则：积极探索应用新技术、新工艺、新材料、新设备，加快施工作业进度，提高施工质量。

2）交通组织方式

(1) 占道施工：不改变交通流方向，占用车道进行施工作业的交通组织方式。

(2) 单幅双通：改变交通流方向，对半幅车道进行封闭施工，使车辆集中到另外半幅车道进行双向通行的交通组织方式。

(3) 间断放行：改变交通流方向，占用车道进行施工，对左线和右线车辆实行间断管制，按时有序实施放行的交通组织方式。

(4) 断道施工：占用半幅车道进行施工，中断交通流，需对车辆进行分流的交通组织方式。

3）施工作业控制区

为施工作业所设置的交通管理区域，分为警告、上游过渡、缓冲、工作、下游过渡和终止六个区域。

（1）警告区：从作业控制区起点设置施工标志到上游过渡区之间的路段，用于警告车辆驾驶员已经进入施工作业路段，按交通标志调整行车状态。

警告区最小长度应保证驶入警告区的车辆减速至工作区规定的限速所需要的警告区路段的最短长度。

（2）上游过渡区：保证车辆平稳地从封闭车道的上游横向过渡到缓冲区旁边非封闭车道的路段。

（3）缓冲区：上游过渡区和工作区之间的路段。

（4）工作区：施工作业的操作区域。

（5）下游过渡区：保证车辆平稳地从工作区旁边的车道横向过渡到正常车道的路段。

（6）终止区：设置于工作区下游调整车辆行车状态的路段。

4）施工单位职责

（1）加强施工作业人力财力物力投入，满足施工作业有序开展和工期控制要求。

（2）设置施工安全生产管理机构并配备专职安全生产管理人员。

（3）负责向施工作业人员和安全管理人员进行施工安全作业规程及安全教育的培训。

（4）按照相关规范要求编制施工组织方案和交通组织方案，并严格按经审查同意的施工组织方案、交通组织方案以及相关安全生产规定进行施工作业。

（5）按照高速公路执法机构和经营管理单位要求设置施工标志设施。

（6）负责施工现场交通标志的维护及现场施工管理工作。

2. 施工组织方案

1）施工许可

（1）凡高速公路隧道整治施工均应办理施工作业许可。

（2）申请要件包括施工申请文件、单位证明材料、施工组织方案、交通组织方案、突发事件应急预案。

（3）施工作业许可手续的办理，不同地方要求不同，应向建设单位详细询问办理程序。

2）施工组织方案

申请单位应组织制订详细、科学的施工组织方案，方案应包含以下内容：

（1）工程概况（包括工程的基本情况、施工单位名称项目名称、施工时间、施工地点）。

（2）主要工程项目的施工方案要点、方法与技术措施。

（3）工期保证体系及保证措施。

（4）工程质量保证管理体系及保证措施。

（5）安全生产管理体系及保证措施。

（6）文明施工、环境保护保证体系及保证措施。

（7）项目风险预测与防范，事故应急预案。

（8）项目管理人员名单及联系方式（项目业主、监理和施工单位相关责任人等）。

（9）防止车辆冲入施工作业区造成人员伤亡的作业区安全隔离设施、防撞设施等。

3. 交通组织管理

1）一般规定

（1）申请单位应当在明确施工方案的情况下编制交通组织方案。编制交通组织方案应遵循"畅通主导安全至上、服务为本、创新引领"的方针，尽量避免占用或者减少占用通行车道，保障良好的通行条件。

（2）隧道施工交通管制长度超过 3 km 的，应进行交通安全评估，并采取相应的保障措施。

（3）施工作业对高速公路正常通行造成较大影响的，应当结合施工路段的地理条件，采取设置辅道的方式组织交通。确无条件设置辅道的，应制订交通分流方案。

（4）原则上不宜在法定节假日期间、恶劣气候条件下进行施工作业。

（5）交通组织方案应根据施工作业流程、工艺以及对高速公路占用、利用等情况分类编写。

（6）交通组织方案应根据施工作业流程分阶段确定。

（7）利用中央分隔带实施交通转换的，转换道开口宽度应在 40 m 以上，转换道路面满足安全通行要求。

（8）开设中央分隔带交通转换口，应尽量缩短交通管制路段长度，并与施工区域保持足够的安全距离。

（9）开设中央分隔带交通转换口，应考虑高速公路养护工程和交通应急整治的需要，按照永临结合的方式妥善处理；临时性开口应在施工结束后及时恢复。

（10）根据施工作业现场实际情况，制订完善的应急整治方案，就近布设应急救援力量，预留应急救援通道，及时实施应急整治行为。

（11）设置辅道进行交通组织时，辅道路面、交通安全设施等应符合《公路工程技术标准》相关要求。

2）编制交通组织方案

申请单位应组织制订详细、科学的施工交通组织方案，方案应包含以下内容：

（1）交通组织概况（包括工程名称、工程内容、工程地点、交通组织管理的要求、交通管制方式、交通组织管理机构、人员及交通安全设施设备等的投入）。

（2）施工路段封闭区域、封闭形式及封闭时间。

（3）施工路段道路安全畅通的保证措施（作业区隔离安全保障设施、施工车辆行驶、道路设施的保护、施工物品堆放及施工作业人员进出、施工作业人员道路交通安全及其施工安全培训等保障车辆、人员安全的措施）。

（4）施工对高速公路通行影响及安全影响评估分析。

（5）施工路段高速公路的区域环境介绍（周边立交区位关系、桥隧结构物基本情况、高速公路车流量及车型分类情况等）。

（6）交通组织形式的必要性和科学性。

（7）交通组织现场平面图及分流线路图（标志摆放、设施布局、人员布设等保障车辆通行的措施）。

（8）应急整治方案：包括施工作业人员伤亡的救助保障措施；过往车辆损坏及人员伤亡的救助保障措施；交通堵塞的应急通行措施；应急措施的人员和设施保障及运行机制。

（9）现场管理交通组织人员名单及联系方式（执法大队、路巡救援、项目业主、监理和施工单位相关责任人等）。

4. 施工现场管理

1）交通标志和安全设施

（1）施工区标志。

①施工告示牌：施工告示牌为蓝底白字。告示牌设在缓冲区，以告示施工详细信息、施工车辆专用出入口、交通管制等信息。

②施工预告牌：根据现场情况，在作业区前可设置 2 km、1 km、300 m 预告标志，在作业区前设立道路施工标志以提示行驶车辆注意。

（2）警告标志。

设置时应考虑道路的限速、运行速度等实际情况，并作适当调整，但不得小于安全停车视距。

①窄路标志：用于警告车辆驾驶人员注意前方行车道或路面狭窄情况，遇有来车应予减速避让。设在双车道路面宽度缩减为 6 m 以下的路段起点前方。

②车道数变少标志：用于提醒车辆驾驶人员注意前方车道数变少，应谨慎驾驶。设在车道数变少的前方路段。

③双向交通：用于提醒车辆驾驶人员注意会车，设在由双向分离行驶，因某种原因出现临时性或者永久性的不分离双向行驶的路段，或由单向行驶进入双向行驶的路段前方适当位置。

④减速慢行、强制减速：用于提醒车辆驾驶人员减速慢行，设置于隧道施工区域前 100 m 和 300 m 处。

⑤"间断放行、注意停车"标志：用于间断放行控制区。

（2）禁令标志。

①限速：表示该标志至前方解除限速标志或另一块不同限速值的限速标志的路段内，机动车行驶的行驶速度不能超过标志中所示数值。

②解除限速：表示限制速度路段结束。设在限制车辆速度路段的终点，解除标志必须和限速标志配合使用。

③禁止超车：表示该标志至前方解除禁止标志的路段内，不准机动车超车。设在禁止超车路段的起点。

④限高限宽：表示禁止装载高度、宽度超过标志所示数值的车辆通行。设在最大容许高度、宽度受到限制的地方，设置此标志的路段，在进入此路前的路口适当位置要设置适当的指路标志进行提示，使装载高度、宽度超过标志所示数值的车辆提前绕道行驶。具体数值可根据现场实际情况而定。

在最大容许高度和宽度受限制的地方，如果易发生车辆碰撞事故，且碰撞可能导致结构安全时，除了设置限制高度和宽度的禁令之外，在标志处还应设置里程标记和其他防护措施。

⑤禁止驶入标志：用于禁止一切车辆驶入，设置在禁止驶入路段的进口明显之处。施工区标志警告标志、禁令标志等材料宜选用板面平整、不易变形的材质，如铝板、玻璃钢等。反光膜等级原则上要求不低于一级标准。

2）交通安全设施

（1）锥形交通路标：锥形交通路标采用方锥式，锥间用绿、白相间反光材料粘贴，制作材料可采用塑料或橡胶材料，底部具有一定摩阻性能，用于夜间和雾季作业时应有频闪灯。反光膜等级应为一级、白色亮度因素≥0.27，绿色亮度因素为 0.03～0.10。

（2）嵌入式诱导棒：诱导棒规定为嵌入式，高≥60 cm，嵌入路面≥10 cm，直径 8～15 cm，采用绿、白相间反光材料粘贴，制作材料可采用塑料或橡胶材料。反光膜等级应为一级、白色亮度因素≥0.27，绿色亮度因素为 0.03~0.10。

（3）减速设施：设置于需要减速慢行的路段和容易引发事故的路段。橡胶减速丘长度为路宽，高度为 30~60 mm，宽度为 30~40 cm，宜由橡胶制成，颜色为黄黑相间，外表应有增大附着力的条纹，正对车辆行驶方向应有便于夜间识别的逆反射材料。若通过螺栓与地面连接，则螺栓孔应为沉孔。

（4）导向牌：黄底黑色图案，黑色边框。当某个车道封闭时，指示车辆改变行驶方向。电子屏导向牌为黄色图案。

（5）防撞设施：防撞墙、防撞桶等材质形状及其尺寸等应符合《公路养护安全作业规程》（JTG H30—2015）规定。

（6）限高限宽架：支架宜采用活动钢管，两侧宽度及顶面高度应比规定的限宽限高值多 15 cm。

（7）围挡设施：围挡应沿施工区域规范成线连续布设，高度不低于 2.2 m，宜采用彩钢板材质，外表贴反光膜，且保持坚固、稳定、整洁、美观。

（8）移动式标志车："移动式作业车"为可移动、有安全防护设施装置的作业设备，如道路清扫车、水车、除雪车等。其整体车身颜色应采用橘红色，移动式作业车应配置扩音设备，车顶应配备黄色警报器（作业时警报器高度不低于 2.5 m），尾部应配备可变标志牌（作业时标志高度不低于 2 m）等。

（9）频闪灯：夜间或雾季施工，在交通标志和上游过渡区锥形交通路标上应设置频闪灯。频闪灯应醒目，可采用电源频闪灯。

3）交通安全设施的设置要求

（1）交通安全设施的色彩、尺寸、材质、摆放地点等必须满足要求。

（2）布设施工作业控制区时，应顺着交通流方向设置安全设施。作业完成后，应逆着交通流方向拆除安全设施，恢复正常交通。

（3）夜间或雾季施工，在交通标志和上游过渡区锥形筒上应设置醒目的频闪设施。

（4）若在夜间或雾季实施交通转换，还应在交通转换点处安设照明灯，引导车辆顺利通过转换区域。

（5）锥形筒设置除上游过渡区延伸段按 20 m 间距布置外，其余按斜线段不超过 3 m、直线段不超过 2 个/15 m 的标准布设。

（6）标志牌主要设置于施工作业控制区域。标志牌设置高度要求其下沿离地面高度应不低于 50 cm，并起到良好的视线诱导作用。警告区标志牌位置应以不妨碍行车安全、保证车辆顺畅为原则。

（7）同一区域超过 12 h 或长下坡、弯道区域占用行车道的施工作业，必须增设强制减速、防撞等安全防护设施。

（8）作业工期超过 10 d 的，均应在作业控制区的缓冲区适当位置增设施工告示，自觉接受社会监督。

（9）实施大流量路段或工期在 10 d 以上的半幅双通、间断放行等交通管制时，必须在上游过渡区以前增设可实时传输的摄像设备，用于监控路面车流动态。

（10）隧道实施单道双通时间超过 72 h，应采用嵌入式隔离柱进行车道分隔，并按不低于 1 道/km 的频率增设减速装置。

（11）施工作业现场有较大危险源或重要设施设备（如检测设备等）时，应设置明显的安全警示标志。

4）施工作业控制区布置

（1）施工作业控制区组成。

施工作业控制区一般由警告区、上游过渡区、缓冲区、工作区、下游过渡区、终止区组成。占用超车道的施工作业控制区需在上游过渡区前段增设过渡区延长段，其中：警告区长度≥1 600 m，上游过渡区延长段长度≥200 m，上游过渡区长度≥200 m，缓冲区长度≥50 m，工作区长度视情况而定，下游过渡区≥30 m，终止区≥30 m。

（2）施工作业控制区布设标准。

施工作业控制区应结合作业内容和要求、路段特点、时间和周期、交通流状况、交通管制方式等因素布设。

5）施工现场管理

（1）现场人员管理。

现场人员按照工作职责分为施工作业人员、标志及交通维护人员、管理人员三类。现场人员应遵守下列规定：

①接受专门的工前安全教育和作业规程培训，并按规定办理保险。

②严格按规定着装。

③严禁搭乘货车车厢进出施工现场。

④严禁随意横穿高速公路、在作业区外活动或将任何机具和物料置于作业控制区外。

⑤禁止在施工作业区域内休息、娱乐、嬉闹打架斗殴，严禁饮酒后上岗。

⑥不得有违反高速公路安全管理的其他行为。

（2）作业设备管理。

①施工作业车辆标识和颜色应满足《公路养护安全作业规程》（JTG H30—2015）的规定要求，并保持警示装置完好。

②施工车辆及设备操作人员必须持证上岗。

③施工车辆及设备严禁被违法操作穿越中央分隔带、掉头和逆向行驶。

④施工车辆及设备应从"施工车辆入口"进出施工区域，并主动避让正常行驶的车辆。

⑤施工车辆及设备应按规定停放在施工作业区域或安全区域内，不得在施工作业区域外随意停放。

⑥施工车辆及设备在施工区域内速度不得超过 30 km/h，倒车时必须开启车窗并关闭车内音响。

⑦施工车辆必须规范装载，确保装载物不会掉落、遗撒或飘散污染路面和环境。

⑧施工车辆及设备停放必须设置规范的警示标志，夜间停放应配置频闪装置。

（3）安全及交通维护管理。

①作业单位必须按照规定要求完成作业申报并经许可后，才能上路作业。

②路面施工需要进行交通分流、管制等措施时，必须事前与辖区执法部门协调，在执法部门监督、指导下完成。

③作业单位必须严格按经审查同意的施工组织方案、交通组织方案及相关安全生产规定进行施工作业。

④在完成作业控制区布置后，相关单位应对控制区安全控制措施进行评估。对同一作业区域改变交通流方向持续时间超过 10 d 的，安全评估应由高速公路执法机构、高速公路经营管理单位和施工作业单位共同开展，并出具书面评估意见。

⑤不准擅自变更作业控制区域或扩大作业范围。

⑥夜间施工作业时或夜间不能撤出施工现场时，必须在工作区和交通转换点设置照明灯，其照明必须满足施工作业和车辆转换要求，并覆盖整个工作区域。

⑦在交通管制期间，施工单位必须按规定配备昼夜专职安全管理人员和现场标志（交通）维护人员。

现场标志维护人员配置标准：占道施工不少于2人/km；半幅双向施工不少于2人/km，且上游过渡区应设置专人负责。间断放行人员配备应依据现场实际情况设置并不低于半幅双向通行配备标准。相关工作要求：

a. 标志（交通）维护人员应严格按规定着装并配备相关器械，确保24 h有人在岗的状态。

b. 负责对施工现场的交通标志、标牌等设施进行规范维护清洁，对破损的标志应及时更换，原则上锥形筒更换频率应低于7 d，雨天更换频率应根据标志效果确定，以确保标志完整、齐全、有效。

c. 对施工现场进行巡查，车流量高峰时段不低于2次/h，车流量低峰时段不低于1次/h。

d. 向施工现场安全负责人和执法机构报告路段突发事件，并配合执法机构维持突发事件现场的交通秩序。

⑧施工单位安全负责人应加强现场安全检查，发现隐患，及时整改。

⑨施工作业控制区500 m范围内禁止设置施工作业人员居住、休息场所。

（4）文明施工管理。

①各区域内的现场材料、物品和机具应做到堆放有序，防抛撒、防扬尘等措施到位。在施工作业点应当采取隔离措施，防止飞溅、洒落物件干扰行车。易燃、易爆物品应分类单独存放，并随时清理。

②作业时间较长的施工作业（单道双通、间断放行等），应在施工作业区域两端设置管理帐篷。

③在同一施工区域作业时间超过30 d，应实行围挡封闭施工。

④施工作业现场材料、垃圾、油污等必须及时清运，不得超过12 h，做到工完、料净场地清。

（5）施工现场应急整治。

①施工作业单位应设置现场应急抢险保通队伍，并配备必要的抢险工具，在施工区域出现交通事故、车辆堵塞时配合高速公路执法机构或业主单位实施事故清理、交通管制和车辆疏导等工作。

②施工现场出现车辆抛锚、车辆倾覆、交通事故、交通堵塞等紧急情况时，施工作业单位应及时组织人员维护现场交通秩序，实施交通标志调整、临时指挥和疏导工作。若现场不能整治，应立即通知营运管理单位或高速公路执法机构人员到场整治。

③对大流量路段车辆运行高峰期的施工作业，高速公路执法机构应及时到施工现场会同经营管理单位、施工作业单位维护正常通行秩序。

④实施交通分流和管制的项目施工，原则上必须在施工区域内保留临时应急通道，或做好保证施工现场通畅的临时性应急措施准备（如临时斜坡垫等），供车流高峰期以及发生堵塞或重大交通事故时社会车辆应急通行，确保高速公路的安全、畅通。

⑤涉及长下坡、弯道、匝道等较多的施工路段，必要时可采取间断交替放行、借道或改道的交通管制方式，并在各道口设置人员进行交通引导。

⑥施工现场严格实行紧急情况报告制度；出现重大险情或事故，应按有关规定程序及时上报。

参考文献

[1] 国家铁路局. 铁路营业线施工安全管理办法：国铁运输监〔2021〕31 号[R/OL]. https://www.gov.cn/gongbao/content/2021/content_5662018.htm.

[2] 钱七虎，戎晓力. 中国地下工程安全风险管理的现状、问题及相关建议[J]. 岩石力学与工程学报，2008，27（4）：649-655.

[3] 孙晚华，李金龙，赵立炜. 铁路提速区段中间站行车安全评价的研究[J]. 中国安全科学学报，2005，15（3）：87-90.

[4] 牛衍亮，苏丽娟，纪文雅，等. 高海拔铁路隧道施工安全风险管理策略研究[J]. 中国安全生产科学技术，2024，20（6）：168-175.

[5] 宋力，陈岩，刘冉，等. 重载铁路桥梁体外预应力筋加固性能研究[J]. 中南大学学报（自然科学版），2024，55（9）：3400-3415.

[6] 赵鑫欣，李海浪，王胜春，等. 高速铁路钢轨廓形动态测量方法研究[J]. 中国铁道科学，2024，45（6）：91-100.

[7] 杨延勇. 软弱围岩隧道斜井转正洞设计与施工技术[J]. 铁道标准设计，2013，33（1）：90-93.

[8] 华昕若. BIM 技术在高速公路跨线桥施工安全管理中的应用研究[J]. 公路工程，2017，42（1）：147-151.

[9] 中国铁道科学研究院集团有限公司. 公路隧道养护技术规范：JTG H12—2015[S]. 北京：人民交通出版社，2015.

[10] 中华人民共和国交通运输部. 公路隧道提质升级行动技术指南：交办公路〔2019〕28 号[S]. 北京：人民交通出版社，2019.

[11] 中华人民共和国交通运输部. 公路工程质量检验评定标准 第一册 土建工程：JTG F80/1—2017[S]. 北京：人民交通出版社，2017.

[12] 中华人民共和国交通运输部. 公路技术状况评定标准：JTG 5210—2018[S]. 北京：人民交通出版社，2018.

附 图

病害整治指导性设计图

既有隧道

病害整治指导性设计图

第一册 共一册

图 号：隧病害整01

隧道病害整治指导性设计图

图号：隧病害整01

图纸目录

序号	缺陷分类	图号	图名	页次
-	-	隧病害整01	封面	1
1	-	隧病害整01-01	目录	2
2		隧病害整01-02	衬砌缺陷凿除补强加固设计图	3
3		隧病害整01-03	混凝土套衬加固设计图（一）	4
4		隧病害整01-04	混凝土套衬加固设计图（二）	5
5		隧病害整01-05	混凝土套衬加固设计图（三）	6
6		隧病害整01-06	波纹板套衬加固设计图（一）	7
7	欠厚、脱空	隧病害整01-07	波纹板套衬加固设计图（二）	8
8		隧病害整01-08	波纹板套衬加固设计图（三）	9
9		隧病害整01-09	型钢+钢板加固设计图（一）	10
10		隧病害整01-10	型钢+钢板加固设计图（二）	11
11		隧病害整01-11	钢带加固设计图	12
12		隧病害整01-12	二次衬砌混凝土背后脱空整治设计图	13
13		隧病害整01-13	初期支护混凝土背后脱空整治设计图	14
14		隧病害整01-14	裂纹表面封闭设计图	15
15		隧病害整01-15	裂缝贴嘴注浆封闭设计图	16
16		隧病害整01-16	裂缝钻孔注浆设计图（一）	17
17	裂缝	隧病害整01-17	裂缝钻孔注浆设计图（二）	18
18		隧病害整01-18	变形缝破损堵水设计图	19
19		隧病害整01-19	施工缝破损整治设计图	20
20		隧病害整01-20	裂缝精细加固设计图	21
21		隧病害整01-21	锚杆加固裂缝设计图	22

序号	缺陷分类	图号	图名	页次
22		隧病害整01-22	渗漏水整治衬砌内部注浆设计图	23
23	渗漏水	隧病害整01-23	渗漏水整治衬砌凿槽埋管排水设计图	24
24		隧病害整01-24	渗漏水整治裂缝开槽堵漏设计图	25
25		隧病害整01-25	渗漏水整治水沟钻孔泄水设计图	26
26		隧病害整01-26	衬砌表面蜂窝麻面嵌路整治设计图	27
27	-	隧病害整01-27	钢筋外露及钢筋保护层厚度不足整治图	28
28		隧病害整01-28	混凝土不密实整治图	29
29		隧病害整01-29	衬砌施工缝错台路整治设计图	30
30		隧病害整01-30	基底注浆加固设计图	31

目录

图号：隧病害整01-01

日期：2022.12

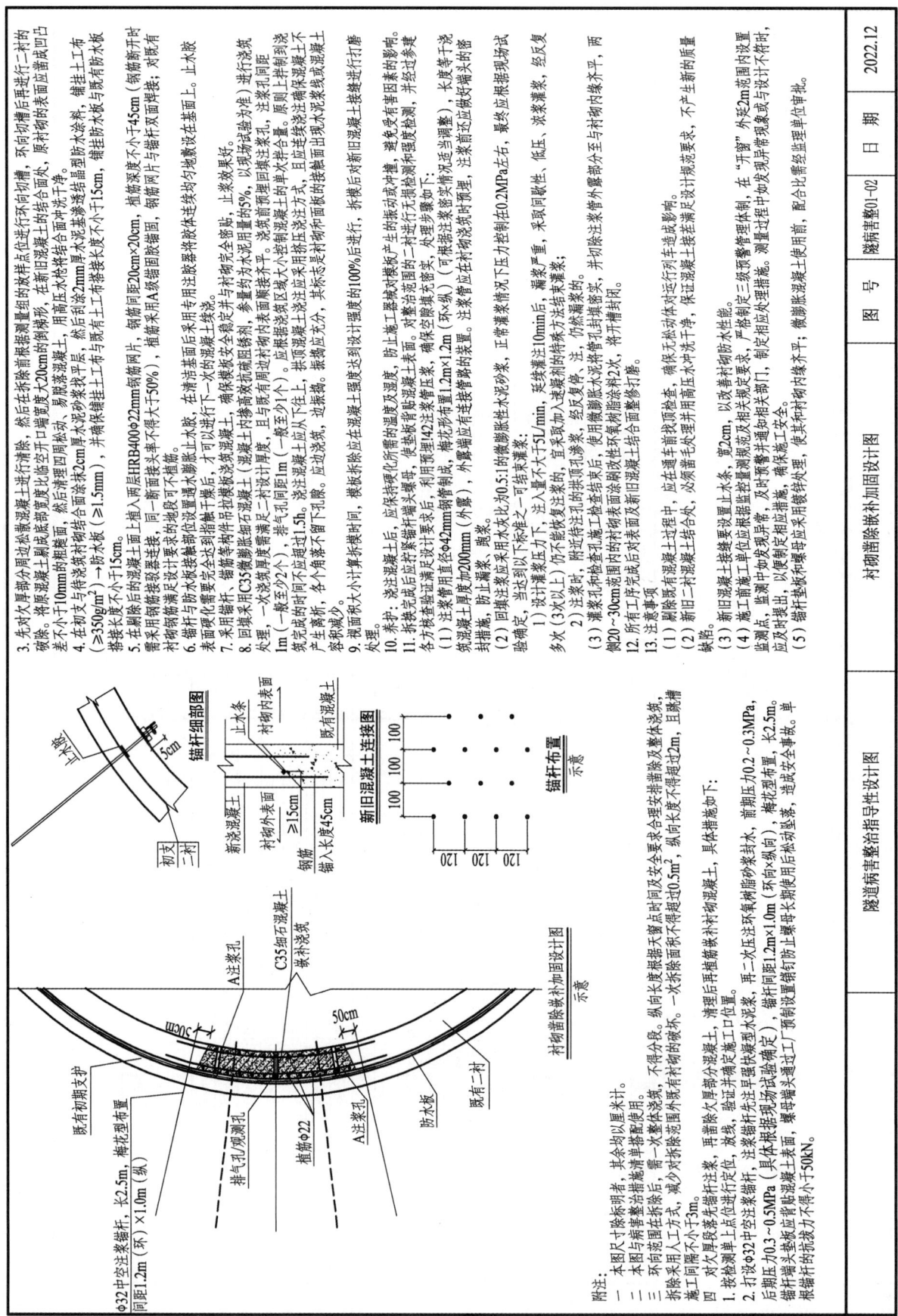

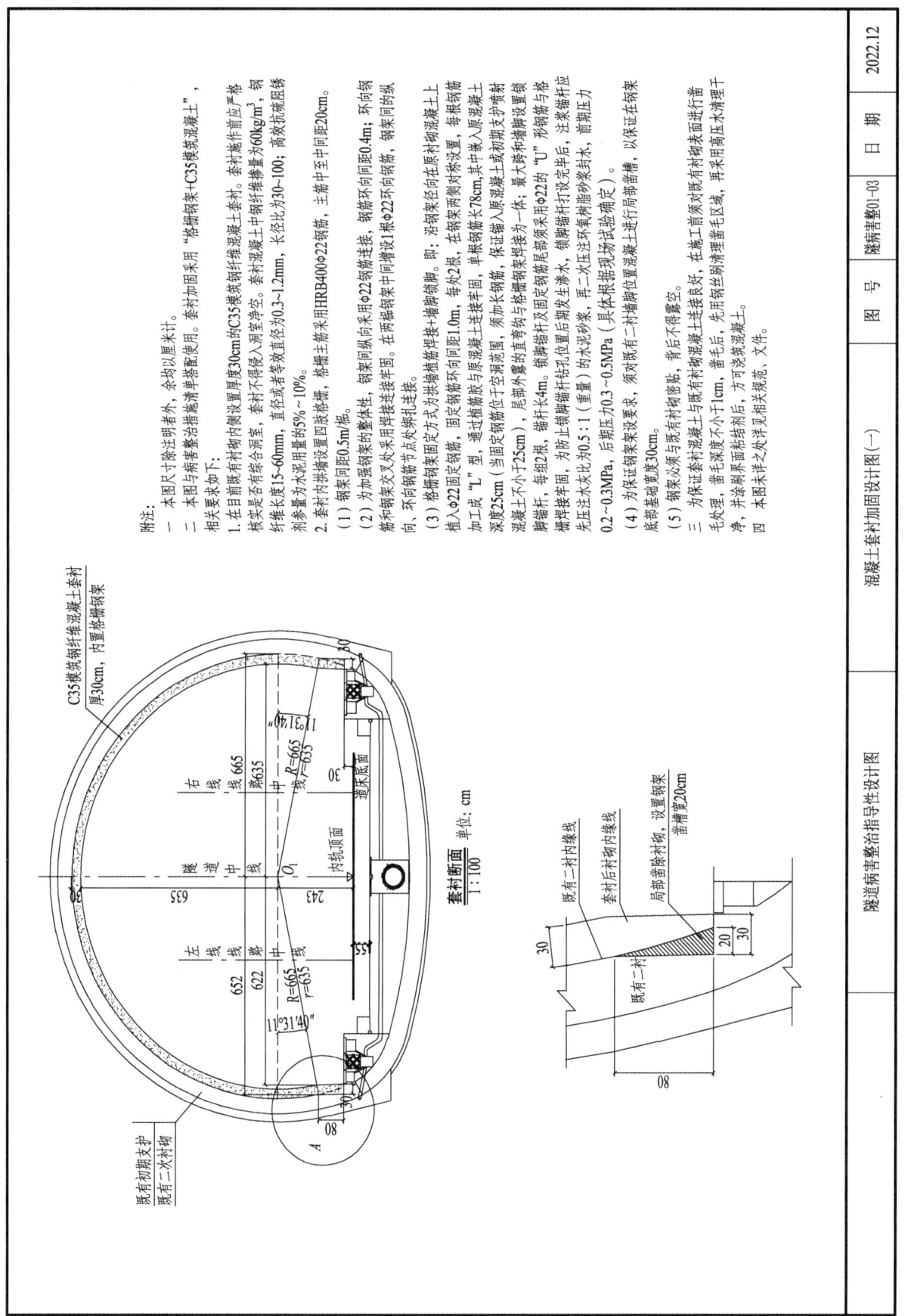

混凝土套衬加固设计图（一）

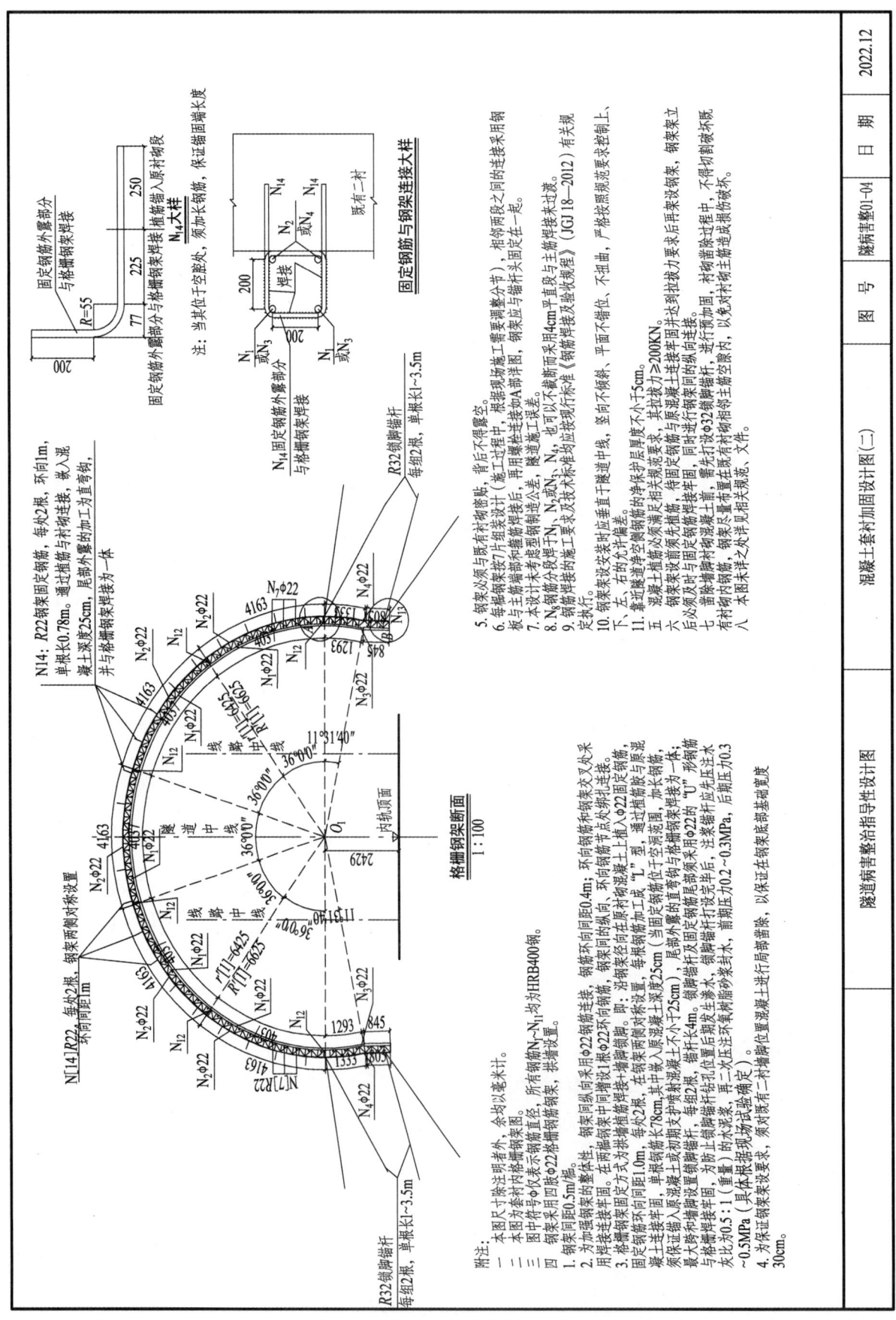

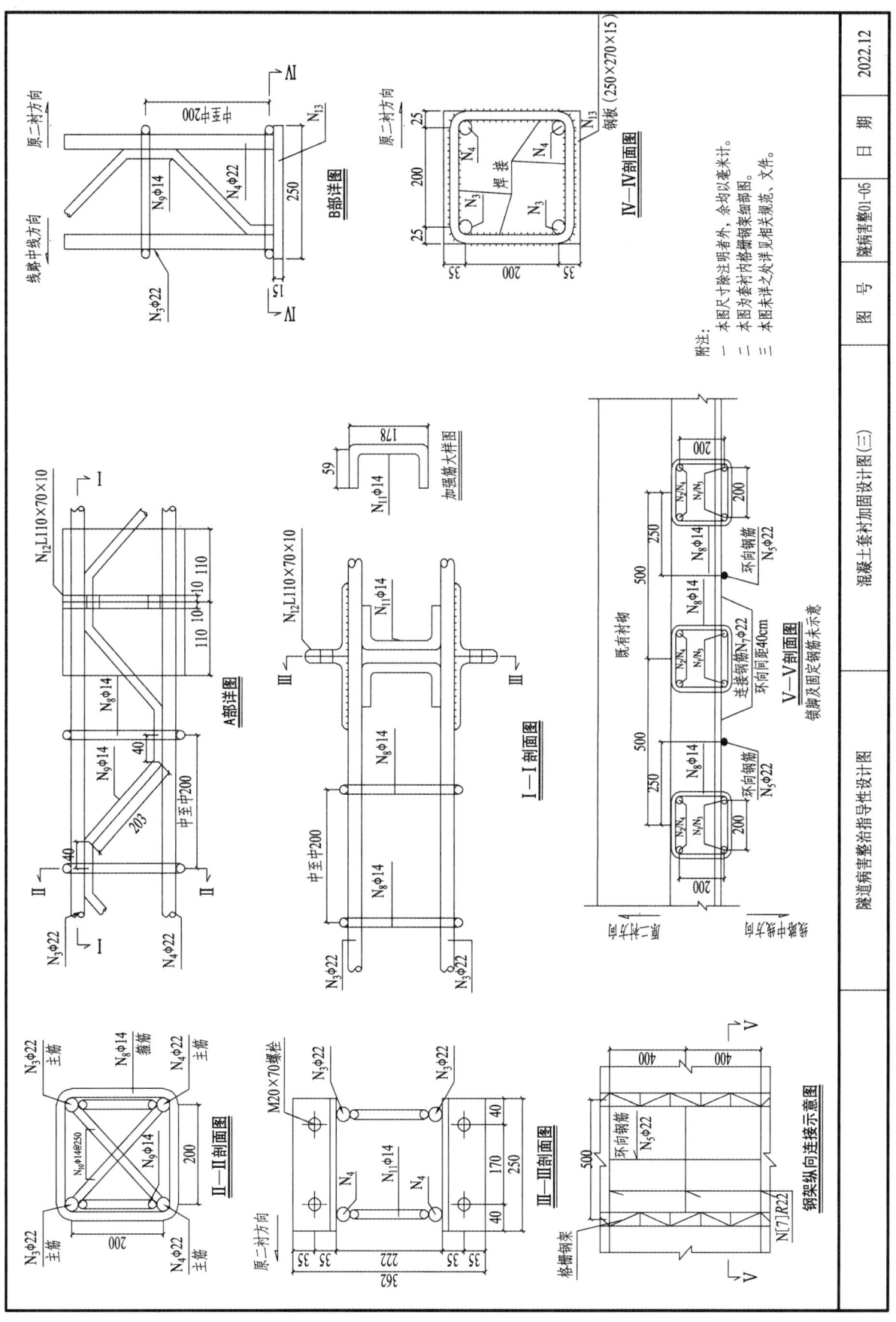

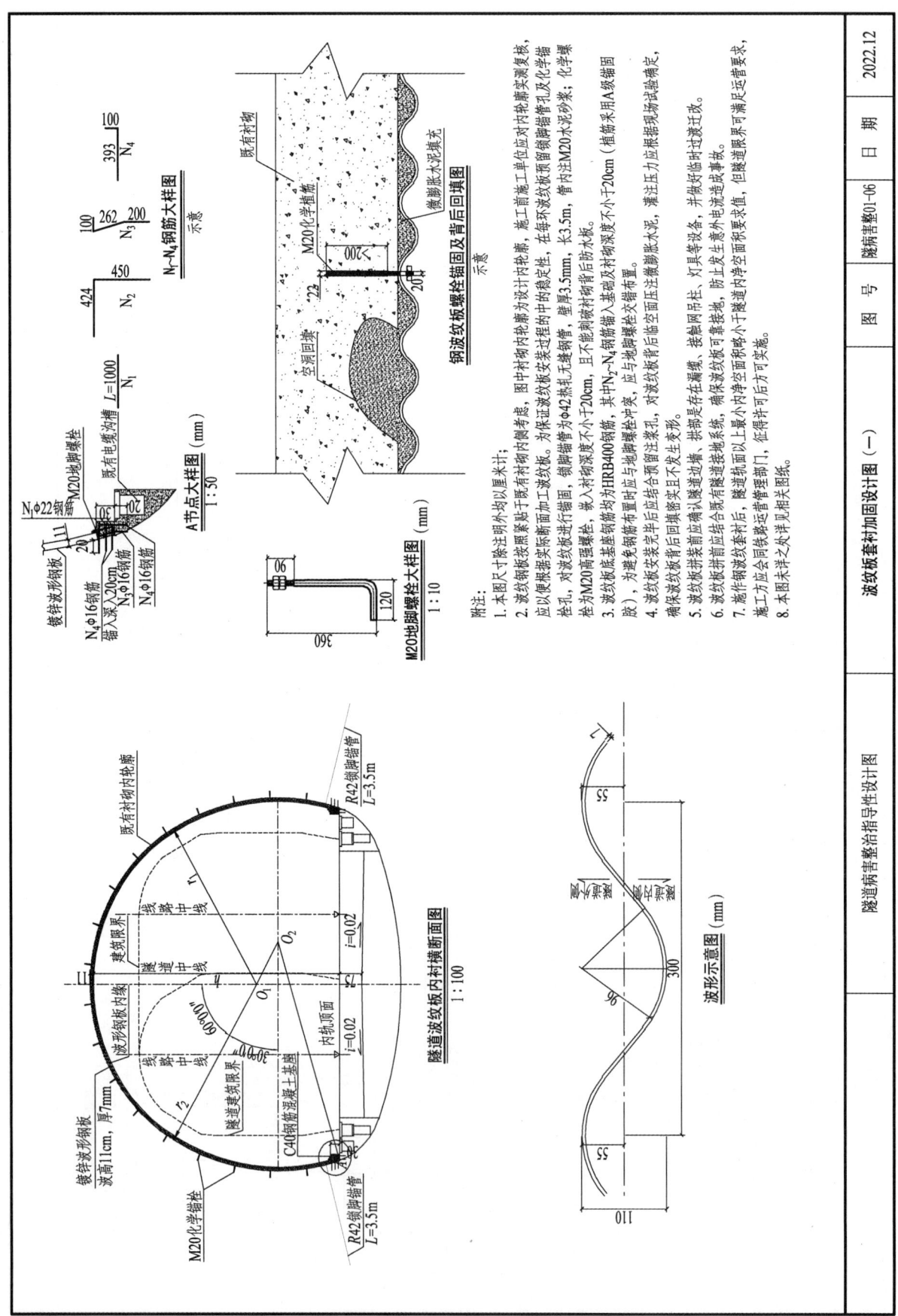

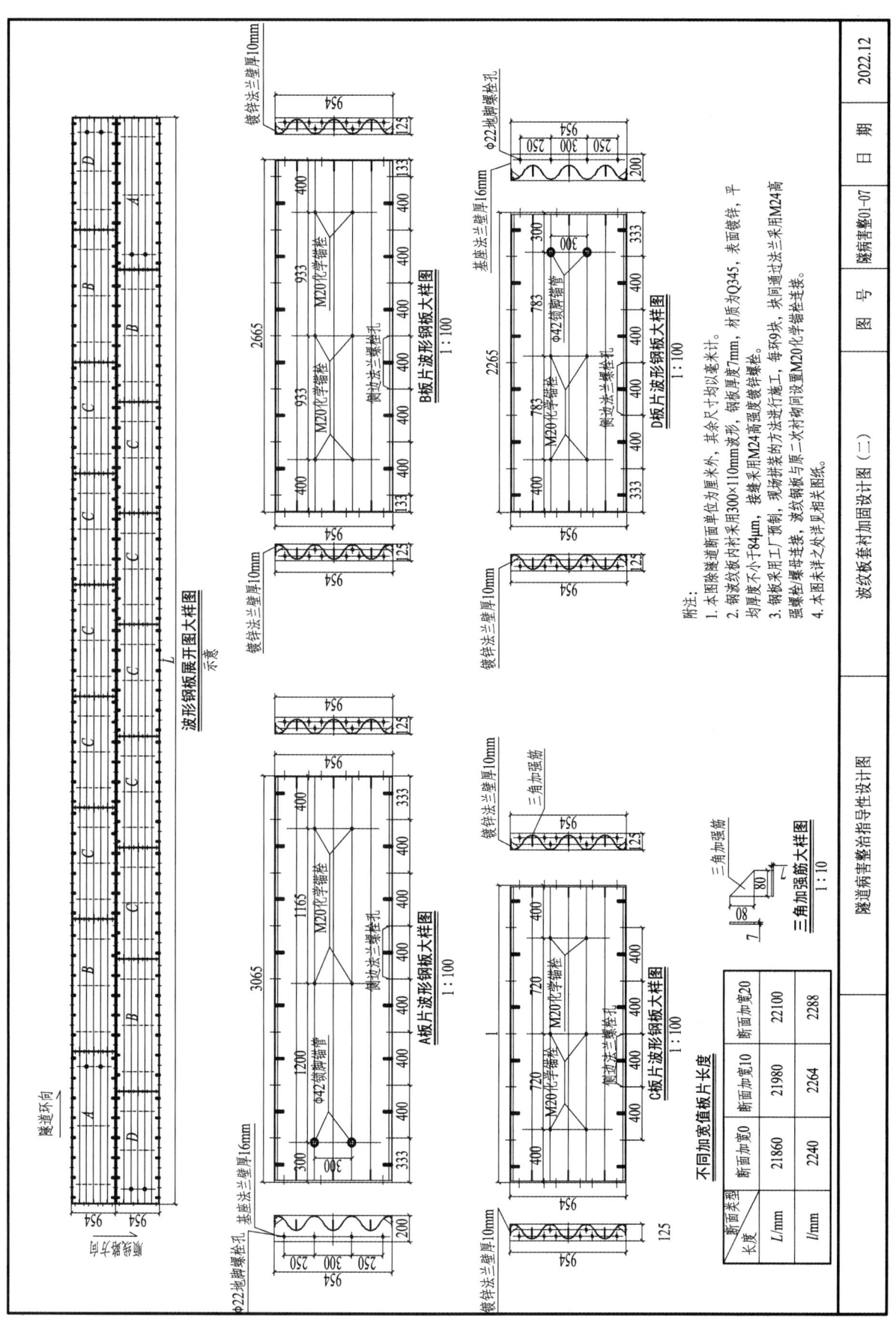

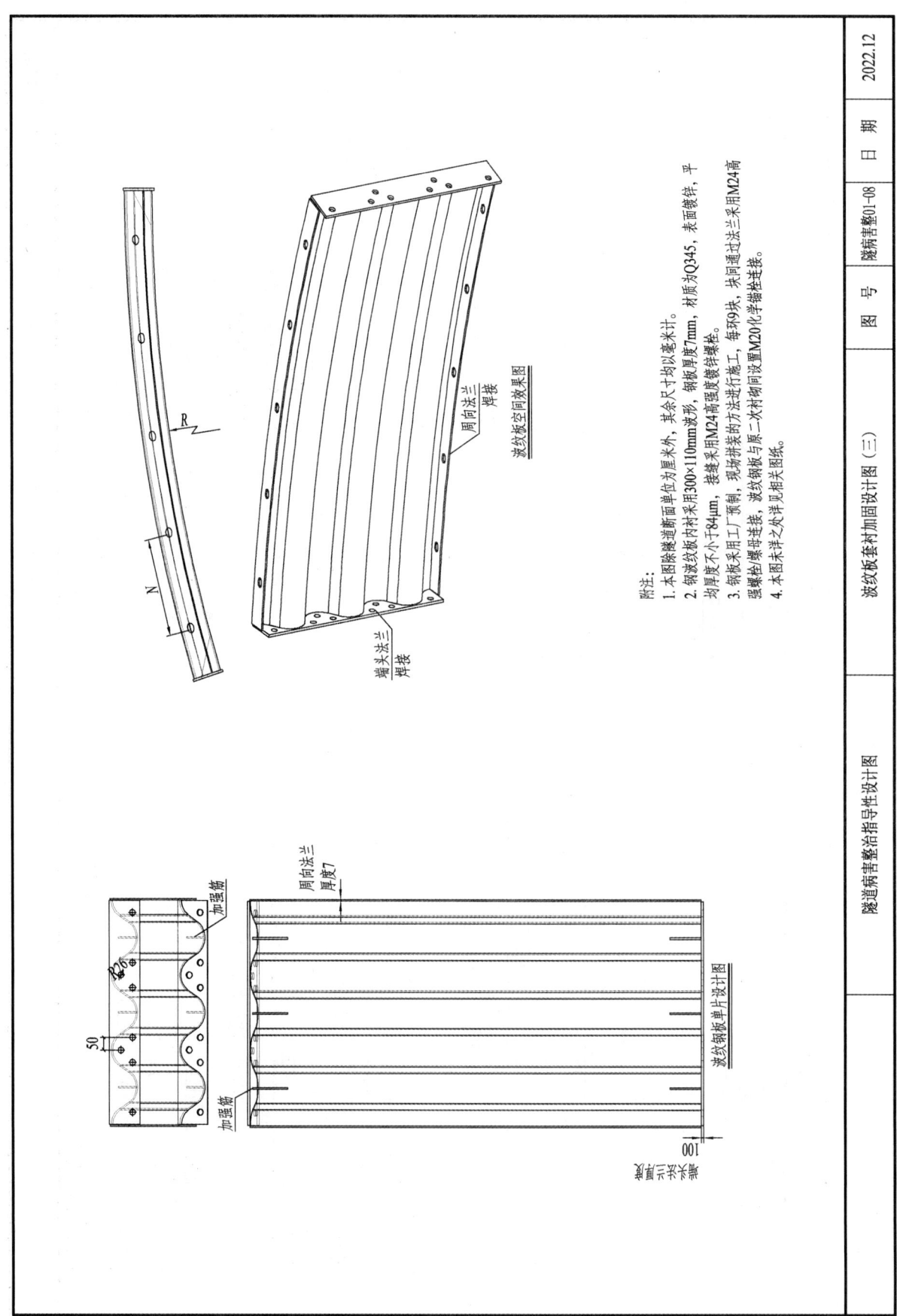

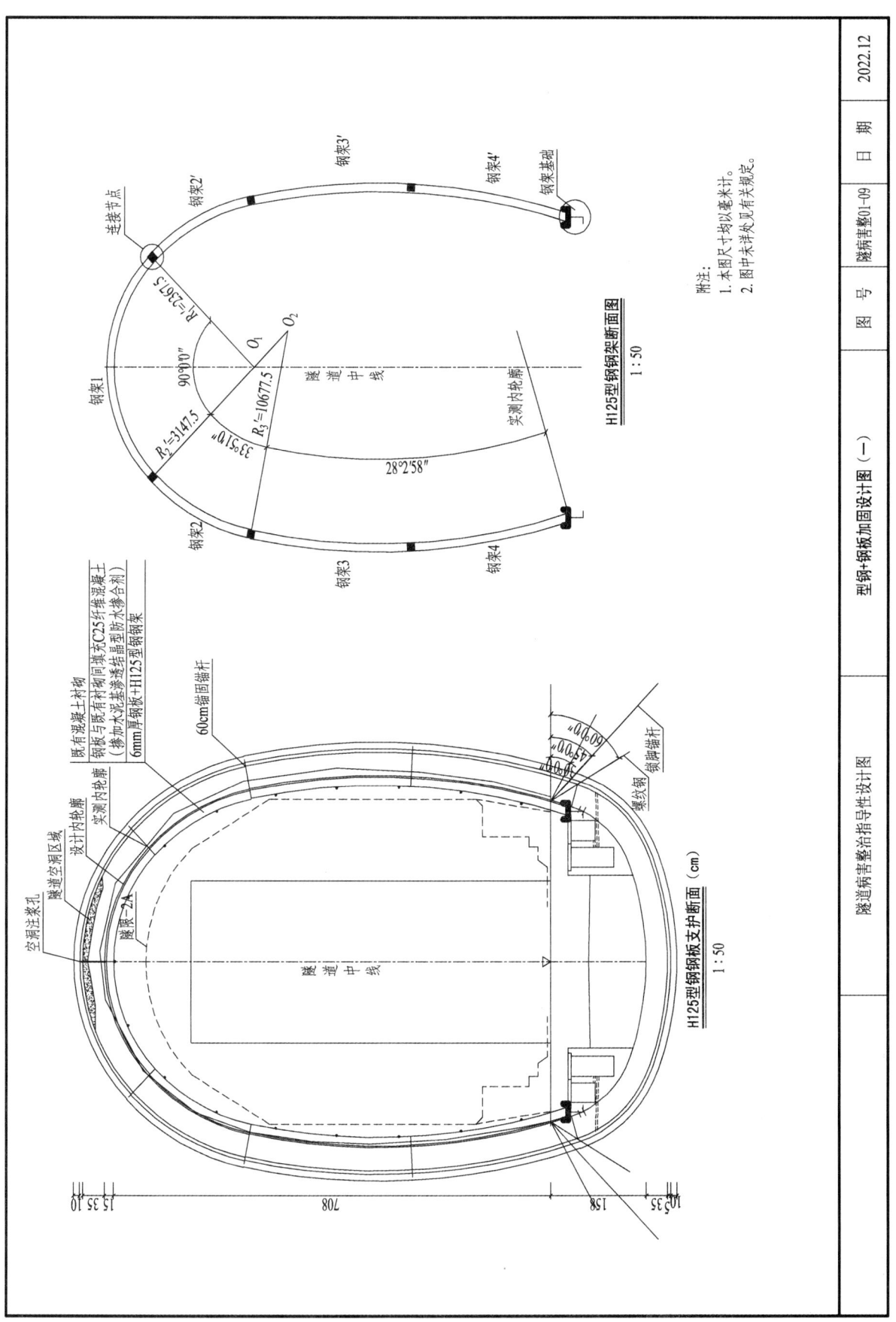

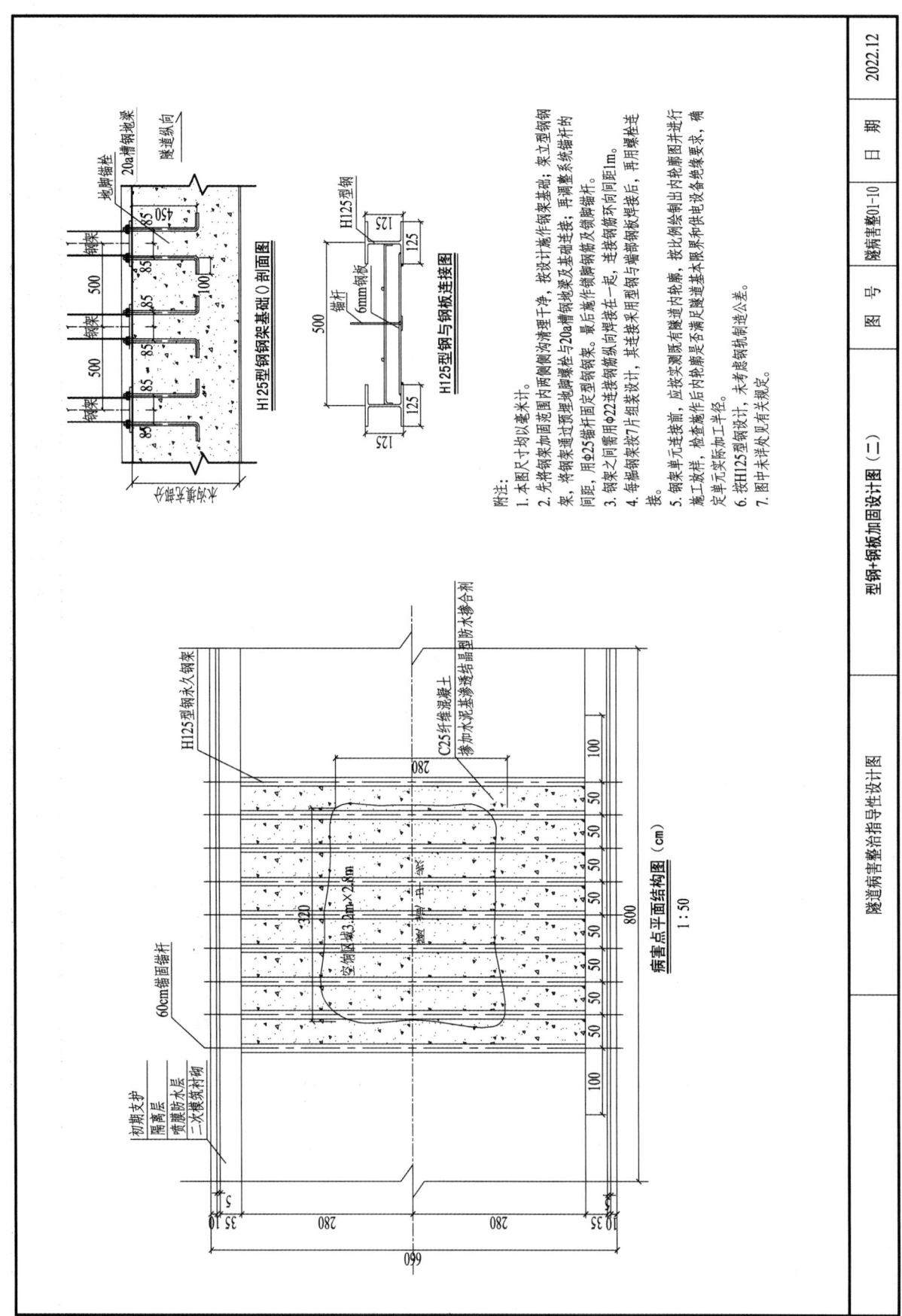

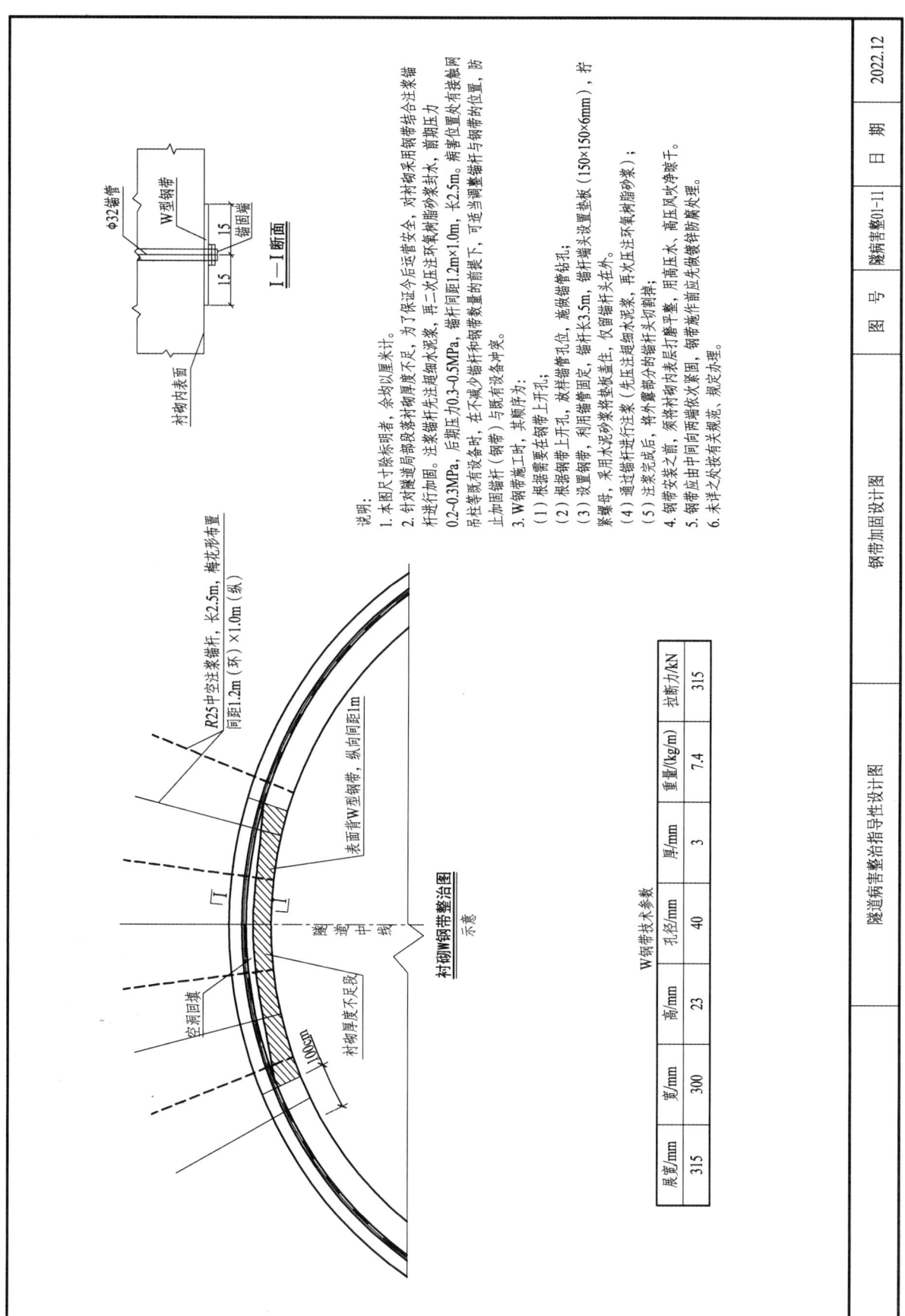

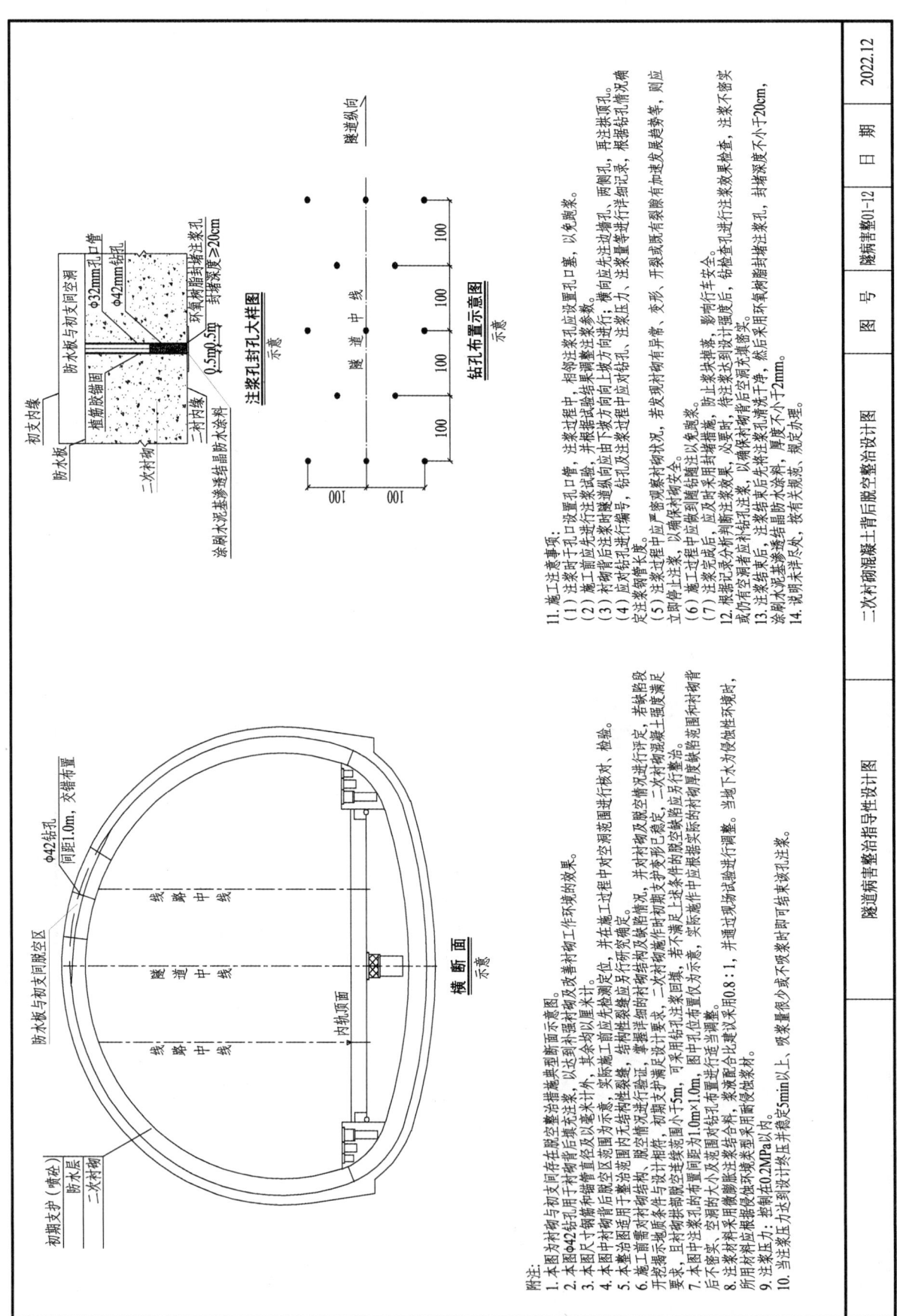

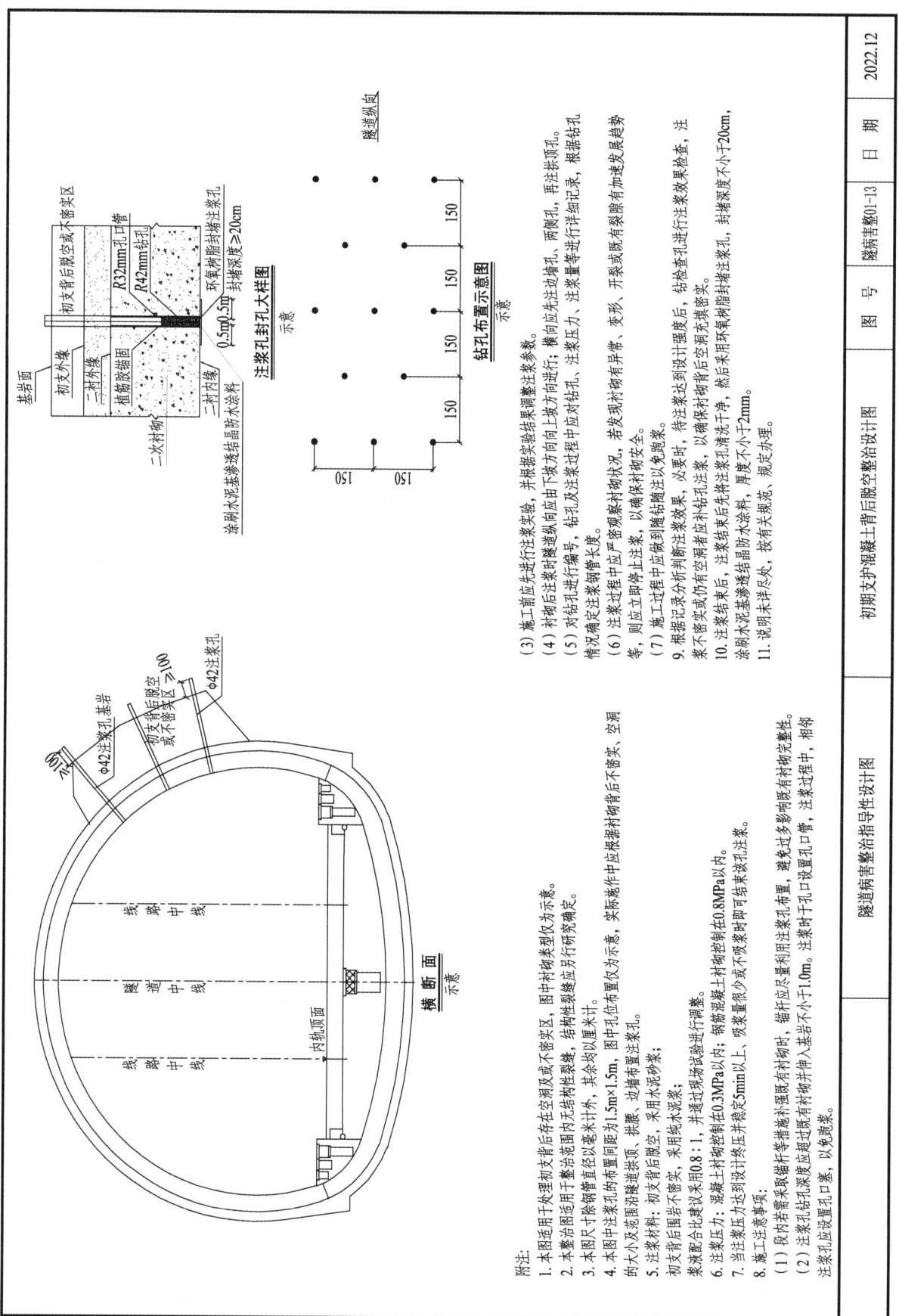

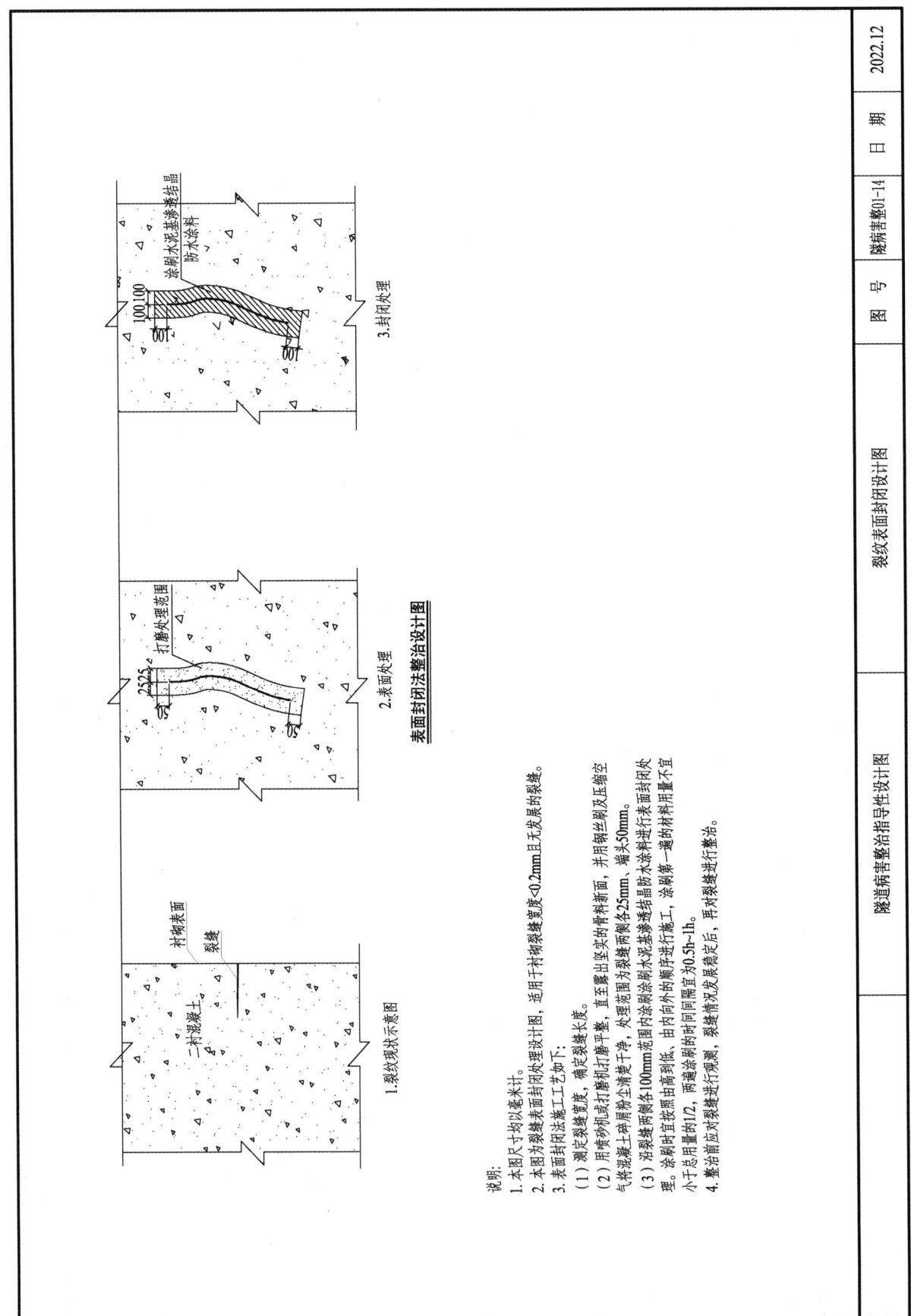

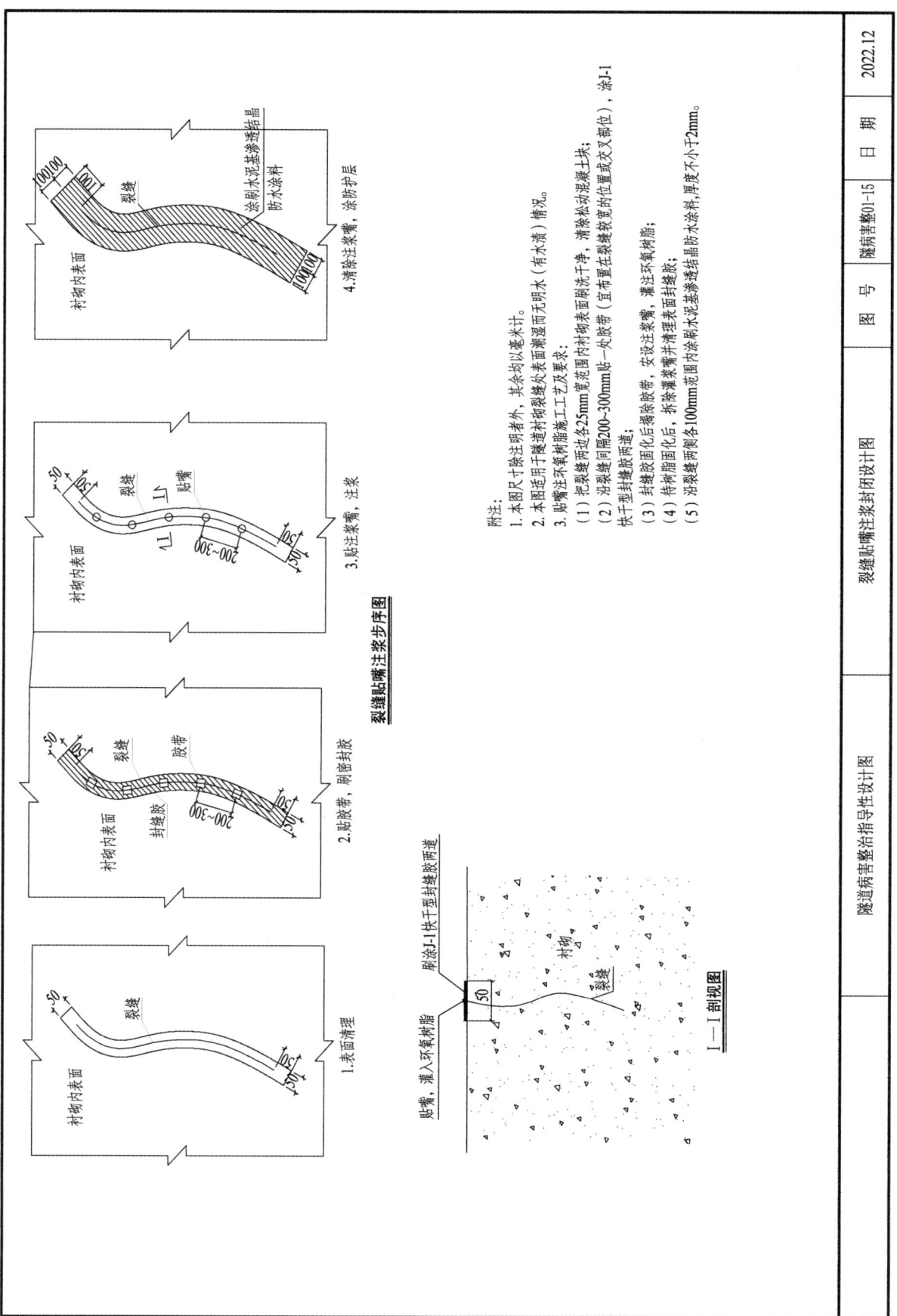

既有隧道病害整治处理技术

1. 本图尺寸除注明者外，其余均以毫米计。
2. 本图适用于隧道衬砌一般裂缝处表面有明水渗出，但未出现流淌的情况及衬砌外单个渗水点，但滴水速度较缓慢的情况。
3. 采用钻孔注环氧树脂方法进行整治，具体措施：
   (1) 把裂缝两侧或滴水点四周各25mm宽范围内衬砌表面刷洗干净，清涂松动混凝土块；
   (2) 在裂缝两侧或滴水点四周用上涂J-1快干型封缝胶两道；
   (3) 在外侧250mm处钻孔，两侧交叉布置，斜穿裂缝，垂直深度宜为混凝土结构厚度的1/3~1/2，孔径不宜大于20mm，斜孔倾角宜为45°~60°。
   (4) 通过注浆嘴往钻孔内注环氧树脂注浆嘴深入钻孔的深度不宜大于钻孔长度的1/2，待树脂固化后，拆除灌浆井清理表面封缝胶。
4. 沿裂缝两侧各200mm范围内涂刷水泥基渗透结晶防水涂料，厚度不小于2mm。
5. 应选用可在潮湿环境下固化的环氧树脂灌浆材料。
6. 钻孔及注浆工艺详见《地下工程渗漏治理技术规程》（JG/T 212—2010）。

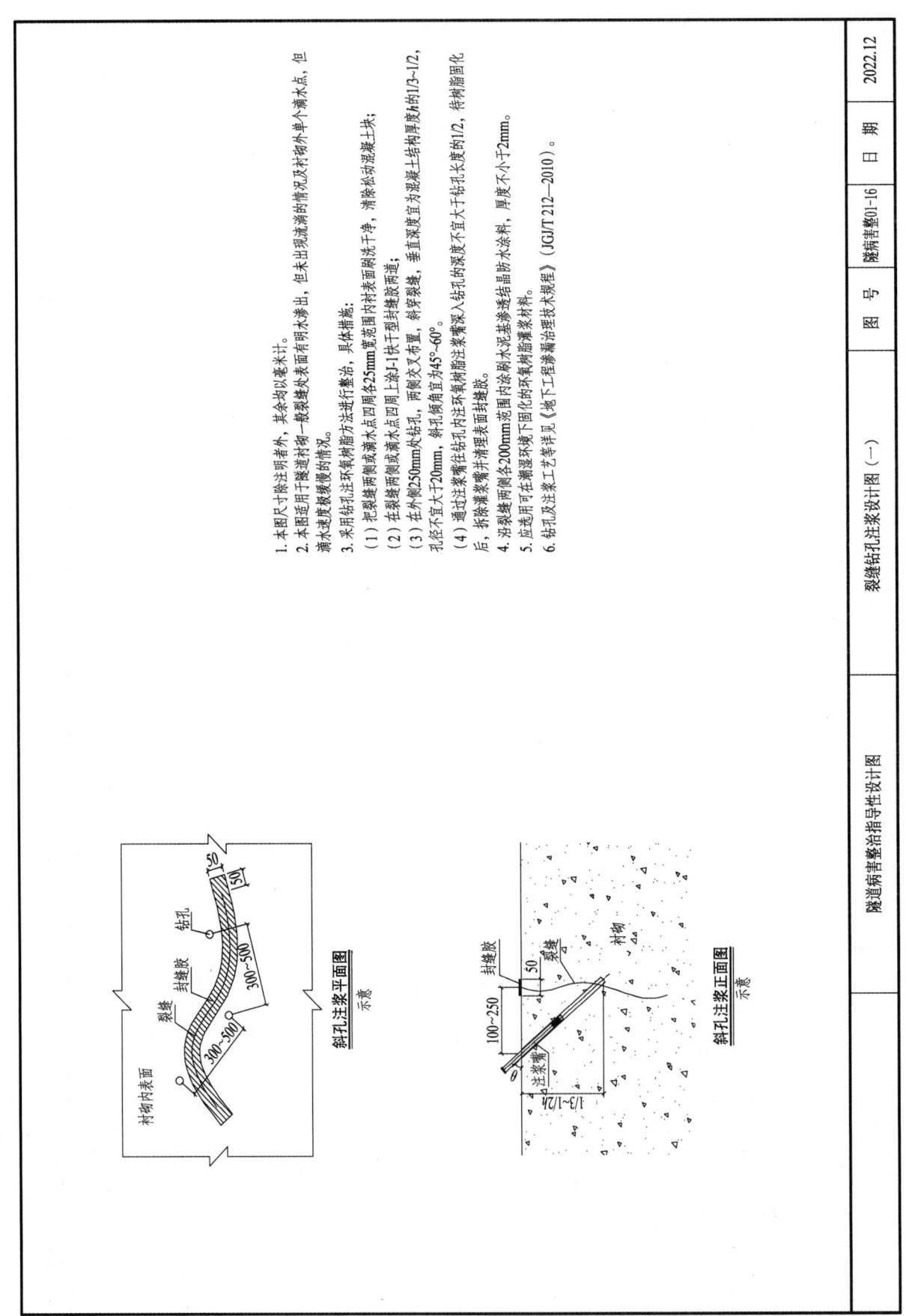

| 隧道病害整治指导性设计图 | 裂缝钻孔注浆设计图（一） | 图 号 | 隧病害整01-16 | 日 期 | 2022.12 |

- 196 -

附 图 病害整治指导性设计图

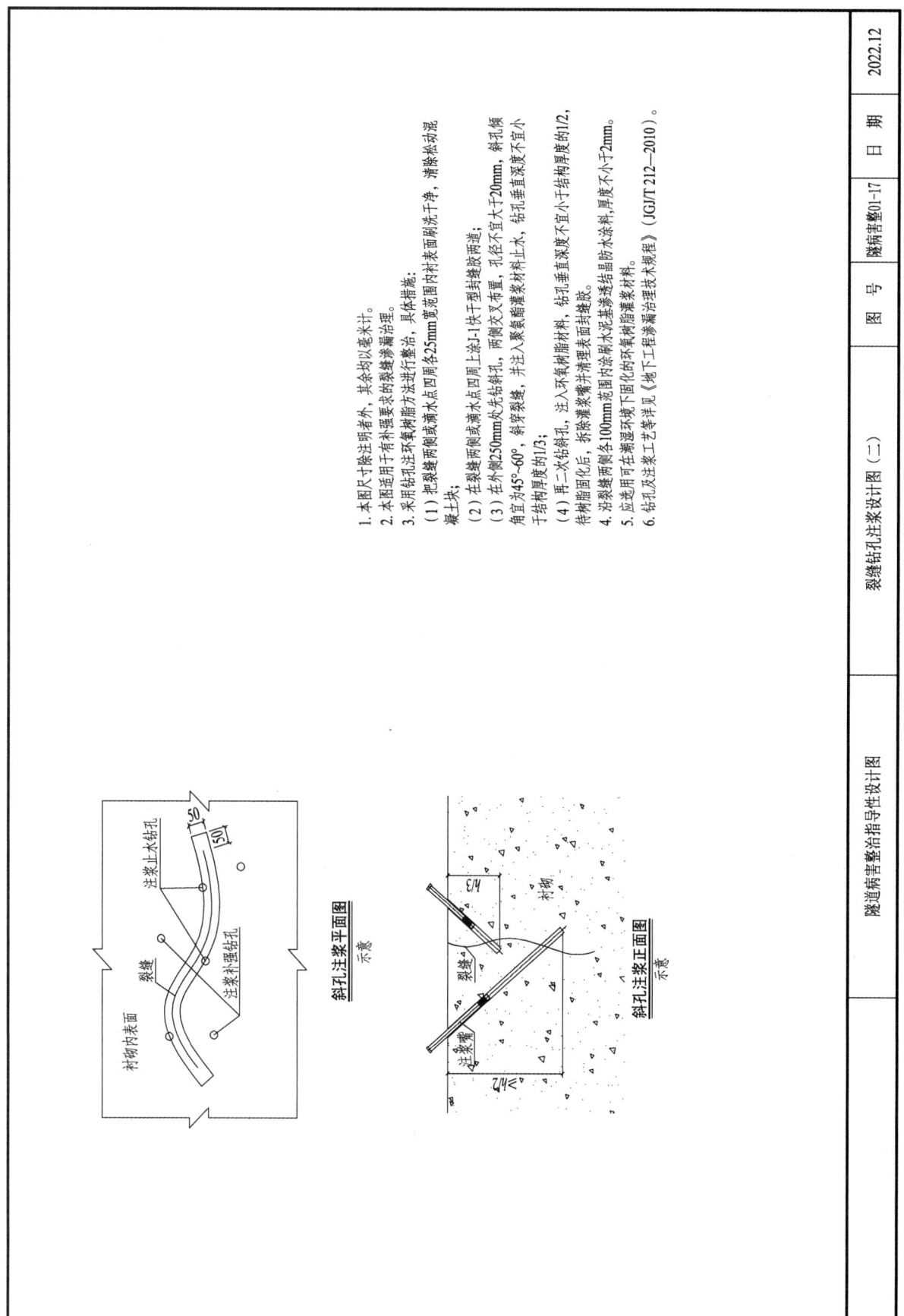

斜孔注浆平面图示意

斜孔注浆正面图示意

1. 本图尺寸除注明者外，其余均以毫米计。
2. 本图适用于有补强要求的裂缝渗漏治理。
3. 采用钻孔注环氧树脂方法进行整治，具体措施：
   (1) 把裂缝两侧或渗水点四周25mm宽范围内衬砌表面刷洗干净，清除松动混凝土块；
   (2) 在裂缝两侧或渗水点四周上涂I-I快干型封缝胶两道；
   (3) 在衬砌250mm处先钻斜孔，两侧交叉布置，孔径不宜大于20mm，斜孔倾角宜为45°~60°，斜孔垂直深度不宜小于衬砌厚度的1/2，钻孔垂直深度不宜小于衬砌厚度的1/3；
   (4) 再一次钻斜孔，注入环氧树脂材料，钻孔垂直深度不宜小于衬砌厚度的1/2，待树脂固化后，拆除灌浆嘴并清理表面封缝胶。
4. 沿裂缝两侧各100mm范围内涂刷水泥基渗透结晶型防水涂料，厚度不小于2mm。
5. 应选用可在潮湿基层上固化的环氧树脂灌浆材料。
6. 钻孔及注浆工艺等详见《地下工程渗漏治理技术规程》（JGJ/T 212—2010）。

| 隧道病害整治指导性设计图 | 裂缝钻孔注浆设计图（二） | 图 号 | 隧病害整01-17 | 日 期 | 2022.12 |

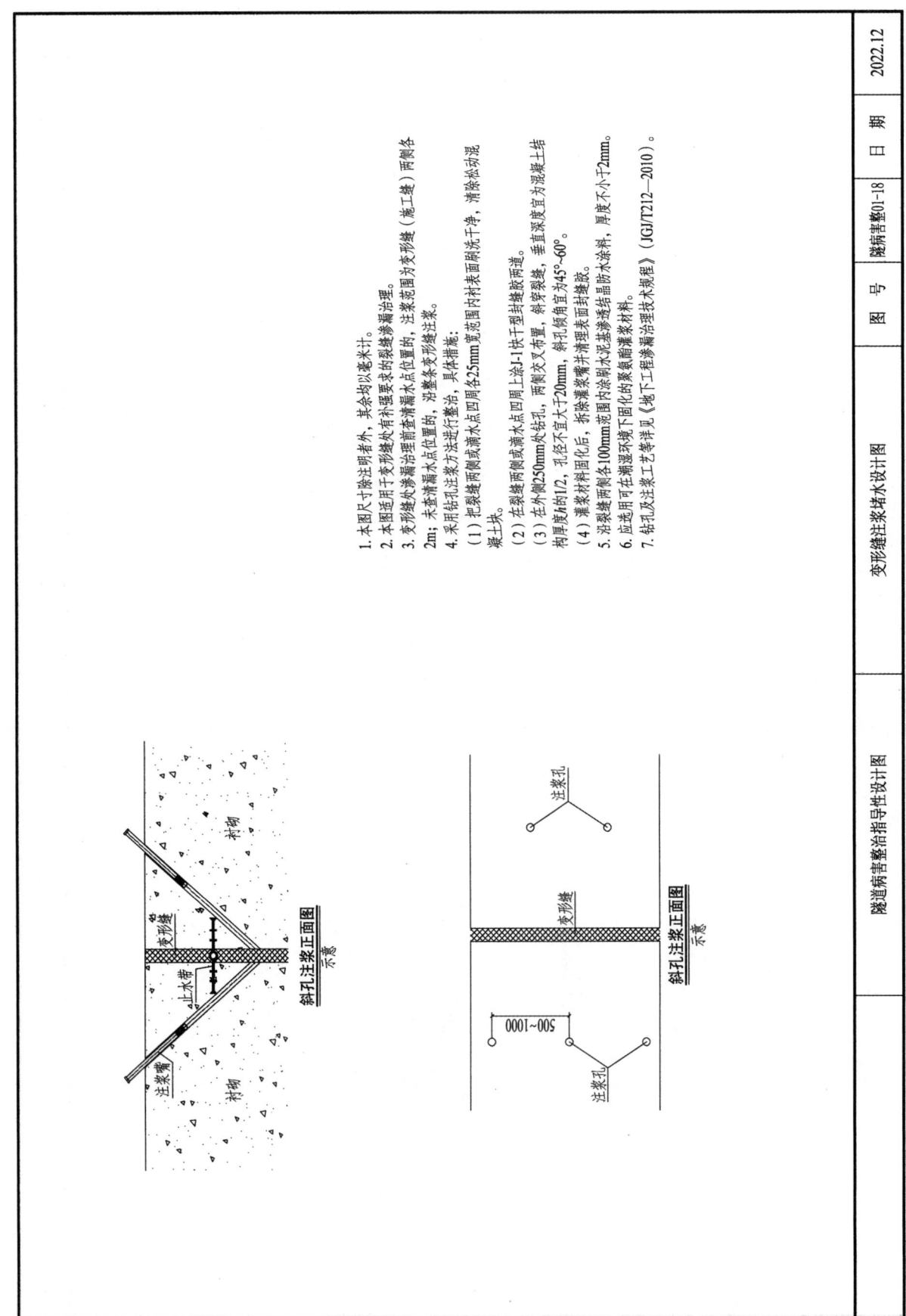

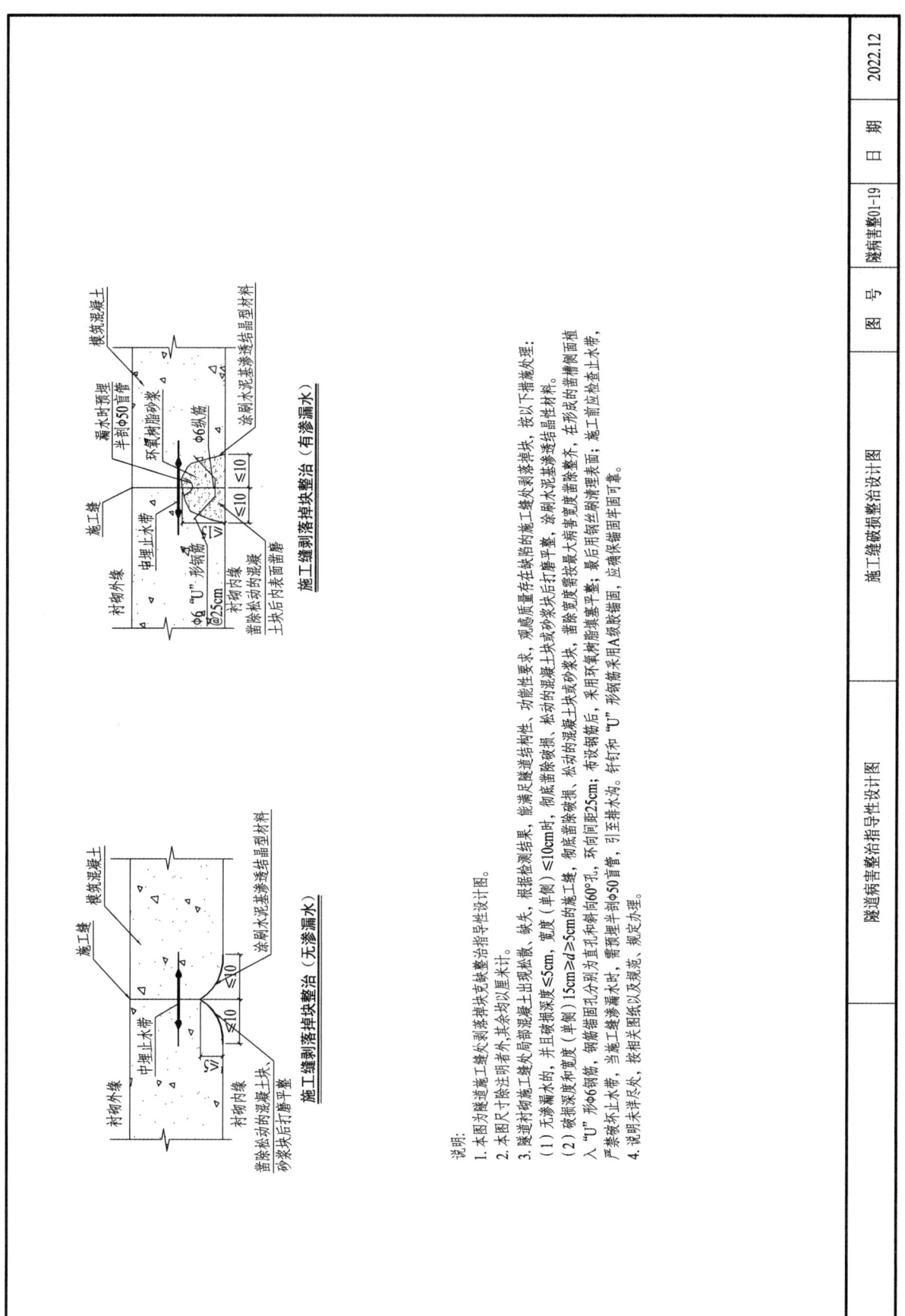

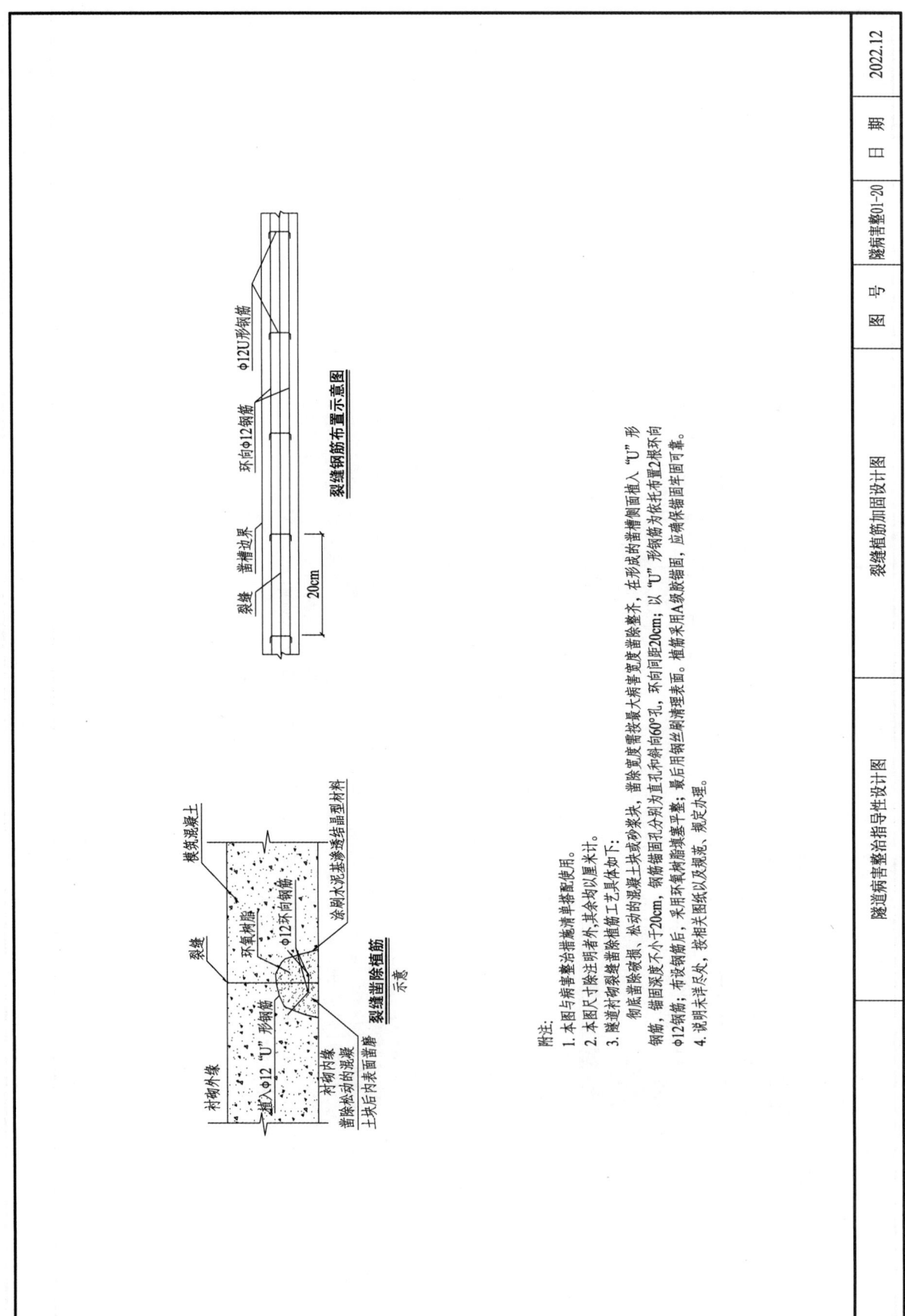

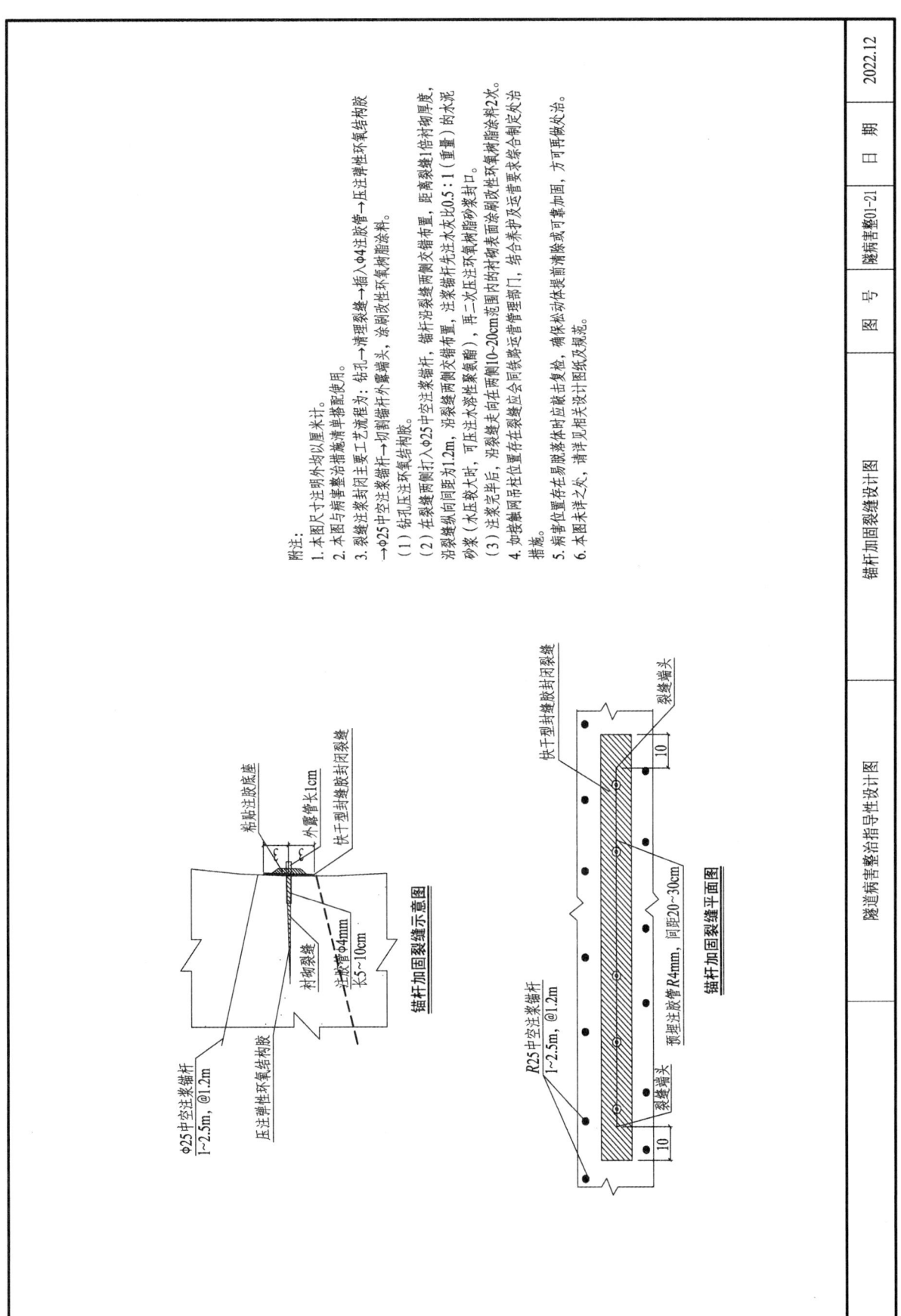

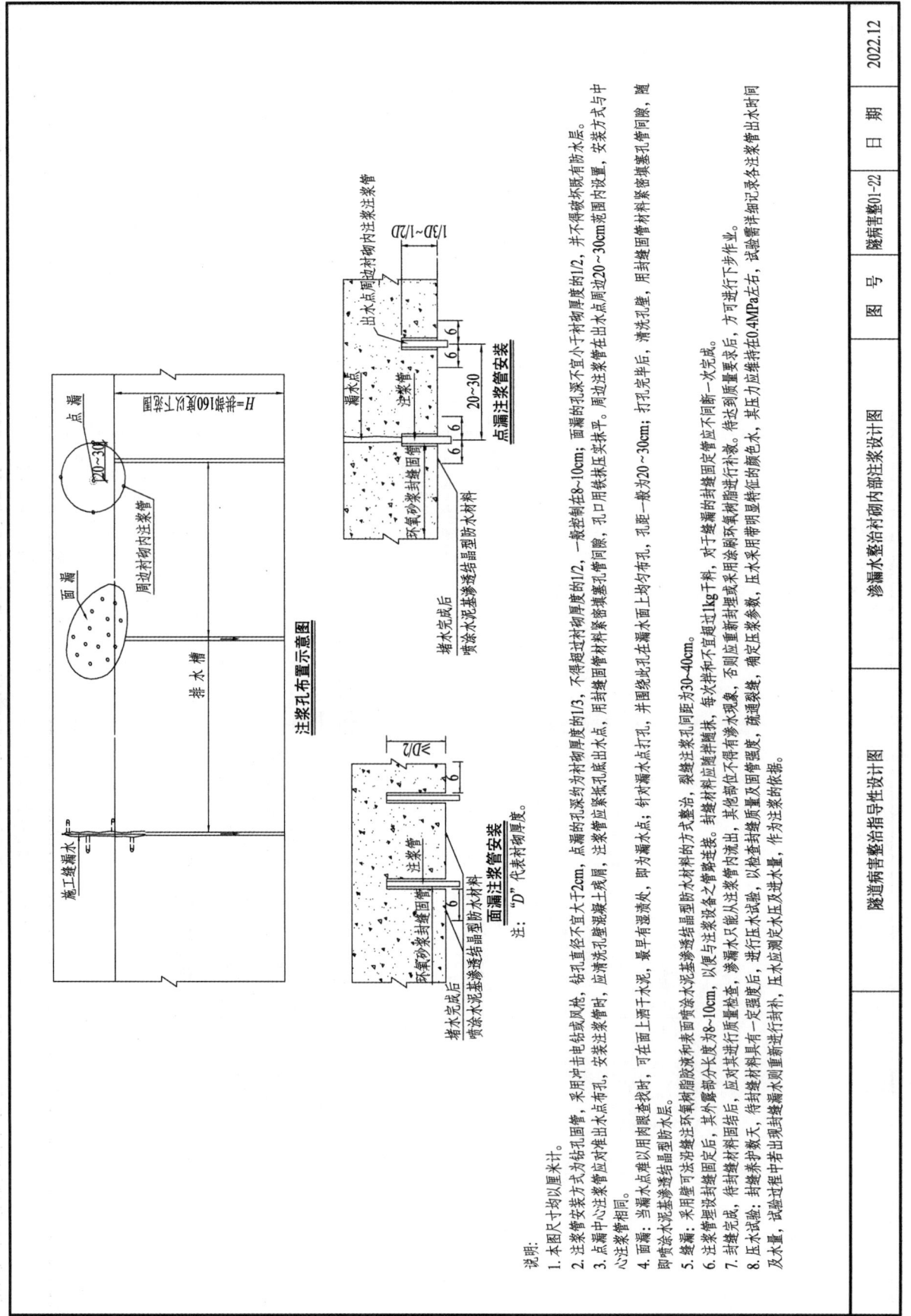

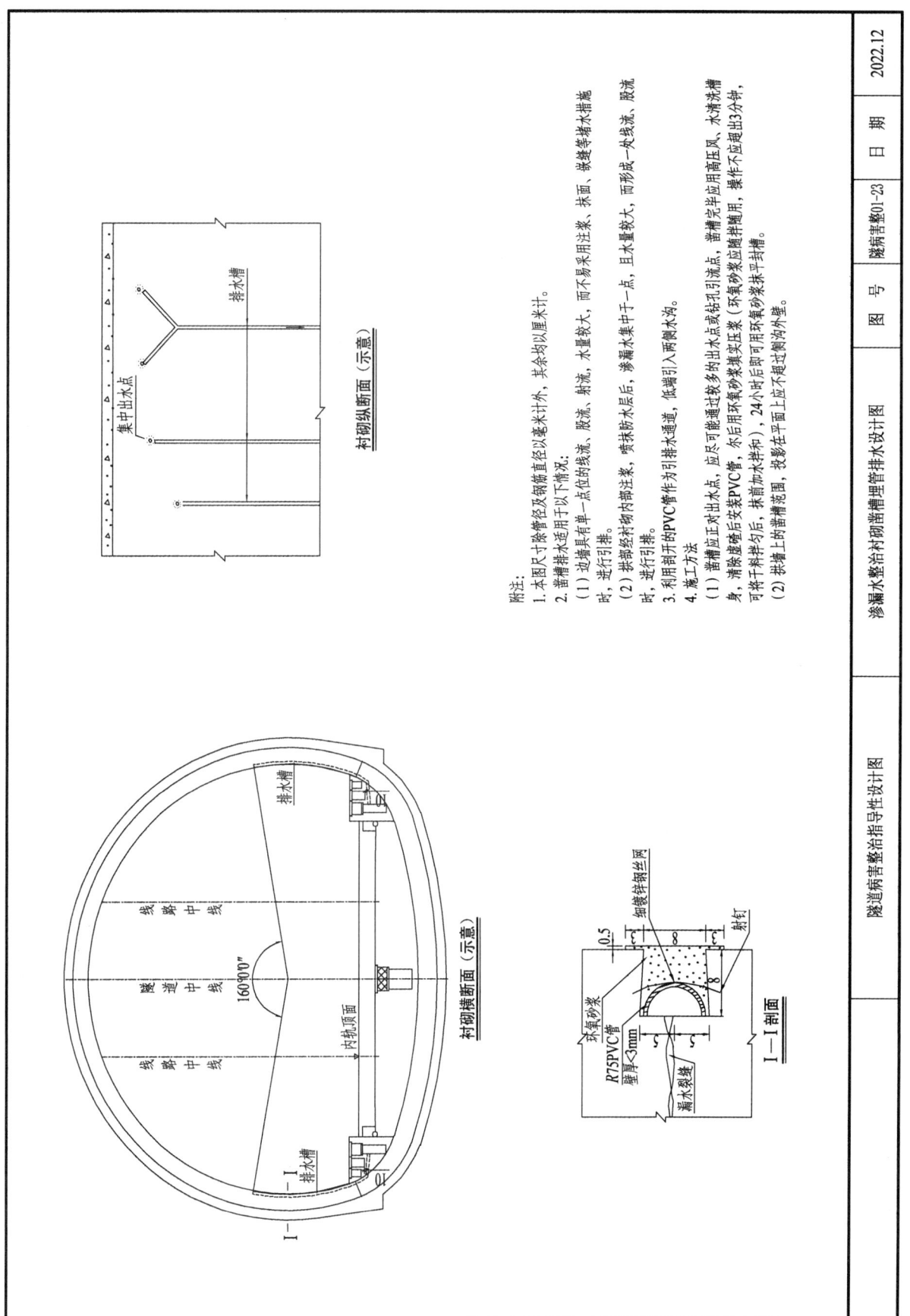

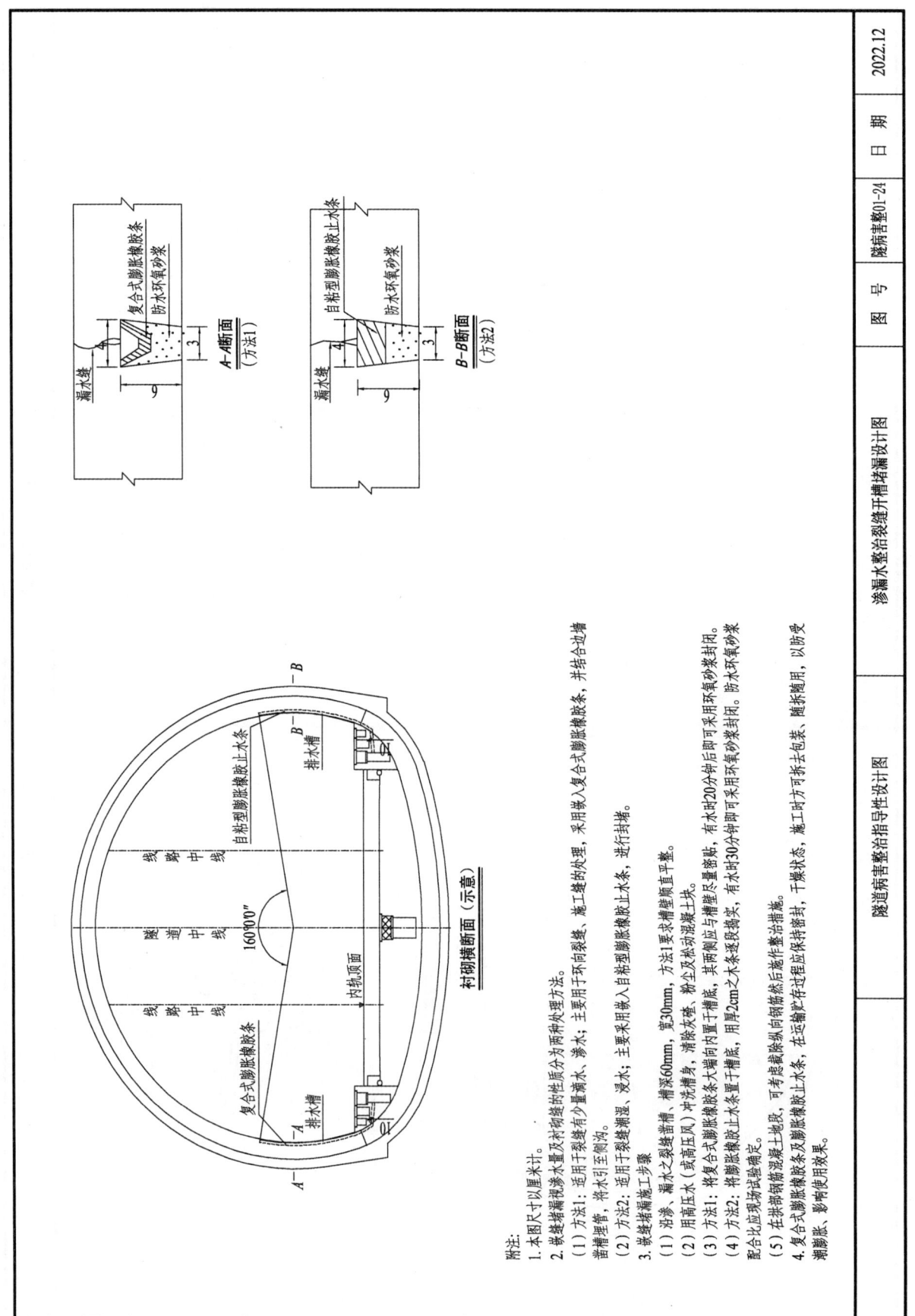

渗漏水整治水沟钻孔泄水设计图

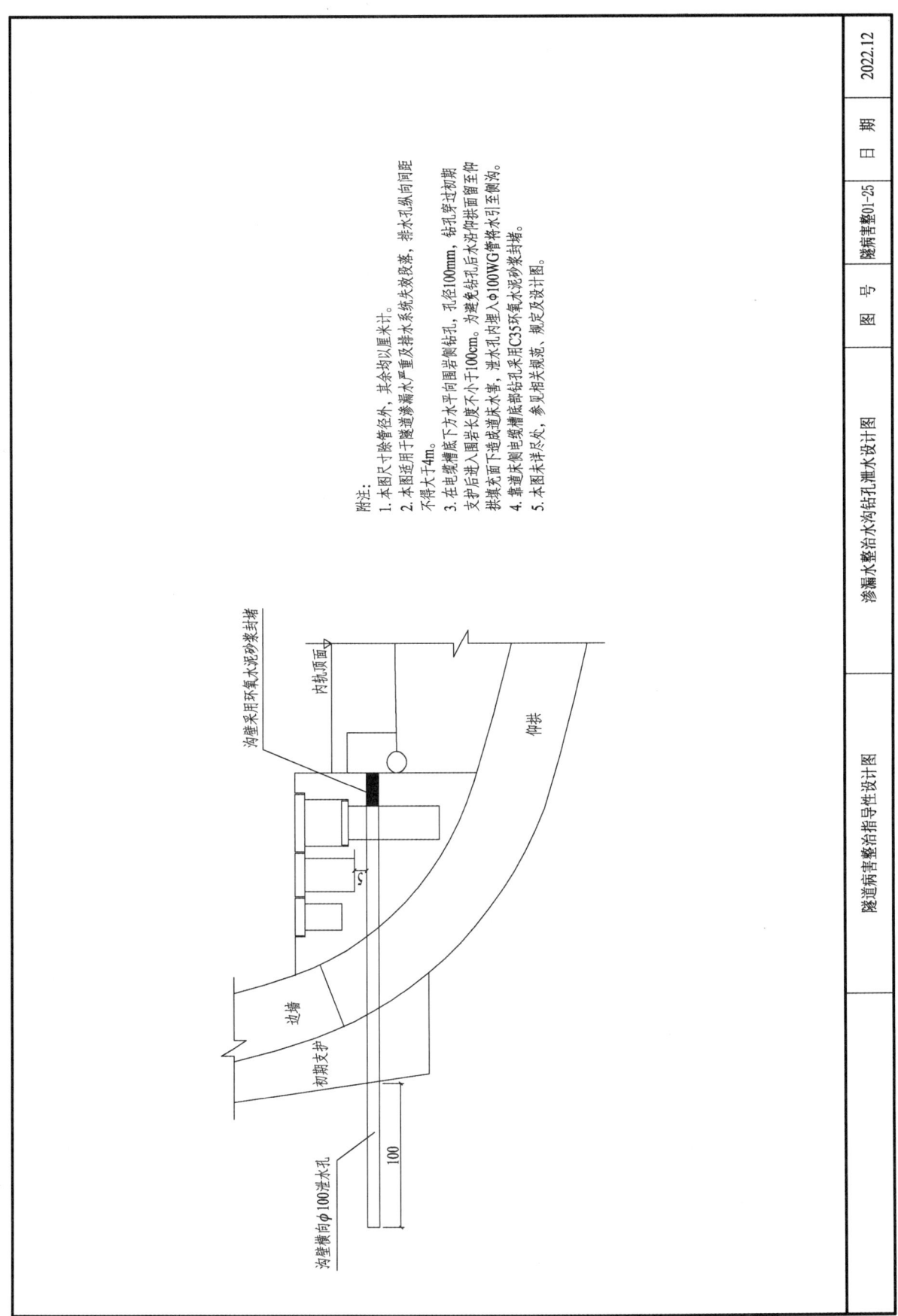

附注：
1. 本图尺寸除管径外，其余均以厘米计。
2. 本图适用于隧道渗漏水严重及排水系统失效段落，排水孔纵向间距不得大于4m。
3. 在电缆槽底下方水平向围岩侧钻孔，孔径100mm，为避免钻孔后水沿仰拱面留至仰拱背未面下造成道床病害，钻孔奎入围岩长度不小于100cm，进水孔内进入φ100WG管将水引至侧沟，支护后进入围岩底部钻孔底部钻孔采用C35环氧水泥砂浆封堵。
4. 靠拱未面下造成道床槽底部钻孔采用C35环氧水泥砂浆封堵。
5. 本图未尽事宜，参见相关规范、规定及设计图。

| 隧道两害整治指导性设计图 | 渗漏水整治水沟钻孔泄水设计图 | 图 号 | 隧病害整01-25 | 日 期 | 2022.12 |

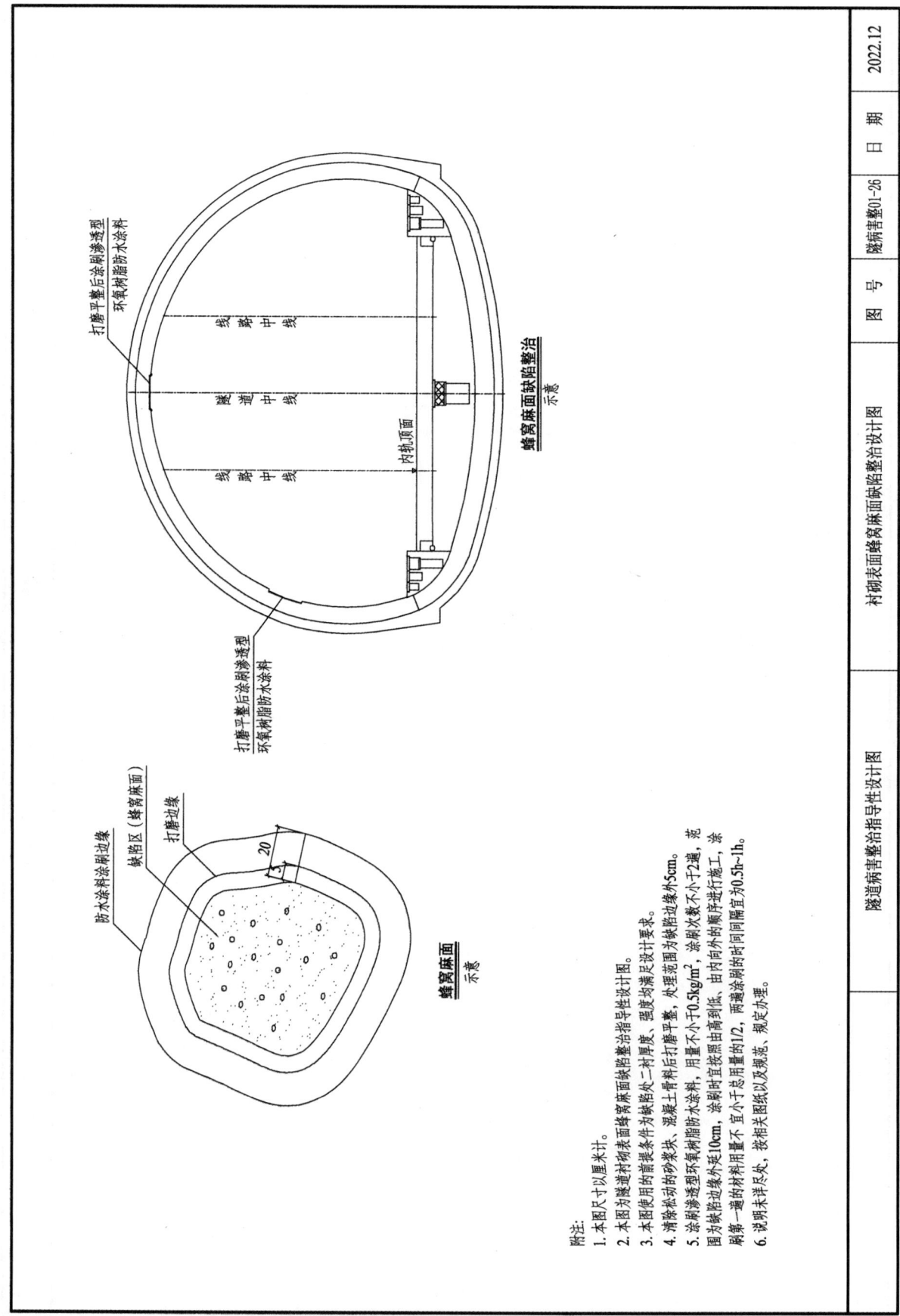

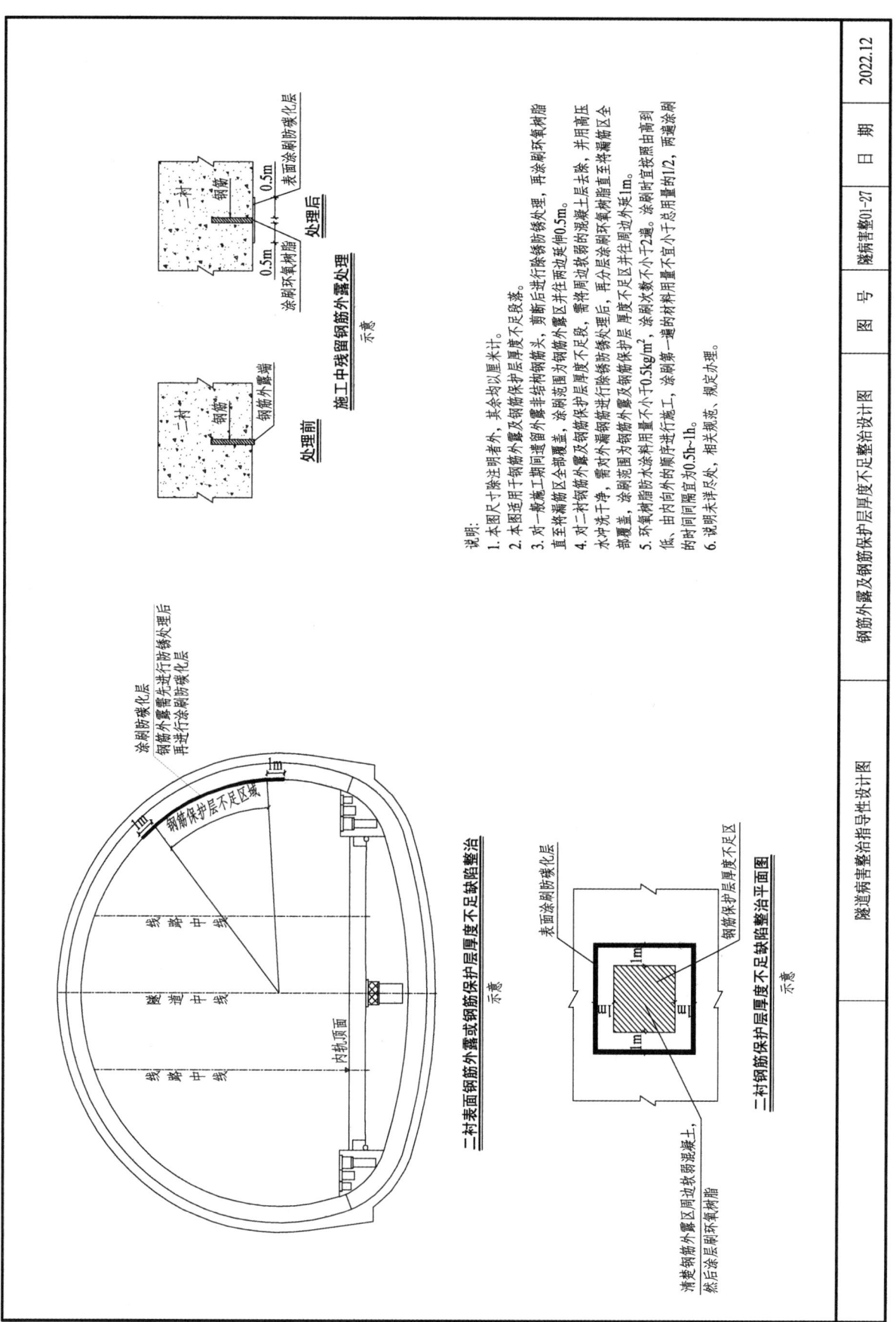

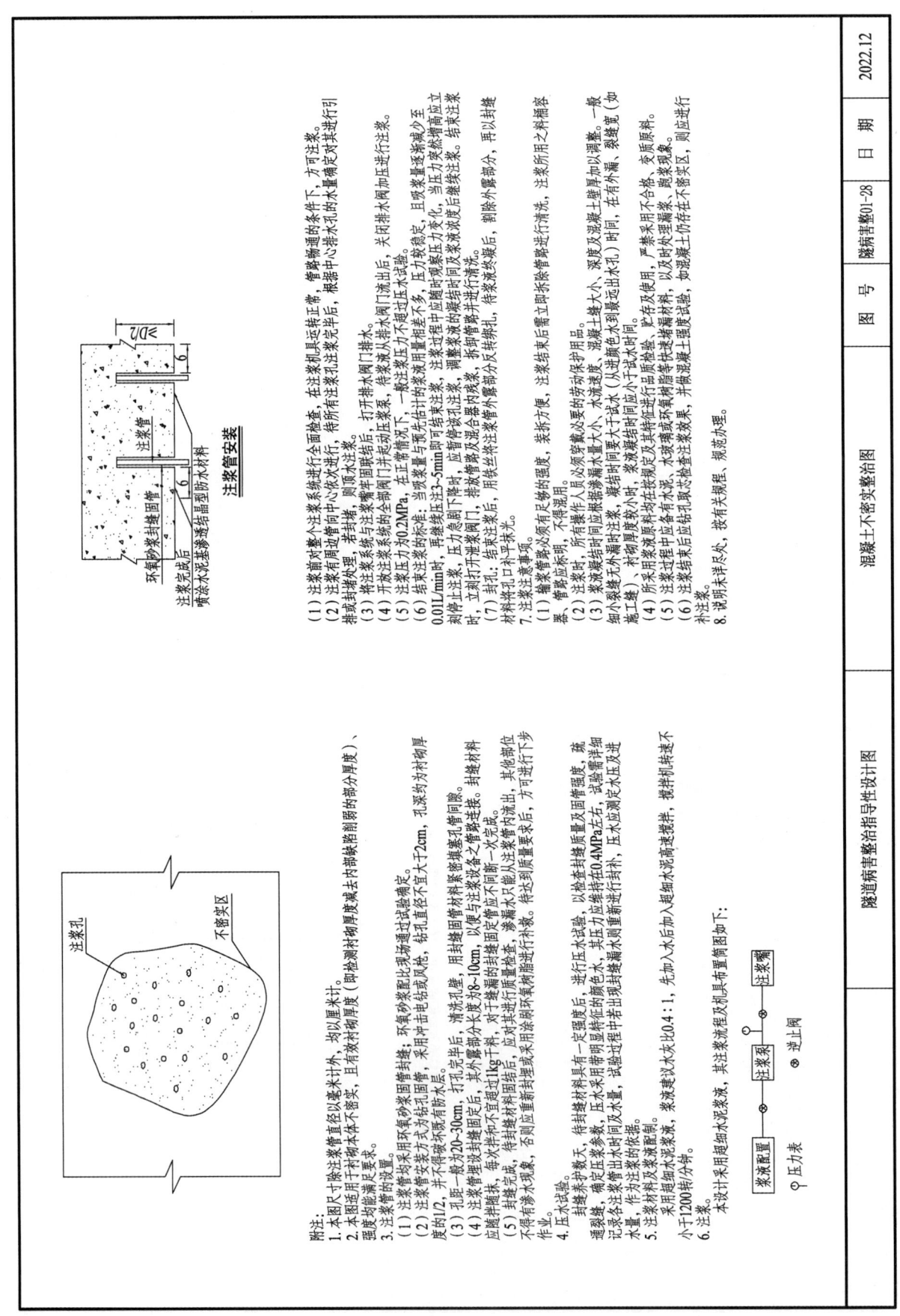

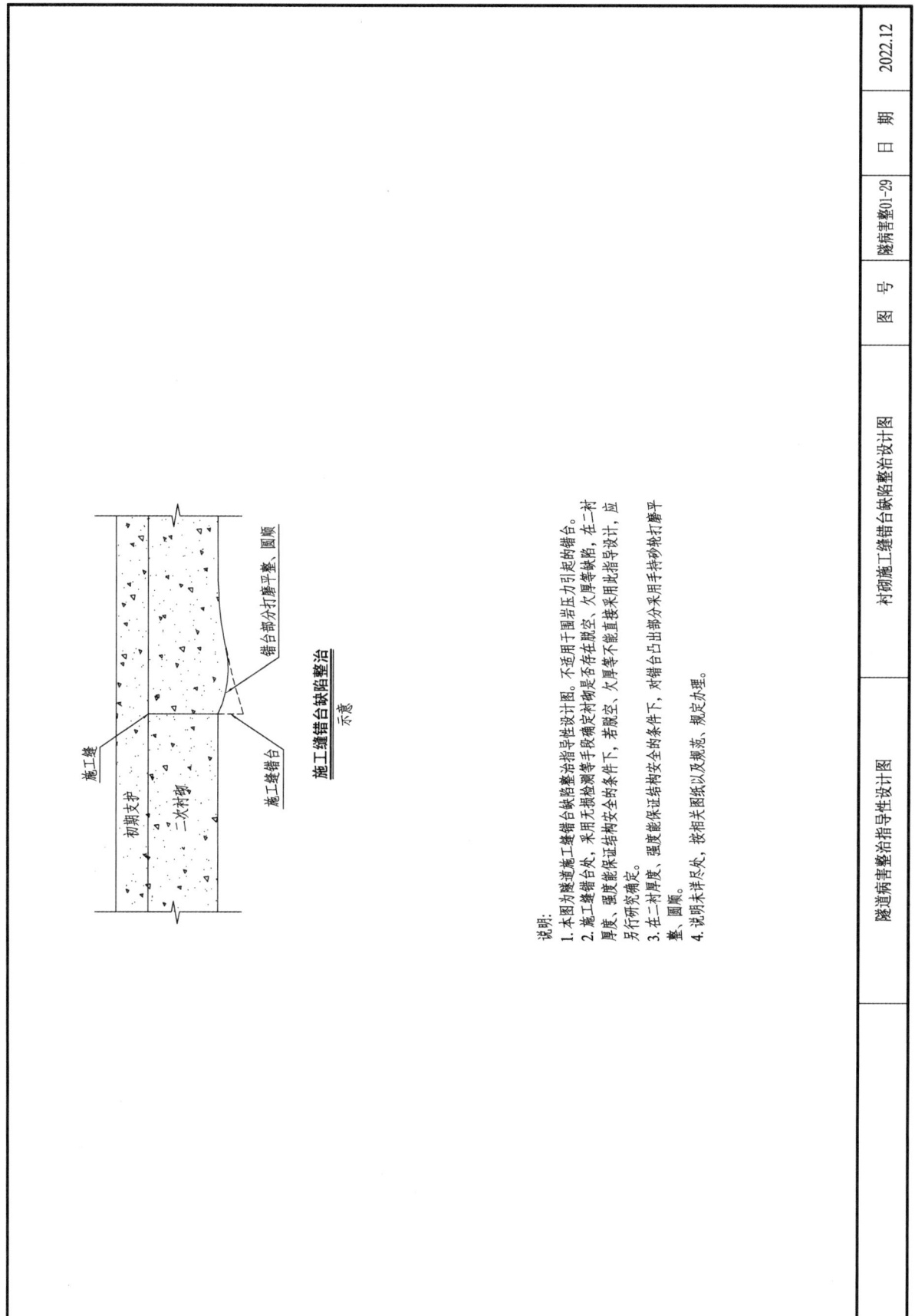

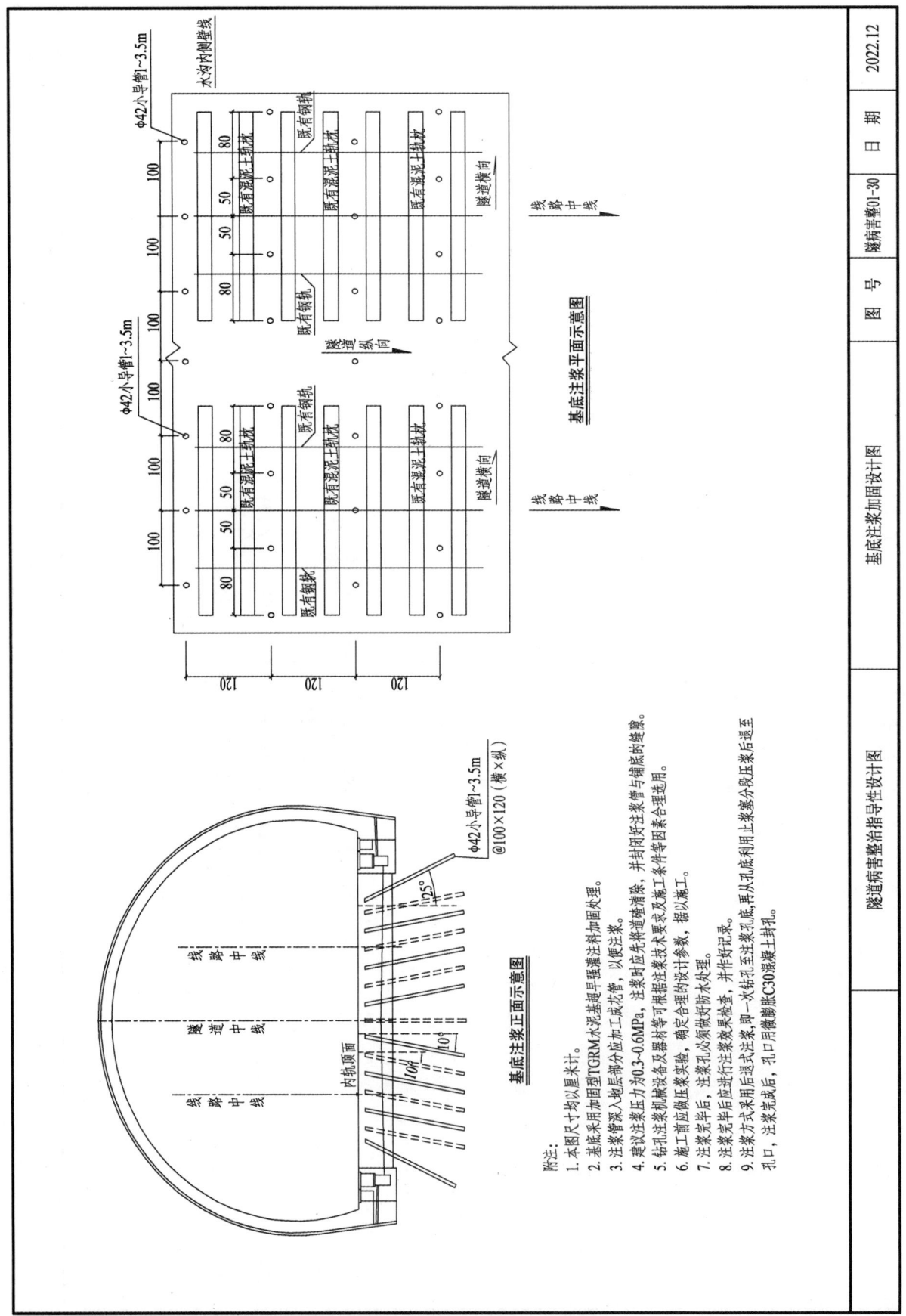